Walter Nigg

Des Pilgers Wiederkehr

Drei Variationen über ein Thema

Diogenes

Die Erstausgabe erschien 1954
im Artemis Verlag, Zürich
Umschlagillustration:
Piero della Francesca,
›Chiesa di San Francesco, Arezzo,
Verifica della vera Croce‹,
1460 (Ausschnitt)
Foto: Archiv für Kunst und
Geschichte, Berlin

www.diogenes.ch
20/03/8/2
ISBN 3 257 22499 0

INHALT

Thema

DER PILGRIM

DER PILGRIM

SCHWER legt sich dem heutigen Menschen der unübersehbare Flüchtlingsstrom auf die Seele. Nicht enden will die Reihe der Vertriebenen, die durch die politischen und kriegerischen Ereignisse unerbittlich von ihrem häuslichen Herd hinweg in die Heimatlosigkeit hinausgestoßen werden. Oft sind sie genötigt, nur mit einem kleinen Bündel in der Hand, ihr trautes Heim zu verlassen, und irren fortan unstet auf dieser Welt umher, nirgends willkommen geheißen und überall nur ungern geduldet. Die nackte Flüchtlingsnot greift mit ihrer Ausweglosigkeit ans Herz, man kann diese Bilder nicht wie einen quälenden Traum von sich abschütteln, sie verfolgen den Menschen und lassen ihn nicht mehr los. Auch die schreibgewaltigste Feder ist außerstande, das namenlose Elend der Flüchtlinge aus allen Ländern nur annähernd zu schildern, weil eine Wirklichkeit mit Worten nie entsprechend wiedergegeben werden kann.

Das Flüchtlingsproblem stellt die betroffenen Länder vor beinahe nicht zu bewältigende Aufgaben. Inmitten dieser kaum lösbaren Bedrängnis erhebt sich die gewöhnlich übersehene Frage nach der Bedeutung dieses Umherirrens in metaphysischer Beziehung. Werden diese an den unmöglichsten Orten eingepferchten Flüchtlinge nur zu einem materiellen Problem oder verkörpern sie nicht auch eine religiöse Frage, die an das Mark des menschlichen Lebens greift? Muß nicht der Mensch, der den hinter allen sichtbaren Erscheinungen stehenden Wesensvorgang zu erfassen bestrebt ist, schließlich auf einen seltsamen, verborgenen Zusammenhang dieser Flüchtlingsnot mit einer tiefen Wahrheit des Christentums stoßen? Diese Frage im voraus verneinen, hieße als ein Mensch erfunden zu werden, der sich weigert, die ihm und seiner Generation von Gott aufgegebene Lektion zu lernen!

Der Mensch des 19. Jahrhunderts kannte den Pilger, abgesehen von konventionellen Redensarten, als ein Wesen, das Anlaß zu einem Gelächter gab, wie es Wilhelm Busch in seiner «frommen Helene» ironisiert hat:

> Ach! da schaun sich traurig an
> Pilgerin und Pilgersmann.

Das Wallertum existierte für den aufgeklärten Durchschnittsmenschen höchstens noch in der Karikatur, er sah im Pilgertum lediglich eine dumme Heuchelei, eine unter dem Deckmantel der Frömmigkeit sich vollziehende Reiselust mit allerlei fragwürdigen Abenteuern, die nichts anderes als eine beißende Satire und kalten Spott verdiene.

Dieser gedankenlosen Oberflächlichkeit wurde, gleichsam als Strafe des Himmels, der gehetzte Flüchtlingsstrom vor Augen geführt, der das überhebliche Lächeln über den Peregrinus jäh zum Verstummen brachte. Die von Gott losgelöste Heimatlosigkeit, worunter die modernen Vertriebenen zu verstehen sind, stellt unter anderem ein furchtbares Gericht dar, das über die Menschen wie ein Orkan hereinbrach. In metaphysischer Sicht nimmt sich dieses Geschehen als eine erschreckende Mahnung aus: das unfreiwillige Flüchtlingswesen steht mit dem Vergessen des freiwilligen Pilgertums in einem innern Zusammenhang.

Die zeitlose Wanderschaft konnte dieser Vergessenheit anheimfallen, weil es nicht ihrer Art entspricht, von sich ein großes Aufsehen zu machen. Beinahe unbeachtet von der Welt, geht der echte Pilger seinen stillen Weg. Er gründet keine neue Partei und entwirft kein ideales Programm für die Erneuerung der Welt. Das alles liegt seinem Wesen unendlich fern. Man kann deswegen über ihn lediglich mit bescheidenen Worten reden, und niemals ist es möglich, ihn aufzubauschen und ins Überdimensionale zu steigern, will man seine Gestalt nicht zum voraus verfälschen. Ist das enttäuschend? Hat nicht schon Jeremia zu Baruch gesagt: «Du begehrst Großes für dich? Begehre es nicht!» (Jer. 45, 5.) Es liegt eine tiefe Weisheit in diesem Wort des Propheten. Wenn das Pilgertum auch keine lärmige Angelegenheit ist, keineswegs bedeutet es deswegen eine unwichtige Sache, denn im Unscheinbaren liegt die Wahrheit; in die Dinge, welche die ganze Welt übersieht, muß man sich vertiefen, um den verborgenen Schatz im Acker zu finden.

In aller Lautlosigkeit nimmt das Pilgertum ein wesentliches Anliegen auf, das dem Christentum in die Wiege gelegt ist. Wer Christentum sagt, der sagt auch homo viator, wie der Lateiner im Mittelalter den nach der Ewigkeit wandernden Christen nannte. Die Pilgerschaft ist unablöslich mit der christlichen Botschaft verbunden. Bereits ihre Vorläufer kennen sie. Im Alten Bund betet der Psalmist aus dem ergreifendsten Kreaturgefühl heraus: «Ich bin ein Pilgrim bei dir und ein Beisasse wie alle meine Väter», damit das Bekenntnis des religiösen Menschen aussprechend (Ps. 39, 13). In diesem alttestamentlichen Selbstverständnis ist der Grundakkord angetönt, der durch alle Jahrhunderte hindurch nicht mehr verklingt. Zwar ist es eine verborgene und infolgedessen übersehene Geschichte, die bis jetzt noch nie geschrieben wurde. Auch in diesem Zusammenhang kann sie nur in einigen Stichworten skizziert werden, aber schon diese gedrängte Übersicht eröffnet den Blick in eine wenig bekannte Welt und zeigt das Christentum von einer bedeutsamen Seite.

Der Menschensohn verkörpert auch in dieser Haltung das für den Christen normative Vorbild. Jesus, als Pilger gesehen, erschließt neue Perspektiven. Keineswegs ist damit von einem abschließenden Grundbegriff die Rede, doch macht er auf den tieferen Untergrund aufmerksam. Aus Christi Munde stammt das bestürzende Wort: «Die Füchse haben Gruben und die Vögel unter dem Himmel haben Nester, aber des Menschen Sohn hat nicht, da er sein Haupt hinlege» (Mt. 8, 20). Diese befremdliche Äußerung ist nicht als Klage zu verstehen, sprach sie doch Jesus als Warnung zu einem Schriftgelehrten, der ihm unüberlegt nachfolgen wollte. Sie ist vielmehr Klarstellung der Seinslage des wahren Jüngers. Mächtiger kann man der zeitlosen Wanderschaft nicht mehr Ausdruck geben, als es Jesus in diesen unbürgerlichen Worten getan hat. Mit einer schneidenden Schärfe stellen sie sein heimatloses Sein aller biederen Seßhaftigkeit gegenüber. Das Jesuswort reißt die abgrundtiefe Kluft zwischen seiner als Fremdling über diese Erde schreitenden Menschensohnsschaft und aller späteren, in dieser Welt allzu heimisch gewordenen Christlichkeit auf. Jesus ist in seiner endgeschichtlichen Gebärdensprache das Urbild des Pilgers, er spricht auch hierin zu den Menschen: Du aber folge mir nach.

Entsprechend dieser grundsätzlichen Haltung ist das ganze Neue Testament vom Bewußtsein der Pilgerschaft durchdrungen. Es ist jenes Buch, in welchem unwiderlegbare Worte stehen, Worte, die gleich Fanfarenklängen den Menschen nicht zur Ruhe kommen lassen. Paulus macht den Korinthern klar, daß sie jetzt noch «ferne vom Herrn auf der Wanderung» sich befinden (2.Kor.5,6), und schreibt den Philippern, «das Reich, in dem wir Bürger sind, ist in den Himmeln» (Phil.3,20). Der gleiche Hauch weht aus der Adresse des ersten Petrusbriefes, der sich «an die erwählten Fremdlinge» richtet und die Leser ermahnt, sich auch «als die Fremdlinge und Pilgrime» zu fühlen (1.Pet.1,1 und 2,11). Ebenso eindrucksvoll erzählt der unbekannte Verfasser des Hebräerbriefes von den Patriarchen, die «Gäste und Fremdlinge auf Erden waren. Und die solches sagen, geben zu verstehen, daß sie ein Vaterland suchen» (Heb.11,8-14). Die Eindrücklichkeit aller Aussagen, wonach die Christen «hier keine bleibende Statt haben, sondern die zukünftige suchen», wirkt stets erschütternd und bringt die unvergängliche Peregrinatio in immerwährende Erinnerung (Hebr.13, 14). Doch genug der Bibelworte, die alle mit gleicher Unerbittlichkeit das Pilgergefühl der urchristlichen Gemeinden dartun, womit sie sich von dem im Schlamm der Welt versunkenen Heidentum unterschieden. Die unüberhörbare Betonung der Pilgerschaft verleiht dem Neuen Testament die überweltliche Atmosphäre, die den durch keine Erbaulichkeit verdorbenen Bibelleser aus der Fassung bringt. Die Begründung für die zeitlose Pilgerschaft lag in der gespannten endgeschichtlichen Erwartung, aus welcher der urchristliche Mensch die Kraft seines Lebens schöpfte.

Die auf Erden keinen festen Wohnsitz kennende Wanderschaft war auch in der Epoche der alten Kirche keineswegs vergessen. Die stets wieder einsetzenden Christenverfolgungen hielten das Bewußtsein der Weltfremdheit wach. Ephräm der Syrer, eine hymnologische Natur unter den Kirchenvätern, schildert in seiner religiösen Lyrik zunächst die Mühsale des Pilgertums. Mit der lebhaften Hervorhebung der beschwerlichen Plagen bekundete dieser altkirchliche Mönch, daß die Peregrinatio für ihn eine Wirklichkeit und nicht bloß ein rhetorischer Kanzeleffekt war. Trotz aller Beschwernisse muß der Christus suchende Mensch auf die Pilgerfahrt gehen, denn nach Ephräms elementarem Evangeliumsverständnis ist Gott nur im Pilgerleben zu finden. Es allein schließt den Weg zur Vollkommenheit in sich. Unzählige Christen haben damals praktisch ausgeführt, was in dieser geistlichen Ode aus dem 4. Jahrhundert besungen wurde. Die alte Kirche kannte die Wandermönche, die sich die asketische Heimatlosigkeit zur Aufgabe ihres Lebens gestellt haben, eines der überraschendsten Kapitel in der so ungeheuer reichhaltigen Mönchsgeschichte. Wie verbreitet das Wallertum damals war, geht aus dem Verhalten Peters, des Iberers, hervor, der im 5. Jahrhundert noch als Bischof das Leben eines Pilgers führte, von Ort zu Ort wandelnd und nirgends Fuß fassend. Als man ihm die Reliquien Lukas' übergeben wollte, brach er in Tränen aus und sagte weinend: «Wie kann ich sie in Empfang nehmen und mit mir herumführen, da ich ein Pilgrim und Fremdling bin und keinen Ort habe, an dem ich sie besitzen und nach Gebühr ehren könnte.»

Der Pilger, der durch diese Welt seiner himmlischen Heimat entgegenwanderte, war auch das Vorbild des mittelalterlichen Christen, der das Evangelium noch viel unmittelbarer erlebte als der späte Mensch des 20. Jahrhunderts. Die iroschottischen Wandermönche brachten das Christentum von Britannien nach Deutschland und verbanden mit dem Wallertum eine asketische Bestimmung. Franz von Assisi hat in seinem beschwörenden «Testament» sein unergründliches Armutsverhältnis niedergeschrieben: «Nur als Pilger und Fremdlinge wollen wir hier wohnen», eine Bestimmung, mit der derselbe Franziskus, der jedes Würmlein vom Erdboden aufhob, die Haltung seiner Söhne umriß. Auch die Kreuzfahrer sind teilweise als Pilger zu verstehen, die zwar oft von unreinen Motiven aufgestachelt sich ins Heilige Land begaben, aber trotzdem unsägliche Opfer für diese Wanderung auf sich nahmen. Die geistesmächtige Seherin aus dem Norden, Birgitta von Schweden, brachte die Hälfte ihres Lebens als Pilgerin zu, viele Länder durchwandernd und allezeit die Lauen aufrüttelnd und die Gleichgültigen entzündend. Nicht alle Menschen konnten im Mittelalter ein immerwährendes Pilgerleben führen, viele Christen waren aber wenigstens bestrebt, vorübergehend Wallfahrer zu sein. Auch damit waren offenkundige Mühen verbunden, die zu jeder Annäherung ans Heilige gehören. Der Wallfahrer unterschied sich wesentlich von dem zu Hause hinter dem Ofen sitzenden Menschen. Er war auch tatsächlich ein anderer Mensch, denn er gehörte während dieser Zeit zu den sich auf heiliger Straße befindlichen Pilgern. Im Mittelalter nahm das Wallfahrtswesen zuweilen überbordende Formen an, vor denen Thomas a Kempis in seiner «Nachfolge Christi» leise warnte: Die zu viel wallfahren, werden selten heilig! Allein, dieser aufgehobene Finger vermochte dem enthusiastischen und geistigkämpferischen Element, das wesensnotwendig mit der religiösen Wanderschaft verbunden war, nicht Abbruch zu tun. Dem gotischen Menschen kam das Pilgertum mit seiner kühnen Ablösung vom verflachenden Alltagsleben und seinem außerordentlichen Aufbruch zum Ewigen viel zu sehr entgegen, als daß er auf diese heroische Parole verzichtet hätte. Der volkstümliche Prediger Geiler von Kaysersberg forderte seine Zuhörer direkt zum Wallertum auf, und aus Savonarolas Feder stammt die Schrift: Trost der Pilgrimschaft. Noch Ignatius von Loyola nennt sich selbst in seinen aufschlußreichen «Lebenserinnerungen» ausschließlich Pilger und nie mit seinem Namen, eine Bezeichnung, die seinem wahren Wesen entsprach, und zwar nicht nur wegen seiner Pilgerreise nach Jerusalem, auf der er hinkenden Fußes weite Strecken zurücklegte.

Das christliche Lebensverständnis als Pilger findet sich auch im Reformationszeitalter. Man muß nur nicht auf jenen Reformator achten, den das Denkmal zu Worms allzu massig darstellt, sondern auf den angefochtenen Luther, der stets an die Gnade Gottes glaubte und dabei immer der eigenen und fremden Erwählung ungewiß blieb. Dieser vom Ewigen zeitlebens beunruhigte Prediger Gottes ermahnte denn auch in seiner «Kirchenpostille» die Christen gar mächtiglich, «dies Leben auf Erden nicht anders anzusehen denn als ein Waller oder Pilgrim das Land, da er durch reiset, und seine Herberge, da er über Nacht lieget; denn da denket er nicht zu bleiben und weder Bürgermeister noch Bürger zu werden, sondern nimmt sein Futter und Mehl und lenkt zum Tor hinaus, da er daheim ist. Also müsset ihr euer Leben auch ansehen. Denn ihr seid nicht darum Christen worden, daß ihr allhier auf Erden herrschen und bleiben sollet; es wohnet, bürgert und herrschet sich anderswo mit dem Christen, nicht in dieser Welt; darum denket und richtet euch, als Pilgrim auf Erden, in ein ander Land und Eigentum da ihr sollet Herren sein und bleibend Wesen haben, da kein Unfried, Unglück sein wird, wie ihr hier in dieser Herberg müsset leiden.» Ein anderer Luther als der, der im Familienkreis die Laute spielte, meldet sich hier zu Wort und bekundet damit, wie der Altprotestantismus, trotz seiner Verschwisterung mit der städtischen Kultur, hierin noch ganz in der christlichen Tradition stand. Dem Bewußtsein, daß der Christ der der Ewigkeit entgegenwandernde Mensch ist, hat in der nachreformatorischen Zeit Paul Gerhardt in einem seiner bekanntesten Choräle – welche Kräfte schlummern in ihnen! – unvergänglichen Ausdruck gegeben:

Ich bin ein Gast auf Erden
Und hab hier keinen Stand;
Der Himmel soll mir werden,
Da ist mein Vaterland.
Hier reis ich aus und abe;
Dort in der ewigen Ruh
Ist Gottes Gnadengabe
Die schleußt all Arbeit zu.

Auch Gerhard Tersteegens «Pilgerlied» ist auf die gleiche Ewigkeitsmelodie gestimmt: «Kommt, Brüder, laßt uns gehen», hier ist der Christ ebenfalls als «ein fremder Gast» auf dieser Erde angesprochen. Einem letzten Klang gleich tönt des Bandwebers Lied vom «schmalen Pilgerpfad» in das heraufziehende Aufklärungszeitalter hinein; man muß den Ton gehört haben, will man etwas Ernsthaftes über das Christentum aussagen.

Diese notdürftige Skizze der Pilgergeschichte löst ein nicht alltägliches Gefühl aus. Gewiß waren es die denkbar verschiedensten Individualitäten, die sich darin aussprachen. Und doch, wie rücken sie in diesem einen Anliegen der Peregrinatio in die gleiche Linie; Menschen mit sonst gegensätzlichen Anschauungen reichen sich die Hand als Christen, die sich alle auf dem Wege zum ewigen Reich befinden. Sie bilden einen Reigen und singen im Chor das gleiche Pilgerlied, das dem besinnlichen Menschen gar vieles zu denken aufgibt.

Das Zeitalter der Renaissance brachte eine folgenschwere Änderung in diese nur in großen Linien angedeutete Einstellung des christlichen Menschen. Die Renaissance wird gewöhnlich zu einseitig unter dem Gesichtspunkt der neu gewonnenen Möglichkeiten beurteilt, und man vergißt, was der Mensch in ihr an substantiellem Gehalt verloren hat. Namentlich damals, als die christlich begonnene Renaissance von der heidnischen Welle überflutet wurde, setzte sich eine für das Abendland bedrohliche Strömung durch. Nicht der einzelne Mensch ist für diese prinzipielle Weichenstellung verantwortlich zu machen, die humanistische Bewegung als Ganzes erfaßte das menschliche Leben nicht mehr als den Weg von der Zeit in die Ewigkeit. Die Welt, welche die Christenheit so lange als eine von Menschen nur zu beschreitende Straße betrachtete, erfuhr in der Renaissance eine andere Wertung. Sie wurde zu einem Aufenthaltsraum, in dem der Mensch sich dauernd niederließ. Der Pfad verwandelte sich zur bleibenden Stätte! Das Ziel der Ewigkeit entschwand dem humanistischen Menschen aus den Augen, der Weg wurde ihm zum Selbstzweck, und er richtete sich auf der Straße des Lebens wohnlich ein. Das Lebensgefühl der zeitlosen Wanderschaft verblaßte zusehends und machte einer reinen Diesseitigkeit Platz, die mehr und mehr überhand nahm. Diese Wandlung des christlichen Lebensgefühles ist bedingt durch die Wiederbegegnung mit der Antike. Sie ist aus der Fülle der neuen Eindrücke begreiflich, die in jenem Zeitraum auf die Menschen einstürmten. Zunächst wirkte sich diese Horizonterweiterung auch als eine farbige Bereicherung des Daseins aus, es begann alles viel intensiver zu leuchten, und verständlicherweise brachen damals die Menschen in den begeisterten Ausruf aus: es ist eine Lust zu leben! Die Berechtigung dieser Daseinsfreude ist nicht anzuzweifeln. Gleichwohl geriet der damalige Christ in eine innere Gefahr. Weit entfernt, daß in der Renaissance die Entdeckung des Menschen erfolgte – wie Jakob Burckhardt meinte – dies geschah bereits im Evangelium, als die Seele des Menschen wahrgenommen wurde, die durch die ganze Welt nicht aufgewogen werden kann und dann nochmals in der mittelalterlichen Mystik mit ihrem innern Reich. Der Christ im humanistischen Zeitalter war vielmehr nahe daran, sein wahres Selbst zu verlieren, weil die äußern Weltdinge ihn allzu stark überwältigten. Eine erste und beinahe nicht wiedergutzumachende Veränderung hatte sich ereignet, deren Schaden im Moment nicht stärker sichtbar wurde, da die großen Humanisten immer noch ein gutes christliches Erbe in sich trugen.

Die dadurch eingeleitete Säkularisation nahm mit jedem Jahrhundert, da der Mensch weiter in die Neuzeit hineinschritt, größere Formen an. Das

Lebensgefühl erfuhr in der modernen Zeit die denkbar tiefgreifendste Umdrehung. Der christliche Pilger früherer Jahrhunderte wollte wie ein zweiter Abraham aus seinem Vaterland, aus seiner Freundschaft und aus seiner Häuslichkeit herausgehen, sein Bestreben ging dahin, sich von all diesen Dingen zu befreien und sie hinter sich zu bringen. Der neuzeitliche Mensch dagegen ist vom umgekehrten Verlangen geleitet, er will in dieses Leben eingehen, sich mit seiner Lust und Qual aufs innigste vermählen, weil er diese Welt nicht mehr der Sünde gleichsetzt. Die Tendenzen laufen in völlig verschiedener Richtung, und darin besteht einer der tiefsten inneren Wesensunterschiede zwischen christlichem Zeitalter und modernem Lebensgefühl. Der Mensch begann in der Neuzeit das Leben allzusehr zu lieben, es mit einer triebhaften Gier zu betrachten und sich mit einer Ausschließlichkeit ihm zuzuwenden, die man nur Gott entgegenbringen darf. Darum verstrickte sich der heutige Mensch auch hoffnungslos in seinen Wirbel und vermag das Leben nicht mehr von einer höheren Warte aus zu überblicken. Das Resultat dieser lebenshungrigen Einstellung ist die reine Diesseitigkeit, die alles über die greifbare Existenz Hinausweisende als bloße Illusion verdächtigt. Das Ewige bedeutet für das moderne Lebensgefühl höchstens noch einen poetischen Gedanken, aber Realität anerkennt es einzig dem Zeitlichen zu, in dem sich alsobald die berüchtigte Eigengesetzlichkeit der Dinge geltend machte.

Der Verzicht auf die Jenseitsgerichtetheit ist für die bürgerliche Lebensform charakteristisch, das Wort nicht im politischen Sinn verstanden, sondern als eine Seinshaltung, die sich auch im freidenkerisch orientierten Proletariat findet. Die bloße Diesseitigkeit ist eine Lebensauffassung, die in der Kolchosenwirtschaft nicht weniger triumphiert als in der sich auflösenden Bourgeoisie. Weder ist das Bürgerliche der Spießigkeit zu bezichtigen, noch sind seine Probleme zum voraus als gottlos abzulehnen. Es hat in seinen kultiviertesten Vertretern unstreitig große Werte hervorgebracht und darf an sich nicht geschmäht werden. Trotzdem wohnt im Bürgerlichen eine unüberwindliche Neigung zur Selbstzufriedenheit, eine Behäbigkeit und Indifferenz, die im Laufe der Zeit den Menschen rettungslos der in sich ruhenden Endlichkeit ausliefert, die immer den Tod aller Geistigkeit bedeutet. Dieses unmerkliche Versinken in die irdische Gegebenheit, das zuletzt das Besitztum zum obersten Ziel des Lebens macht, ist ein verhängnisvoller Prozeß, der nur mit einer Katastrophe endigen kann. Es hat auch die Gegenwart in einen Zustand des Chaos geführt, der in seiner Ausweglosigkeit alles unter sich zu begraben droht. «Der tiefste Grund dessen, was jetzt vorgeht, ist, daß in der europäischen Menschheit kolossale Hohlräume entstanden sind, die vom entschwundenen Christentum herrühren, und in diese Hohlräume stürzt nun alles ein» (Rosanow). Das christliche Bild vom Leben gerät unweigerlich in eine sinnstörende Unordnung, die Perspektiven verkürzen sich und der Mensch büßt die entscheidende Tiefendimension ein. Aus der Preisgabe der zeitlosen Wanderschaft läßt sich zu einem wesentlichen Teil die Wirrnis des modernen Geisteslebens erklären. Wenn der Weg zum Ziel gemacht und der Ausgang in den Eingang verkehrt wird, dann stehen die Dinge nicht mehr an dem von Gott bezeichneten richtigen Ort, das Lebensgefüge wird verschoben und die wahre Seinslage des Menschen ist zerbrochen. Die Auffassung von der Welt als Endziel anstatt als Durchgangsstation trug zu jener absoluten Finsternis bei, in die das düstere Finale der Neuzeit ausklingt.

Die besten Söhne der Neuzeit haben sich gegen diese moderne Versumpfung aufgelehnt. Allen voran Friedrich Nietzsche, dem sich besonders leidenschaftlich der ohnmächtige Schrei gegen das unheilvolle Untergehen in die flache Endlichkeit entrang. Freilich nicht jenem Nietzsche, der als Verherrlicher des «Willens zur Macht» selbst diesem wahnsinnigen Taumel verfallen war und sich in rätselhaftem Widerspruchsgeist darin gefiel, zu sagen, wie der Atheismus bei ihm sich aus Instinkt verstehe. Tragische Verkennung seiner selbst. Es besteht weit eher die Pflicht, jenes Nietzsche zu gedenken, dessen Blut nach eigenem Geständnis mit demjenigen der Priester verwandt war und der als ungewöhnlich religiös veranlagter Mensch Einsichten hatte, die zu seiner Stunde wenige Christen besaßen. Diesem andern Nietzsche, der unser Bruder ist, war es unmöglich, sich nur vorzustellen, wie man in diesem öden Heute überhaupt zu Hause sein könne, und er sandte unablässig «Pfeile der Sehnsucht» nach dem andern Ufer ab. In Nietzsche dämmerte wieder das Menschenbild vom «Wanderer und seinem Schatten», wie er eines seiner Werke nannte. Der tief verwundete Verfasser des «Zarathustra» war nur der wortgewaltigste Rufer im Kampfe gegen die Verebbung des modernen Lebens, aber er war nicht der einzige. Sein Name steht hier für viele; was er als Schicksal des geistig heimatlosen Menschen aufs bitterste durchlitten hat, haben Künstler wie Heinrich Altherr in seinen Bildern vom «ruhelosen Wanderer» erschütternd gestaltet. Bis zur Jugendbewegung des Wandervogels läßt sich diese Auflehnung gegen die Sinnentleerung der modernen Zeit verfolgen, die jugendliche Empörung richtet sich gegen die Herrschaft einer leblosen Dingwelt, mit der sie sich nicht abfinden konnte.

Dem Aufschrei aber war kein Durchbruch beschieden. Nur schmerzlich zuckend gab die Protesthaltung immer aufs neue ihrer Not beredten Ausdruck: «Dies Suchen nach meinem Heim: O Zarathustra, weißt du wohl, dies Suchen war meine Heimsuchung, es frißt mich auf. Wo ist – mein Heim? Darnach frage und suche und suchte ich, das fand ich nicht. O ewiges Überall, o ewiges Nirgendwo, o ewiges – Umsonst.» In dieser ruhelosen Vergeblichkeit wirkt Nietzsche wie eine moderne Verkörperung von Ahasverus. Nietzsche und seine Nachfahren – in aller Demut sei es gesagt – konnten nicht den Ausweg aus dem Wirrsal finden, weil ihre Marschrichtung trotz aller Ablehnung des verdinglichten Lebens der Neuzeit doch in einem bloß innerweltlichen Ziel steckenblieb. Selbstgefangen in der verweltlichten Denkweise, faßten sie die Wanderschaft allzusehr als Urtrieb auf, in die Ferne zu schweifen, was einem rein biologischen Verständnis entspricht. Zwischen dem christlichen Pilger und dem modernen Wanderer besteht bei allen Berührungspunkten wiederum ein ganz tiefgreifender, deutlich zu markierender Unterschied: der eine ist jenseits gerichtet, während der andere in einer innerweltlichen Denkweise gefangen bleibt. Der heutige Wanderer vermochte den trostlosen Ablauf der Entwicklung nicht zu durchbrechen, er läuft im Grunde seinem eigenen Schatten nach. Der christliche Pilger dagegen kennt eine ganz bestimmte, religiöse, außerhalb ihm liegende Zielsetzung, was etwas grundsätzlich anderes ist.

Der furchtbare Gerichtssturm des 20. Jahrhunderts läßt die Vision vom Pilger wieder am Horizont aufleuchten. Den Heiligen und Mönchen ebenbürtig, gehört der Pilger zu den wesentlichsten Geburtshelfern eines erneuerten Christentum-Verständnisses. Eine neue Beschwörung des homo viator kommt einer nach innen gehenden Besinnung gleich. Die Christenheit muß auf die zeitlose Wanderschaft zurückgreifen, sie ist ein Thema von ganz eigenartiger Musikalität. Ohne den geringsten Lärm zu machen, gehört der Pilger zu den großen Mahnern und Erweckern, nicht durch Worte, wohl aber durch das eigene Beispiel. Er ist der Mensch, der sich losgerissen hat, der sich aufmachte, der sich in Bewegung befindet, der unterwegs ist, der vom Haus in die Hauslosigkeit geschritten ist, um diesen von Buddha geprägten Ausdruck zu gebrauchen. Ein ungewöhnliches Fluidum geht von dieser außerordentlichen Haltung aus, das jeden Christen unwillkürlich aufschreckt. Der Peregrinus ist das Gegenteil jenes geistlosen Banausen, dem Gemütlichkeit mit Klubsessel und Radioanschluß oberstes Ziel bedeutet. Der Pilger ist der Mensch, der von weither kommt und der in seiner Fremdartigkeit nicht ohne weiteres eingeordnet werden kann. Er ist der Hindurchschreitende, dessen Anblick seltsame Schauergefühle hervorruft. Als einer, der Gott mit der ganzen Glut seines Wesens sucht, ist er notwendig auf dieser Erde heimatlos geworden. Der Mensch, dem der Ruf des Evangeliums zum entscheidenden Erlebnis geworden ist, wird sich automatisch von seinen bisherigen Bindungen und Gewohnheiten lösen, eine gewisse Fremdheit in dieser Welt empfinden und das Leben als ein Unterwegssein betrachten. Der sich als homo viator verstehende Christ läßt sich durch nichts aufhalten und will von nichts gefesselt werden, er dringt durch alles hindurch und nimmt um seines Ewigkeitsdurstes auch Einsamkeit und Verkennung auf sich. Von zeitloser Größe ist der status viatoris, der die menschliche Seele als ewige Pilgerin nach der wahren Heimat, die nicht auf dieser Welt ist, auffaßt. Das echte Pilgertum ist nichts Geringeres als das Suchen nach dem verlorengegangenen Paradies, ein Verlust, mit dem sich die Seele nicht abfinden kann. Es hat die Unzulänglichkeit aller irdischen Verhältnisse erkannt und strebt aus der Vorläufigkeit seiner Existenz hinaus zu einem göttlichen Sein, das nicht mehr der Vergänglichkeit unterworfen ist. Die Peregrinatio will dem Überzeitlichen entgegenpilgern und hütet sich, in diesem Leben zu «erliegen», wie der altertümliche Ausdruck heißt. Allezeit ist der Pilger entschlossen, gerüstet und gegürtet dem Unbekannten entgegenzuschreiten und nicht in Gleichgültigkeit zu verharren, bis die Ewigkeit ihn wie ein gewappneter Mann überfällt. Gespannt hält er Ausschau nach der ewigen Welt, er ist von einem wahren Lechzen nach ihr erfüllt, das durch kein irdisches Gut gestillt werden kann. Der zeitlose Wanderer entzieht sich nicht bequemlichkeitshalber den Pflichten dieser Erde. Dieser Argwohn macht sich einer schlimmen Fehldeutung schuldig. Auch unsere Welt lebt von dem, was mehr ist als Welt, was über sie hinaus will und was sie überwindet. Es geschieht aber nur durch den Menschen, der sich stets bewußt bleibt, daß er allezeit als Pilger nur notdürftig unter Zelten wohnt.

Freilich bedarf das neue Pilgertum einer Modifikation. Die zeitlose Wanderschaft ist heute im buchstäblichen Sinn des Wortes kaum mehr möglich. Durch Grenzvorschriften, Paßkontrollen und Devisenbestimmungen sind ihr in der Gegenwart allzu viele Schranken auferlegt. Es ist nicht mehr möglich, mit Pelerine und Stab in der Hand von dannen zu schreiten, will man sich keines Anachronismus schuldig machen. Was aber frühere Geschlechter im Wortsinn ausführten, das muß der heutige Christ im Geiste wiederholen, es in seiner Seele noch einmal und womöglich auf eine viel verinnerlichtere Art vollziehen, was eine nicht minder mühsame Anstrengung erfordert. Auch heute wieder steht der christliche Mensch zwischen Zeit und Ewigkeit. Gleich Elia, der einen großen Weg vor sich hat, muß er abermals nach neuen Fernen Ausschau halten. Der Schritt vom buchstäblichen zum geistigen Pilger ist keine Abschwächung, denn auch im Neuen Testament ist diese Fremdlingsschaft bereits im übertragenen Sinn verstanden. Ein durch die Welt Hindurchschreitender zu sein ist die Bestimmung jedes Christen, wie es die Mystiker aller Zeiten erkannt haben, die in der Symbolik der Pilgerschaft die Lebensgeschichte jeder aufsteigenden Seele gesehen haben: «Wie der wahre Pilger, der nach Jerusalem wallfahrtet, Haus und Land, Weib und Kind hinter sich läßt und sich aller Dinge, die er hat, entblößt, auf daß er leicht und unbehindert dahinwandern kann, ebenso mußt du, wenn du geistlicher Pilger sein willst, dich alles dessen, was du hast, entblößen ... Darauf sollst du in deinem Herzen voll und ganz beschließen, daß du in Jerusalem sein willst und an keinem andern Ort als dort allein» (Hilton).

Das Pilgertum im Geiste vertritt nur wenige Gedanken; geht es ihm doch nicht um eine spekulative Religionsphilosophie voller Tiefsinnigkeit. Es ist ihm wesentlich um eine jenseitsgerichtete Haltung zu tun, die nicht aus einem Weltekel und Weltüberdruß hervorgeht. Nie ist Weltmüdigkeit das treibende Motiv des zeitlosen Wandermannes. Was aus der Weltangst hervorzugehen pflegt, verbleibt in der Not und bedeutet nicht Rettung. Es geht dem Pilgertum gewiß nicht darum, das Leben, das ein wundervolles Geschenk Gottes ist, gering zu schätzen. Der neue homo viator weiß durchaus um die Schönheit der Welt, um das Aufflammen der ersten Liebe und den absichtslosen Vogelgesang, kurz, um all das Blühende im Leben, das so unsagbar köstlich ist. Wie sollte nicht gerade auch er das «irdische Vergnügen in Gott» kennen? Bei allem süßen Finden Gottes in den Dingen aber ist er sich auch der Gefahr bewußt geworden, die im unersättlichen Begehren nach den Gütern dieser Welt liegt, das blindwütig alles zusammenrafft und es mit leidenschaftlichem Griff umklammert hält. Dem zeitlosen Wanderer ist wieder der Sinn für das Transitorische der menschlichen Existenz erwacht, eine Erkenntnis von unbedingter Notwendigkeit, auf die kein ernsthafter Christ verzichten kann. Das Wort Teresas von Avila «alles geht vorüber» gibt diese Wahrheit wieder, die wie ein Lichtstrahl leuchtet, der alle Verlockung dieser Welt versengt. Was immer auch in dieser Welt lebt und den Menschen oft in so verführerischer Weise gefangennimmt, es sind alles nur vorübergehende Erscheinungen. Es ist eine erregende Wahrnehmung, bis ins Innerste davon überzeugt zu sein, daß man nicht nur selbst, sondern auch alles, was den Menschen beschäftigt und anlächelt, wie Liebe und Ehe, Kunst und Wissenschaft, Technik und Mode usw., keine bleibende Existenz hat. Alle diese Phänomene sind eine kleine Weile in beglückender Gegenwart da und entschwinden dann plötzlich wieder, ohne daß sie der Mensch zu halten vermöchte. Diese Erkenntnis, real erlebt, bringt in das Dasein des Menschen eine dramatische Spannung, sie wirkt sich wie ein ewiger Impuls aus: du hast hier keine bleibende Stätte, du mußt weiter und immer noch weiter, deine Bestimmung geht über all das hinaus. Merkwürdig, wie der Mensch diese Wahrheit im Handumdrehen vergißt. Er tut so, als ob er für alle Zeiten hier bleiben würde. Die Betonung des transitorischen Charakters alles Lebens ist weder Daseins-Entwertung noch Weltverneinung, ihr liegt vielmehr eine überlegene Anleitung zum richtigen Gebrauch der Dinge zugrunde. Das «vorübergehend» will keineswegs bloß sagen: bald ist alles zu Ende, es ist keine niederdrückende

Traurigkeitsphilosophie, die das Leben wehmütig stimmt, sondern Erkenntnis, daß dieses Hiersein nur Phase eines viel größeren Prozesses ist. Im Hier steckt nur der Anfang, der gewöhnlich unfertig und stümperhaft ist. Erst nachher kommt die Ausreifung und Vollendung. Alles ist viel größer, als es der Mensch sich gewöhnlich denkt. Der Sinn für das Transitorische übt eine tröstende Wirkung aus: neue und höhere Perspektiven eröffnen sich, es dehnt sich alles ins Unermeßliche aus. Um dieses Glaubens willen vermittelt der «Pilger des Absoluten», den Léon Bloy auch als den «Pilger ohne Rückkehr» bezeichnet, einen unwiderstehlichen Eindruck von der Wirklichkeit des Göttlichen, er ist die leibhaftige Verkörperung dieser Wahrheit. Das religiöse Verständnis erfaßt den Pilger als Träger eines Charisma, durch den unverkennbare Heilandszüge hindurchschimmern.

Aus diesen Ausführungen geht hervor, daß das Pilgertum einem positiven Ansporn entspringt. Auf eine kurze Formel gebracht, ist der neue Pilger der Mensch der brennenden Sehnsucht. Er versteht darunter nicht, wie die Halbwüchsigen, ein bloß vages Gefühl nach irgend etwas Unbekanntem, das sich wohl noch einmal finden wird. Was wahre Sehnsucht ist, hat vielleicht niemand besser formuliert als Novalis, der Dichter, der so viel von Leben und Tod verstanden hat und der in einem seiner geistlichen Lieder singt:

Hätten die Nüchternen
Einmal gekostet,
Alles verließen sie
Und setzten sich zu uns
An den Tisch der Sehnsucht,
Der nie leer wird.

Nach Novalis kann in dieser Zeitlichkeit der heiße Durst nicht gestillt werden, und ebenso senden uns die Verstorbenen «der Sehnsucht Hauch», damit wir ihnen entgegenstreben, ja dieser Meister der Fragmente begriff auch die «Philosophie als ein Heimweh». Der Mensch der Sehnsucht spürt das Ungenügende dieses Daseins, er möchte darüber hinausgreifen und mit augustinischer Inbrunst übersteigen, er sieht das Unfertige und Unabgeschlossene alles irdischen Lebens, er verlangt nach dem Vollkommenen, wo das Stückwerk aufhört. Er verspürt zuweilen, wie einst Paulus, die heimliche Lust, abzuscheiden, um bei Christo zu sein, und flüstert sogar wie der Puritaner Alexander Henderson: «Niemals hat sich ein Schuljunge mehr auf die Spielpause gefreut, als ich mich freue, aus dieser Welt zu gehen!» Die echte Sehnsucht ist eine gewaltige Kraft im Menschenleben, die ungeahnte Energien zu entbinden vermag. Sie ist ein brennendes Feuer, deren Flammen den Christen förmlich verzehren. Es greift tief in sein Seelengewebe ein, ob ein Mensch eine lebendige Sehnsucht in sich trägt oder ob ihm dieses nie zur Ruhe kommende Gefühl gänzlich unbekannt ist. Menschen, denen dieses Brennen im Geist in die Wiege gelegt wurde, verstehen sich, ohne viele Worte zu machen, trotz aller Verschiedenheit der Geschlechter, der Nation und der Konfession, und wenn ihnen dieses Gefühl fremd ist, bleibt eine Sprachverschiedenheit zwischen ihnen, mögen sie noch so nahe zusammenrücken. Die lodernde Sehnsucht nach dem Höchsten allein läßt den Menschen nicht im Niedrigen versanden, sie ist Antrieb und Aufschwung zum Unendlichen. Nur wer sie kennt, tritt in das Ringen mit dem Überzeitlichen ein und kann dereinst Gott auf seinem Sterbebett danken, daß er ein Mensch der Sehnsucht sein durfte.

Dem wirklichen Pilger, der, im Gegensatz zu dem mit bequemen Verkehrsmitteln Reisenden, die inneren Mühsale nicht scheut, kommt eine bedeutsame Funktion in unserer Zeit zu. Sein bloßes Dasein ist eine machtvolle Erinnerung daran, daß alles irdische Leben nur vorläufigen Charakter hat und nie endgültiges Sein in sich schließt. Diese Absage an die der reinen Endlichkeit verschriebene Lebensform greift letztlich viel tiefer als die sozialen Revolutionen, die meistens nur eine Vertauschung der Rollen innerhalb der Besitzesverhältnisse bewirken, ohne sie in entscheidender Weise zu durchbrechen. Der Pilger dagegen durchstößt sie in prinzipieller Weise, er durchschaut das Haften an den Dingen von innen heraus und erringt dadurch die wahre Freiheit. Durch seine religiöse Überwindung der bloßen Diesseitigkeit gewinnt er ein reales Verhältnis zur Ewigkeit, eine Verbundenheit, durch die allein der Mensch in der Todessituation nicht der Verzweiflung anheimfällt. Die Verleiblichung der transitorischen Haltung ist von erneuter Aktualität, besonders heute, da die Menschheit im Begriffe steht, sich ihres Christentums zu entledigen, und auch bereits weitgehend nicht mehr von dessen Gedankenwelt beherrscht wird. Die moderne Menschheit geht in ihrer kriegerischen Zerstörungssucht einer immer finsterer werdenden Zeit entgegen, wo bald nur noch einige wenige Pilger über eine zertrümmerte Welt schreiten werden, die einer entchristlichten Christenheit die Botschaft des Evangeliums in neuen Zungen verkünden. Um dieser düsteren Aussicht willen gehört der Pilger nicht der Vergangenheit an, er ist eine wiederkehrende Gestalt, und zwar eine in unserer Gegenwart aktualisierte christliche Erscheinungsform. Der zeitlose Wanderer wird als Charismaträger aufs neue auftauchen, er ist in aller Unscheinbarkeit bereits unterwegs und wird in einer entgöttlichten Welt, die entweder nur noch wirtschaftliche Systeme hervorbringt, deren regelmäßige Krisenzeiten jeweilen einzig durch grauenhafte Kriege beseitigt werden können, oder die Menschen in einen lebensunwürdigen Ameisenstaat versklaven, in aller Demut wieder den ewig gültigen, allein zur Rettung führenden Gotteswillen vorleben. Denn zu allen Zeiten haben die Menschen nur dann die richtige Einstellung zu ihren Mitmenschen gefunden, wenn sie vorher in der wahren Übereinstimmung mit Gott standen und vom Gesichtspunkt der Ewigkeit aus die Dinge betrachteten. Mehr als je ist in der Gegenwart der wiederkehrende Pilger eine dringende Notwendigkeit, der von der Klarheit in die Wirrnis dieser Welt schaut und nicht mehr länger vermeint, umgekehrt aus dem Chaos zu einer neuen Ordnung zu kommen.

Im vorliegenden Zusammenhang vollzieht sich der Aufruf zu einem verwandelten Pilgertum in der Form dreier Pilgerleben, und zwar an Menschen, die bezeichnenderweise Laien waren. Das eine Thema der zeitlosen Wanderschaft wird in drei Variationen abgewandelt, die diesen Persönlichkeiten eine über ihre historische Existenz hinausreichende Bedeutung zuerkennt. Die erste Variation stammt aus dem 17. Jahrhundert und ist aus der Welt des englischen Protestantismus hervorgegangen, die zweite ist dem 18. Jahrhundert entnommen und ist im Katholizismus beheimatet, während die dritte dem 19. Jahrhundert angehört und die Ostkirche zu Worte kommen läßt. Damit dürfte klargemacht sein, daß der religiöse Wanderer eine zeitlose Erscheinung ist, der eine genuin christliche Haltung verkörpert. Jede Variation zeigt, wie ihr Vertreter selbstverständlich in einer historisch gewordenen Konfession steht, aber alle beweisen, daß sie letztlich nicht konfessionalitisch gesinnt sind.

Ihre verschiedene Kirchenzugehörigkeit ist nur der Rahmen, aus dem sie ganz in die zeitlose Christlichkeit hinausgewachsen sind, und damit haben sie ungewollt einen bedeutsamen Beitrag zum Thema der Ökumene beigesteuert, von der in den letzten Jahren so viel geredet wird. Segen über die in Stockholm und Amsterdam versammelte Ökumene; ihren Bestrebungen ist nur Erfolg zu wünschen. Man darf sich aber keiner Täuschung hingeben, die auf diesem Weg erhoffte Kircheneinheit wird immer nur ein frommer Wunsch bleiben und schwerlich je eine Bedeutung von religiöser Tragweite erlangen. Die wahre Einheit, die über allem Trennenden das Verbindende viel stärker erlebt, kann doch nicht durch Konferenzen bewerkstelligt werden, weil sie nie und nimmer eine Angelegenheit der Organisation ist, in der sich stets menschlicher Geltungsdrang ungebührlich in den Vordergrund schiebt. Wer jedoch die drei Pilgerleben in sich aufnimmt, der erhält eine Ahnung davon, daß es heute einzig eine Ökumene des glaubenden Herzens gibt, die über alle Zweifel erhaben ist. Die Una Sancta braucht nicht erst mühsam begründet zu werden, sie war in unsichtbarer Weise schon immer vorhanden. Sie ist eine von Gott geschaffene Wirklichkeit, der alle jene Menschen angehören, die wieder als ewige Pilger an die Tore unserer Welt klopfen ...

I. Variation

DIE REISE NACH DER EWIGKEIT

SEELENKÄMPFE EINES KESSELFLICKERS

ALS herumziehender Handwerker verbeulte Kessel zu flicken, ist wahrhaftig kein schöner Beruf. Es dröhnt unangenehm, wenn die Ausbuchtungen glattgehämmert und die durchlässigen Stellen verlötet werden und dazu kommt noch, daß die Arbeit mit den rußgeschwärzten Kochkesseln überaus schmutzig ist. Trotz aller Anstrengung bleibt der Topf zuletzt nur geflickt und gleicht in keiner Weise einem neuen Gerät. Diese kunstlose Tätigkeit, die niemand sonderlich achtete, übte der Kesselflicker John Bunyan aus, bei dem freilich alles eine symbolische Bedeutung bekam. Wie er die löcherigen Kessel bearbeitete, so wurde auch er unter furchtbaren Schlägen von einer höheren Hand gehämmert und ging am Ende seines Daseins doch nur als ein geflicktes Werkzeug ins Reich Gottes ein. Wer diesen sinnbildlichen Zusammenhang vom beruflichen Kesselhämmern und dem Hammer Gottes wahrgenommen hat, schüttelt nicht mehr den Kopf über Bunyans Gewerbe, hat es doch wundersam gut zu ihm gepaßt.

Niemand hat diese innere Verbindung lebendiger zum Ausdruck gebracht als Bunyan selbst in seiner Autobiographie: «Die Gnade Gottes, welche sich erstrecket auf die größten Sünder.» Es ist eine schmucklose Lebensbeschreibung, die in formeller Hinsicht unmöglich dem verwöhnten Geschmack des modernen Lesers genügt. Sie entfaltet kein farbiges Strahlenbündel von in sich gerundeten Lebensmöglichkeiten, sondern ist im wesentlichen auf einen Nenner ausgerichtet. Diese eine Richtung aber erlebte Bunyan mit einer seltenen Intensität, letzte Fragen eines Menschenlebens zur Diskussion bringend. Nur areligiöse Voreingenommenheit kann um der gelegentlich pietistischen Terminologie willen die Mächtigkeit von Bunyans Lebenserfahrungen verkennen. In Wirklichkeit schließt die Lektüre dieser Autobiographie eine merkwürdige Überraschung in sich. Wer hätte aus der Feder eines solch lärmigen Berufsgenossen ein derart christliches Dokument erwartet! Von welcher Gewalt des Lebens zeugen doch diese vergilbten Blätter des rußigen Mannes! In ihren Lettern ist einer der seltsamsten Berichte enthalten, der alles in den Schatten stellt, was zimperliche Wesen erleben, die meinen, über die Tätigkeit eines Kesselflickers hochmütig die Nase rümpfen zu dürfen. Bunyans Selbstbiographie gemahnt nicht an rhetorischer Beredsamkeit, wohl aber an innerer Bewegtheit unwillkürlich an Augustins Konfessionen. Ohne sich einer Anmaßung schuldig zu machen, hätte der arme Handwerker mit dem großen Kirchenvater sagen dürfen: «Ich habe Arbeit, ständige Arbeit an mir selbst, ich bin mir ein Grund von Schwierigkeiten und übergroßem Schweiße geworden.» In der englischen Barockliteratur gehören Fox' Tagebuchblätter und Bunyans Lebensbeschreibung zu den lebendigen Seelenbeichten, die vom Griff Gottes durchzittert sind, der den Menschen nicht mehr losläßt. Seine Autobiographie enthüllt zugleich die metaphysischen Hintergründe, aus dem jenes aufgewühlte Zeitalter allein zu verstehen ist. Erschütternd erzählt Bunyan, wie ein Christenleben gehämmert wird – viel stärker, als er es mit seinen alten Kesseln tat – damit ihm der Sinn für die ewige Pilgerschaft aufgehe. Die ungewöhnliche «Gnade Gottes, welche sich erstrecket auf die größten Sünder», ist ein selbstbiographisches Zeugnis, das unter den Gesichtspunkt der seelischen Vorgeschichte des zeitlosen Wanderers gehört.

Bunyans Lebensgeschichte beginnt in äußerst dürftigen Verhältnissen. Als Sohn eines Dorfschmiedes wurde er 1628 in Elstow, einem Dörfchen nahe bei Bedford, geboren. Nie hat er den unangebrachten Versuch unternommen, die Armseligkeit seines Elternhauses zu verdecken. «Ich bin entsprossen aus einem geringen Geschlecht, wie vielen bekannt ist, meines Vaters Haus war wohl das geringste im ganzen Lande», gesteht er freimütig und fährt dann unerwarteterweise fort, «wiewohl ich die himmlische Majestät preise, die mich durch diese Tür in die Welt gebracht» hat. Warum wohl lobte er Gott für seine geringe Herkunft? Er erkannte, daß er wahrscheinlich deswegen bereitwilliger war, wieder aus dieser Welt hinauszugehen, und nicht in Versuchung kam, von ihren lockenden Gütern gefesselt zu werden. Bei aller Arbeitsamkeit brachte es Bunyan mit seiner Kesselflickerei nie auf einen grünen Zweig. Zeitlebens blieb er einer drückenden Armut verhaftet, es fehlte oft buchstäblich am Allernotwendigsten; er war zu einem «Leben im engen Rahmen» verurteilt. Als Bunyan mit zwanzig Jahren ein ebenso armes Mädchen heiratete, besaßen die beiden Neuvermählten keinen Hausrat außer *einer* Schüssel, aus der sie zusammen mit *einem* Löffel ihre Mahlzeiten einnahmen.

Man beschäftigte sich in der Geistesgeschichte nicht allzusehr mit dem armen Kesselflicker. Als rußiger Geselle schien er nicht ganz salonfähig zu sein. Doch sind unerwartete Erkenntnisse bei diesem Manne zu finden. Wiederum erweist sich einmal, wie die Erfahrungen des Geistes kein Privilegium des Gebildeten sind. Auch dem einfachsten Menschen können Erlebnisse widerfahren, die in die letzte Tiefe reichen. Jedenfalls war diesem rußgeschwärzten Manne ein Dasein beschieden, dessen geistige Magnetnadel die stärksten Ausschläge aufwies. Das Obere und das Untere traten in Aktion. Diese gegensätzlichen Fronten aber dürfen nicht als Auseinandersetzung zwischen Anständigkeit und Unsittlichkeit aufgefaßt werden. Diese flache Deutung bleibt an der Außenseite hängen. Es geht in Bunyans Leben nicht um eine bloß moralische, sondern um eine wahrhaft metaphysische Entscheidung. Alles tiefere Verständnis hängt davon ab, ob man die ewigen Mächte wahrnimmt, die sich im Leben des Kesselflickers nicht weniger elementar als im Dasein der großen Heiligen auswirkten. Von einer wahren Psychomachia, wie die Alten die Seelenschlacht nannten, muß man reden, die Bunyan schließlich bei den abendländischen Christen einreiht, die auf die Bezeichnung zeitlose Weggefährten Anspruch erheben können. Um diesen niedrig geborenen Mann stritten Himmel und Hölle mit einer Heftigkeit, wie es dem kostbaren Gut der menschlichen Seele entspricht, die die ganze Welt aufwiegt. Es stürmte stark in Bunyan: Depressionen, Anfechtungen, Todesängste wechselten mit Befreiungen und Seligkeitsgefühlen in bunter Reihenfolge ab. Man kann nicht stärker bedroht sein, als es dieser gefühlsbetonte Mann war, dem tatsächlich nach Reinhold Schneider die Erfahrung vorbehalten war, «daß der Weg zum Himmel durch das Höllentor führt». Metaphysische Gewalten fochten ihren Kampf in Bunyans Seele aus, was seinem Leben den ungewöhnlichen Ablauf gab und ihm den Stempel des Außerordentlichen aufdrückte. Durch diese überirdischen Auseinandersetzungen wurde der unscheinbare Kesselflicker zuletzt zu einem auserlesenen Werkzeug, viel bedeutungsgeladener als die meisten Leute, die nie einen Kessel in die Hand genommen haben, geschweige denn in hämmernder Arbeit geflickt.

Bunyans Seelenkämpfe begannen ganz sachte, lassen sich aber gleichwohl bis in seine Kindheit zurück verfolgen. Schon der zehnjährige Knabe wurde während eines kindlichen Spieles von einem durch Mark und Bein gehenden Schrecken erschüttert. Bereits damals fühlte er sich von Gott heimgesucht. Unheimliche Träume, unter denen er laut aufschrie, ängstigten seine kindliche Seele des Nachts. Der Gedanke an die Hölle quälte den Knaben. Immer wieder meldete sich die Stimme Gottes durch sein Gewissen, wenn er auch noch so darauf bedacht war, diesen Ruf zu unterdrücken. In allem leidenschaftlichen Gebaren brachte er ihn nicht zum Ersticken. Einmal warf er plötzlich sein Spielgerät auf den Boden, «sah gen Himmel, und es war mir, als sehe ich mit den Augen meines Verstandes den Herrn Jesus mit großer Ernsthaftigkeit auf mich herniedersehen». Dabei hörte Bunyan eine Stimme vom Himmel, die seiner Seele zurief: «Willst du deine Sünden verlassen und in den Himmel gehen, oder sie behalten, um in die Hölle zu fahren?» Man ist versucht, das Geschehen knabenhafter Phantasie zuzuschreiben, für Bunyan aber waren diese jenseitigen Stimmen eine Realität; dafür tönten sie ihm viel zu entsetzlich, als daß er sie als eine bloße Gehörhalluzination hätte abtun können. Gerade weil er sie nicht als Einbildung eines überreizten Nervensystems deutete, wurden sie in ihm auch wirksam. Mehr als einmal hörte Bunyan in seinem Leben eine laute Stimme hinter sich mit aller Deutlichkeit rufen, daß er in seinen Gliedern zusammenfahrend sich nach dem Urheber umsah. Auch als er bereits ein erwachsener Mensch war, vermochte der schrille Lärm seiner Kesselflickerei diese Stimmen nicht zu übertönen. Der offensichtliche Anruf von oben vollzog sich in Bunyans Leben in Form von Stimmen und Visionen, die gleich Blitzen und Donnerschlägen sein Dasein durchzuckten und die weder über- noch unterbewertet werden dürfen. Es sind Zeichen, die auf die elementare Verbindung mit den höheren Seinsgewalten hinweisen, die ihn nie zur Ruhe kommen ließen und alle Verkrustungen immer wieder durchbrachen. Der heutige Mensch erlebt die Stimme aus der transzendenten Welt nicht mehr mit dieser Unmittelbarkeit, für ihn scheint dies eine erloschene Mondlandschaft zu sein. Bunyan dagegen war noch in einer Welt der «schrecklichen Gesichte» und der «furchtbaren Träume» zu Hause, sie gaben seinem Leben das erregte metaphysische Relief und machten ihn schon früh zu einem Wanderer zwischen zwei Welten. Er gehört zu den christlichen Visionären, deren es in dem damals gar nicht nüchternen England viele gab. Das visionäre Erleben, von dem seine Lebensgeschichte zu berichten weiß, empfand er als eine große Begnadigung. Bunyan brauchte nur an seine Militärzeit zu denken, während der er einmal auf Wunsch seiner Kameraden die Wachtposten vertauschte. Kaum waren die Plätze gewechselt, als eine Kugel genau an seinem früheren Standort einschlug und den dort stehenden Mann zerschmetterte. Dieses Erlebnis konnte Bunyan unmöglich anders denn als eine sichtbare Bewahrung empfinden, deren es in seinem Leben gar viele gab.

Diesen lichtvollen Einflüssen traten aber ebenfalls schon in seiner Jugend die dunklen Mächte entgegen. Der ausgelassene Bursche versank in den Entwicklungsjahren immer mehr in die Zuchtlosigkeit eines ungeordneten Daseins. Frech, wie er war, bekräftigte Bunyan jede unbedachte Äußerung mit einer lästerlich klingenden Schwurformel. Dazu ergab er sich dem ungebändigten Spiel- und Tanzvergnügen. Eine weltliche Frau schalt einmal den hemmungslosen Flucher in aller Öffentlichkeit als den gottlosesten Jüngling, der mit seiner Blasphemie noch die ganze Stadt verderbe. Das Maß muß gewaltig überschritten sein, bis man auf der Straße einem jungen Manne solche Vorhaltungen macht. Es ist nur aus dem dämonischen Bereich zu erklären, den Bunyan nicht minder real erlebte. Hat er in seiner Autobiographie seine Jugendzeit in zu schwarzen Farben gemalt, wie es viele religiöse Menschen später in ihren Selbstaussagen zu tun pflegen? Für diese Vermutung hat es nicht an Argumenten gefehlt, indem darauf hingewiesen wurde, wie Bunyan mit einer solch ruchlosen Einstellung nicht in die Parlamentsarmee aufgenommen worden wäre, die eine zuchtvolle Kriegerschar war. Doch ist mit diesen nachträglichen Reinwaschungen nicht viel gewonnen. Bunyan selbst hat sich in seinem geschärften Sündenbewußtsein als einen von den finsteren Mächten äußerst gefährdeten Menschen dargestellt und ist damit sicher der Wahrheit näher gekommen als derjenige, der seine Jugendschilderung der Übertreibungen bezichtigt. Mit diesen gutgemeinten Abschwächungen wird das metaphysische Drama seines Lebens lediglich verharmlost, während der Kesselflicker darauf bedacht war, alle jene übernatürlichen Einbrüche anzuführen, die ihn schließlich dazu getrieben haben, den Weg des Pilgers zu gehen.

Sicher hat der Seelenkampf in Bunyans jungen Jahren mächtig hin und her gewogt. Er sah sich in einem Kreuzfeuer, unschlüssig und ohne Kraft zur Entscheidung. In seiner Bedrängnis flüchtete er sich in die moralische Korrektheit, eine naheliegende Möglichkeit, nach der der Mensch gewöhnlich greift, wird er aus der Gedankenlosigkeit aufgeschreckt. Er befliß sich einer ehrsamen Kirchlichkeit und hoffte damit, seiner Unruhe Herr zu werden. Allmählich fiel sein verändertes Benehmen auch seinen Mitmenschen auf, und sie staunten über die plötzlich ordentlich gewordene Lebensführung. Seine Nachbarn fingen an, ihn deswegen überall zu rühmen, und alsobald geschah es, daß er durch diese Anerkennung auf seine Frömmigkeit eingebildet wurde, die zunächst nur in einem braven Moralismus bestand. Er war von jener landläufigen Kirchlichkeit erfüllt, die von den Menschen gesehen werden will. Selbstgenügsam, wie er war, glich er einem christlichen Pharisäer, der eine in allen Zeiten anzutreffende Erscheinung ist.

Diese Flucht in die brave Sittsamkeit war natürlich alles andere als eine wirkliche Austragung der ewigen Mächte, die um seine Seele kämpften. Genau besehen, vollzog sich in seinem Innern eine unerlaubte Neutralisierung der metaphysischen Auseinandersetzung. Sie konnte natürlich in keiner Weise gelingen, vielmehr verstrickte sie ihn in eine noch viel tiefere Seelennot. Er bemerkte sie zunächst gar nicht in seiner satten Kirchlichkeit. Doch bedurfte es nur eines geringfügigen Ereignisses, um die ganze Blase seiner eingebildeten Moralität jäh zum Platzen zu bringen. Dies geschah durch ein ganz alltägliches Vorkommnis. An nichts denkend, schlenderte Bunyan einmal durch die Straßen von Bedford, wie er dies schon dutzendemal vorher getan hatte. Bei dieser Gelegenheit hörte er einige vor der Türe ihres Hauses sitzende Frauen von der «Wiedergeburt» reden. Dieses im Vorübergehen erhaschte Thema brachte sein ganzes, sich selbst zurechtgelegtes Gebäude von einer moralisch einwandfreien Lebensführung zum krachenden Einsturz. Das eine, auf der Straße ganz unabsichtlich aufgeschnappte Wort «Wiedergeburt» ging ihm nicht mehr aus dem Gedächtnis heraus, und es veranlaßte ihn, einige Zeit später jene Frauen aufzusuchen. Was kein eifriger Kirchenbesuch vermochte, das bewirkte das Gespräch mit diesen einfachen Frauen aus dem Volk: der von seiner fadenscheinigen Frömmigkeit eingenommene Bunyan erlebte zunächst einen schauerlichen Zusammenbruch, der ihn ins Nichts zurückschleuderte. Bitter kam es ihm in dieser dunklen Stunde zum Bewußtsein, daß ihm nicht dieses oder jenes, sondern das Wesentliche des Evangeliums fehlte. Bunyan hatte durch seinen Kirchenbesuch wohl gelernt, über religiöse Dinge zu reden, er konnte sich ungeachtet seiner handwerklichen Beschäftigung sogar äußerst geschickt ausdrücken, aber es blieben nur Vokabeln, die er andern nachplapperte. Es war alles bloßer Schein, dem nicht das geringste Sein entsprach. Die frohe Botschaft lebte nicht in seinem Innern, wie in jenen Frauen aus der Stadt Bedford. Wie man sich christlich räuspert, das wußte er glücklich nachzumachen; die Erfahrung aber, was es heißt, von neuem geboren zu werden, die war ihm gänzlich unbekannt geblieben. Es hatte in seiner Seele weder ein Sterben noch ein Auferstehen mit Christo gegeben, von diesem zentralen Erlebnis hatte er auch nicht einen Hauch verspürt. Je öfters Bunyan mit jenen unbekannten Frauen redete, aus deren Worten ihm eine echte Freude entgegenstrahlte, um so mehr wurde ihm seine Nullpunktexistenz klar.

Wie es gar nicht anders zu erwarten war, stürzte ihn vorerst sein brennendes Verlangen nach Wiedergeburt in eine Reihe schwerster Anfechtungen, die in sein ohnehin bewegtes Leben eine erhöhte Spannung brachten. Der durch die moralische Lebensführung eingeschläferte Seelenkampf erwachte erneut und nahm jetzt eine gesteigerte Schärfe an. Mit Sturmesmacht brachen die satanischen Gewalten über ihn herein und drohten ihn unter sich zu begraben. Sie sind der Schatten, der zum lichtvollen Bild gehört. Der Kampf der unteren Mächte um seine Seele trat nun in das entscheidende Stadium ein: Höllenversuchungen prägten die nächsten Jahre von Bunyans Leben. Der Kesselflicker mußte das stärkste metaphysische Gewitter über sich ergehen lassen, er wurde jetzt mit dramatischer Wucht gehämmert. Wie er den Anruf von oben höchst real erlebte, so hatte er die dämonischen Anfechtungen nicht minder leibhaftig zu bestehen, die ihn an den Rand der Verzweiflung führten. Nach seiner Autobiographie spürte er tatsächlich, wie der Satan hinter ihm her war und ihn ganz massiv an den Kleidern packte, um ihn in seinen Besitz zu nehmen. Es waren gewiß nicht imaginäre Schwierigkeiten, mit denen er sich herumquälte, sein Inneres war vollständig in Dunkelheit eingehüllt. Das Böse begehrte seine vom Himmel angerufene Seele mit aller Gewalt zu verderben, sich gerade jenes Mittels bedienend, bei dem er Rettung suchte. In der Bibel, an die er sich mit allen Kräften klammerte, standen die Worte oft förmlich auf und, anstatt ihm Trost zu spenden, zerrissen sie seine Seele. «Gehöre ich zu den Erwählten oder nicht», frug sich Bunyan mit zitternder Angst, und «ist der Tag der Gnade für mich nicht schon vorbei?» Diese furchtbare Frage versetzte ihn in einen wahren Schreckenszustand. «Ich ging in eine benachbarte Stadt und setzte mich auf der Straße auf eine Bank und fiel in ein tiefes Sinnen über den gräßlichen Zustand, in den mich meine Sünde versetzt hatte, und nach langem Nachdenken erhob ich das Haupt, und es dünkte mich zu sehen, als ob die Sonne, die am Himmel schien, sich sträubte, mir ihr Licht zu geben, und als ob selbst die Ziegel auf den Dächern sich gegen mich zusammen täten.» Wer mit solch elementarer Anschaulichkeit erlebt, daß sogar die toten Dinge sich ihm feindlich entgegenstellen, der befindet sich gewiß in einem Seelenkampf auf Leben und Tod. Bunyan fühlte, wie es ihn am ganzen Körper schüttelte, tränenüberströmt stöhnte er laut vor sich hin. Deutlich vernahm er die innere Stimme: «Simon, Simon, Satan hat dich begehrt», was ihn vollends in helle Verzweiflung versetzte. Man wird es schwerlich anders sagen können, als daß der Satan in das Leben des armen Bunyan wirklich eingetreten war. Ein Bernanos, der wieder den Zugang zu dieser metaphysischen Wirklichkeit gefunden hat, hätte den «unter der Sonne Satans» lebenden Kesselflicker hierin verstanden. Das Satanische ist tief im Religiösen eingeschlossen und besitzt eine reale Unrealität, die sich allem rationalen Verstehen entzieht.

Der Höhepunkt in diesen jahrelangen Seelenkämpfen war entschieden in jener unheimlichen Stunde, da der Teufel ihm beständig im Hinblick auf Christus den Gedanken zuflüsterte: Verkaufe ihn! Diese versucherische Situation in ihrer ganzen abgründigen Stärke bewirkte eine unüberbietbare Steigerung in Bunyans Leben. Das Ansinnen, Christus für dreißig Silberlinge zu verkaufen, meldete sich bei ihm nicht in einem schlafbenommenen

Zustand, er war bei klarstem Bewußtsein, als die Lockung ihn umtanzte. Über hundertmal hörte er die Worte in den Ohren klingen: Verkaufe ihn, verkaufe ihn, verkaufe ihn. Bunyan ahnte, was auf dem Spiele stand, sein Blut kam in Wallung, und er setzte sich gegen die satanische Zumutung kräftig zur Wehr. Verzweifelt und gequält zugleich erwiderte er jedesmal: Nein, ich will nicht, ich will um tausend Welten nicht. Doch die versucherische Einflüsterung trat mit einer Hartnäckigkeit ohnegleichen an ihn heran, so daß er zuletzt ihrer überdrüssig wurde – und schon war das Unglück geschehen. In diesem kurzen Moment der seelischen Müdigkeit, da seine Wachsamkeit nachgelassen hatte, vermochte der Teufel pfeilschnell durch eine Ritze in sein Bewußtsein einzudringen, und Bunyan gab nach: «Laß ihn gehen, wenn er will.» Kaum war das verhängnisvolle Wort seinen Lippen entschlüpft, grinste ihn Satan hohnlachend an, und triumphierend stellt er fest, daß er nach dieser Einwilligung verloren sei und sich nun in seiner Macht befinde. Bunyan sank in sich zusammen, denn er glaubte, die unvergebbare Sünde begangen zu haben. Das unwillige Nachgeben der Judas-Versuchung verursachte ihm die furchtbarsten Gewissensvorwürfe, die ihn beinahe dem Wahnsinn in die Arme trieben. Er redete sich den Gedanken ein, mit dem «sich Atheisten und Ranters zu helfen versuchen»: es gibt gar kein ewiges Gericht, oder wenn er doch verlorengehen müsse, warum solle er sich dann vor der Zeit quälen? Damit allerdings stürzte er sich noch völlig in den Abgrund der Verzweiflung. Kann es eine ergreifendere Situation geben, als mit dieser temperamentvollen Heftigkeit gegen die teuflische Eingebung anzukämpfen, um ihr dann in einem einzigen unaufmerksamen Augenblick doch zu erliegen? Eine religiöse Tragik von einer kaum auszuschöpfenden Spannweite liegt darin. Nichts wäre irriger, als in diesen Anfechtungen eine bloße Selbstquälerei eines neurotisch überreizten Menschen und die unfruchtbare Grübelei eines in sich versponnenen Puritaners zu sehen. Die moderne Psychologie neigt dazu, in einem solch intensiven religiösen Ringen eine Störung des seelischen Gleichgewichtes und Trübung der geistigen Klarheit festzustellen, womit aber nur eine Ausschaltung der metaphysischen Betrachtungsweise erreicht wird. Von innen betrachtet, zeigen diese unsäglichen Seelenkämpfe des unverbildeten Kesselflickers ein elementares Erleben von Himmel und Hölle, sie dokumentieren überwältigend einen Glauben im Urzustand, im Unterschied zu einer domestizierten Christlichkeit, deren höchstes Ziel korrektes Benehmen ist. Die Judas-Versuchung im Leben Bunyans, die man nur mit verhaltenem Atem verfolgen kann, scheint eine der ungewöhnlichsten Anfechtungen zu sein. Beim Kesselflicken nahm sie greifbare und dramatische Form an, während dem ungeheuerlichen Ansinnen, Christus zu verkaufen, die große Mehrzahl der Christen wortlos erliegen, ohne daß sie ihren Verrat überhaupt merken – wohl die hinterhältigste List des teuflischen Versuchers.

In diesen Höllenpfuhl mußte Bunyan hinabgestoßen werden, um zu erfahren, daß der Mensch nichts aus eigener Kraft vermag. Als er im tiefsten Abgrund lag, da drang überraschenderweise der Lichtstrahl von oben in seine Seele, ein unaussprechliches Erleben, das er bereits mit dem umständlichen Titel seiner Autobiographie andeutete: «Die Gnade Gottes, welche sich erstrecket auf die größten Sünder.» Das göttliche Erbarmen traf ihn in einer Stunde, da er es am allerwenigsten erwartet hatte, es machte sich als der wunderbar mächtige Durchbruch geltend, der ihm die befreiende Einsicht schenkte: Deine Gerechtigkeit ist im Himmel! Scheinbar steht dieses kleine Sätzlein in keinem rechten Verhältnis zu der satanischen Wucht, mit der Bunyan herumgeschleudert wurde. Und doch hat allein diese überrationale Wahrheit seinem seelischen Aufruhr mit einem Schlag ein definitives Ende bereitet. Wie Schuppen fiel es Bunyan von den Augen, daß er seine Zuversicht nicht auf seine innern Kämpfe gründen dürfe, sondern auf eine siegreiche Tatsache, die über seinen persönlichen Anstrengungen steht. Das Recht seiner Freude in Gott stützte sich fortan auf die nüchterne Anerkennung des Verheißungswortes von der göttlichen Gerechtigkeit und nicht mehr länger auf seinen vom Satan beständig in Frage gestellten Gemütszustand – eine Erkenntnis, die es verbietet, aus Bunyan nur einen Vorläufer des Pietismus zu machen. Mit diesem Verständnis, daß es auf Christus und nicht auf ein gutes oder schlechtes Herz ankomme, hatte Bunyan den aufreibenden Kreislauf seiner Seelenkämpfe entscheidend durchbrochen. Das Pochen auf ein über den individuellen Stimmungen stehendes Ereignis ist nicht ohne weiteres für alle Menschen bestimmt – zu leicht verführt es zur Bequemlichkeit – es gilt einzig für diejenigen, die im Ringen um die Heilsgewißheit bis aufs Blut gekämpft haben. Für sie ist es eine göttliche Antwort von überströmender Glückseligkeit. Aus Bunyans Wort «deine Gerechtigkeit ist im Himmel» spricht eine unendliche Siegesfreude, deren heller Jubel nicht zu überhören ist. Bunyan hatte endlich für das subjektive Empfinden seiner Seele die objektive Grundlage gefunden, auf die er fortan baute. «Das ist ein gut Ding, auf unsern Knien zu liegen und Christus in unsern Armen zu halten vor Gott, ich hoffe, etwas davon zu wissen», eine unsagbar tröstliche Formulierung, mit der Bunyan noch einmal sein kostbares Durchbruchserlebnis umschrieb. Man spürt seinen Worten den mühsamen Weg an, ihre Demut schimmert wie ein Edelstein darin, und zugleich reden sie von der unermeßlichen Freude über den vor Gott in den Armen gehaltenen Christus. Bunyans Frömmigkeit setzte sich aus Anfechtung und Wiedergeburt zusammen, Püffe und Stöße waren auch bei ihm notwendig, bis der Mensch sich aus seinem bürgerlichen Dasein aufmachte und zum Pilger Gottes wurde.

Der Abschluß von Bunyans wildwogenden Seelenkämpfen läßt einen Vergleich mit Luthers Ringen in seiner Klosterzelle zu. Die Parallele ist keineswegs zu hoch gegriffen, geht sie doch auf Bunyan selbst zurück, dem in seiner Bescheidenheit alle Anmaßung ferne lag. Nach seiner Autobiographie ist ihm Luthers mächtige Auslegung des Galaterbriefes in die Hände gefallen, ein alter Band, mit beinahe auseinanderfallenden Blättern, doch fühlte er sich durch diese Ausführungen überaus angesprochen, weil «ich meinen Zustand in seiner Erfahrung so breit und weitläufig abgehandelt fand, als ob sein Buch aus meinem Herzen geschrieben wäre». Diese freudige Wahrnehmung veranlaßte Bunyan, Luthers Kommentar zum Galaterbrief über alle andern Bücher zu stellen – ähnlich urteilte in unserer Zeit der russische Religionsphilosoph Leo Schestow – und er empfand die Auslegung des Reformators als die beste Tröstung für ein verwundetes Gewissen. Die Bemerkung, daß Luthers Buch aus dem Herzen Bunyans geschrieben sei, verdient als Gradmesser für die Höhe des Niveaus festgehalten zu werden. Bunyan hat völlig unabhängig die gleiche Seelenerfahrung durchgemacht wie der Augustinermönch; er ist auf selbständigem Weg zum ursprünglichen Rechtfertigungserlebnis gekommen. Der Vergleich bewahrt uns davor, des Kesselflickers Anfechtungen als pathologisch zu bezeichnen. Bunyans Bild zeigt keinen kranken Menschen, er war eine kräftige, gesunde

Persönlichkeit, wie es schon sein handwerklicher Beruf verlangte. Sowenig Luther ohne seine Kämpfe in der einsamen Mönchszelle zum Wiederentdecker des Evangeliums geworden wäre, so wenig hätte Bunyan ohne sein seelisches Ringen zum unsterblichen Sänger des Pilgertums werden können.

Bunyans religiöses Erleben führte ihn zu den Baptisten, deren erste englische Gemeinde wenige Jahre vorher in London gegründet worden war. Als Nachkommen jener Täufer, die auf eine beispiellose und erregende Märtyrergeschichte hinweisen können, war es ihnen um die Erneuerung des täglichen Lebens zu tun, um die Durchdringung der Welt mit christlichem Geist. Sie anerkannten nur die Taufe des erwachsenen Menschen, der sie mit vollem Bewußtsein seiner Zuwendung zum Christentum auf sich nahm. Es ist nicht erwiesen, ob sich auch Bunyan der Wiedertaufe unterzog, da jede Angabe hierüber fehlt. Doch ist kaum denkbar, wie er ohne diesen Akt hätte der Gemeinschaft angehören können. Die Frage bleibt umstritten, obwohl sie nicht von allzu großer Wichtigkeit ist, denn nach Bunyan entscheidet die Taufe nicht über die Seligkeit oder Verdammnis eines Menschen. Wer dermaßen tiefe Anfechtungen durchschritten und eine derartige Erlösung erlebt hat wie Bunyan, konnte unmöglich in sektiererischer Weise ein einzelnes Faktum zum Ganzen des Christentums machen. Ihm war die innere Wiedergeburt und nicht der Taufakt der Wendepunkt des Lebens. Die Verwirklichung evangelischer Lebensgemeinschaft nach urchristlichem Vorbild war das eigentliche täuferische Anliegen. Aus dieser Einstellung gab Bunyan noch auf seinem Sterbebett seiner Meinung Ausdruck, wonach man wegen «der Taufe, Handauflegung, Salbung mit Öl, Psalmen oder einigen Äußerlichkeiten» keine Scheidung machen solle.

Bunyans Begabung wurde in der Baptistengemeinde bald erkannt, und man berief ihn zum Prediger. Er hat sich zuerst rundweg geweigert, das Amt zu übernehmen, vor dem er eine begreifliche Scheu empfand, und bewies damit seinen geringen Geltungsdrang. Nach einigem Widerstreben kam er der Aufforderung nach, und er entwickelte sich zu einem geistesmächtigen Baptistenprediger, der daneben den Beruf eines Kesselflickers weiter ausübte. Er predigte, wo sich ihm Gelegenheit bot, auf der Straße und in der Kirche, in Wäldern und Scheunen, bei strömendem Regen und strahlendem Sonnenschein, zu hellen Tageszeiten und in dunklen Mitternachtsstunden. Seine erlebte Verkündigung fand einen sichtlichen Widerhall; zu Hunderten eilten die Leute von allen Seiten herbei, um ihn zu hören. Nach eigenem Geständnis hatte Bunyan bei seinen Predigten stets die Empfindung, «als ob ein Engel Gottes hinter ihm stände». Das ausgeprägte Gefühl, beim Reden stets von Himmelsmächten überwacht zu sein, bewahrte ihn vor jeglicher phrasenhafter Schönrednerei, mit der noch nie ein angefochtenes Gewissen getröstet wurde. Als Wortführer seiner Gemeinde zog man Bunyan auch in die Auseinandersetzung mit den andern religiösen Gemeinschaften des damaligen Englands hinein. Er polemisierte gegen den «Christus in uns» der Quäker, eine Auffassung, die mit seinem Durchbruchserlebnis von der Gerechtigkeit im Himmel im Widerspruch stand, obschon er, was die Nachfolge Christi betrifft, nicht so weit von Fox' Bewegung entfernt war, wie er selbst meinte.

Nach der Restauration der Stuarts wurde ein Aufstand der Quintomonarchisten allen freikirchlichen Gemeinschaften zur Last gelegt, was zur Folge hatte, daß man deren Zusammenkünfte kurzerhand verbot. Bunyan sah sich gezwungen, seine Predigttätigkeit unter mancherlei Verkleidungen fortzusetzen. Man verhaftete ihn bei einer Predigt auf einem einsamen Bauernhof, obwohl er sich der Gefangennahme durch Flucht hätte entziehen können. Die Anklage vor Gericht gegen ihn lautete: «weil er sich in teuflischer und verderblicher Weise vom öffentlichen Gottesdienst ferngehalten und dagegen ein gesetzwidriger Versammlungshalter sei». Seine zweite Frau trat mutig für ihn vor Gericht ein und brach nach den Verhandlungen über den Gedanken, was für einen traurigen Rechenschaftsbericht diese Richter einst beim Erscheinen des Herrn ablegen müßten, in Tränen aus. Wenn es auch den Kesselflicker mit Genugtuung erfüllte, für seinen Glauben leiden zu dürfen, so machte ihm die jahrelange Trennung von den Seinen doch viel zu schaffen. Er sorgte sich um das Schicksal seines blinden Kindes, das nun des Ernährers beraubt war. Der liebende Gedanke an sein Kind entlockte ihm die ergreifende Klage: «Du mußt geschlagen werden, betteln, hungern, Kälte, Nacktheit und tausenderlei Unglück erdulden, während ich nicht sehen kann, daß nur der Wind dich anbläst.» Schwere Depressionen überfielen Bunyan im Gefängnis, auch für ihn gab es selbst nach seinem Durchbruchserlebnis keine ungetrübte Sicherheit. In aller Geborgenheit bleibt der Christ einem zappelnden Fischlein gleich, das nach Luft ringen muß, und nie ist er endgültig über dem Graben. Die Vermutung, daß seine Untersuchungshaft schließlich am Galgen enden werde, drückte auf Bunyans Gemüt und Furcht ergriff ihn, wie er wohl bei diesem schmählichen Tode bestehen könne. Mit aller Kraft mußte er sich gegen diese düstere Aussicht wappnen, um nicht in die schwermütigste Stimmung zu versinken. Zuletzt kämpfte er aber alle niederdrückenden Traurigkeitsanwandlungen mit dem tapferen Entschluß nieder: «Ich will von der Leiter des Galgens blindlings in die Ewigkeit hineinspringen, mag ich sinken oder schwimmen, komme Himmel, komme Hölle. Herr Jesus, wenn du mich auffangen willst, tue es, wenn nicht, so will ich's um deines Namens willen wagen.» Dieses glaubensvolle Wort erscholl nicht als rhetorischer Schluß von einer Kanzel, Bunyan sprach es mit Überzeugung in einer düsteren Gefängniszelle. Es enthüllt den kühn in die Ewigkeit hineinspringenden Bunyan noch einmal in der denkwürdigsten christlichen Situation, so daß man dieses prachtvolle Wort nimmer vergessen kann. Wohl traf die quälende Befürchtung nicht ein, aber die Gefängniszelle schloß sich hinter dem treuen Zeugen – für zwölf lange Jahre!

IN ERWARTUNG DER FÜNFTEN MONARCHIE

Eine Gefängniszelle ist immer eine bedrückende Räumlichkeit, ohne großen Spielraum hat der Mensch seine Bewegungsmöglichkeit nach wenigen Schritten eingebüßt. Auch Bunyan bekam die belastende Enge dieses schmutzigen Ortes bitter zu spüren; kahle, graue Wände starrten ihm entgegen, nichts war da, was Ablenkung bot. Bunyan sah sich auf sich selbst zurückgeworfen, niemand störte ihn an der innern Konzentration, und er hatte in dieser gezwungenen Untätigkeit viel Zeit zum Nachdenken, so daß die Gefängnisjahre für ihn einer Schule der Läuterung gleichkamen.

Der Mensch kann nie genug über das Gesicht seines Jahrhunderts reflektieren. Ist er doch selbst ein Kind seiner Zeit, gehört zu ihr und ist mit ihr durch hundert Fäden verbunden. Man ist weit mehr von seiner Epoche geprägt, als daß man ihr den Stempel aufzudrücken vermöchte. Es waren überaus bewegte Jahrzehnte, in denen Bunyan lebte. Das Inselreich hat namentlich in religiöser Beziehung wenige Ereignisse erfahren, die sich an innerer Lebendigkeit mit Bunyans Zeit vergleichen ließen. Stürmisch durchtosten die ewigen Mächte das damalige England, das sein großes Jahrhundert erlebte, von hellem Glanz überstrahlt und von finsteren Gewalten gepeitscht. Jede Ausgeglichenheit fehlte ihm. Der gefangene Bunyan mußte über die seltsame Verschlungenheit von Größe und Elend nachdenken. Natürlich vermochte er von seinem frostigen Kerker nicht den ganzen Fragenkomplex in seiner Mannigfaltigkeit zu übersehen, dazu war er zu abgeschnitten und dem Geschehen selbst zu nahe; aber durch eigenes Erleben erfaßte er einen wesentlichen Abschnitt, worin doch wiederum das Ganze enthalten war.

Das 17. Jahrhundert begann in England mit einem unfertigen Erbe. Es hatte von dem vorangegangenen Jahrhundert eine Reformation übernommen, die im Grunde keine war. Der Anglikanismus ging nicht aus einer religiösen Not hervor, sondern verdankte der politischen Emanzipation des Königs Heinrich VIII. sein Dasein. Infolge dieser unreligiösen Entstehung rangen katholische Elemente und protestantische Bestrebungen miteinander um die Herrschaft, ohne eine Abklärung zu finden. Das tiefere Reformationsproblem war unerledigt, da sich die ganze Nation noch auf dem Weg zwischen Rom und Wittenberg befand. England war in der Tiefe aufgewühlt, es lebte in einem gärenden Zustand, aus dem schließlich der Puritanismus herauswuchs. Der Puritanismus wird oft gering geschätzt, weil er nach seinen Überresten in der heutigen Zeit, anstatt nach den ursprünglichen Intentionen beurteilt wird. Diese Jansenisten des Protestantismus werden der Lebensfeindlichkeit bezichtigt, welche die Sinnenfreuden kurzerhand abwürgen. Es steckt auch im Puritanismus viel Enges, um nicht zu sagen Muffiges, das sich schlecht mit des Apostels Wort zusammenreimt: «Unser Herz ist weit» (2. Kor. 6, 11). Um seiner Rigorosität willen hat für zahlreiche Menschen das bloße Wort Puritanismus beinahe den Klang eines Schimpfes bekommen. Die Dinge aber liegen bei aller Einseitigkeit des Puritanismus nicht so einfach, als daß er mit einer geringschätzigen Handbewegung abgetan werden könnte. Dem Puritanismus war es in seiner Entstehung vor allem um das Ernstmachen mit der christlichen Daseinsführung zu tun. Seine Anhänger waren, wenn man so will, christliche Existentialisten, hinter denen ursprünglich doch ein großes Wollen und ein eindringlicher Ernst stand, der mit der Strenge ihrer Lebensauffassung wieder versöhnt. Der Puritanismus barg viele christliche Probleme in sich, er hatte einen innern Kontakt mit der Bibel, und daraus erklärt sich auch seine Zählebigkeit. Nach der Schilderung Hermann Weingartens fühlte sich der Independentionismus als «der nahe Vorläufer des Reiches auf Erden», er lebte der Überzeugung, der Ostermorgen eines neuen Weltalters stehe unmittelbar bevor. «So rüstete man sich in einzelnen Grafschaften, wie in Essex und Suffolk, zur Winterzeit auf den Jüngsten Tag; aus dem Norden kamen Pilger durch London, die sich zum Zuge nach der Heiligen Stadt, dem Schauplatze der großen, letzten Dinge, anschickten. Manchen Unbekannten haben sie darauf angesehen, ob er nicht Johannes sei, der noch lebe und wiederkehren sollte.» Der Puritanismus war in seinen Anfängen eine religiös kraftvolle Bewegung, die ganz in der Erwartung der im Buch Daniel geweissagten fünften Monarchie lebte, worunter er das ewige Reich Christi verstand, das allen menschlichen Herrschaften ein Ende bereite.

Die nach dem Tode Elisabeths zur Herrschaft kommenden Stuarts erlaubten jedoch den puritanischen Christen nicht, ihrem Glauben entsprechend zu leben. Das neue Jahrhundert begann mit einer schweren Verfolgung der Puritaner. Es blieb ihnen schließlich nichts anderes übrig, als ihre Heimat zu verlassen und das «gelobte Land» zu suchen, in dem sie ungestört das Reich erwarten konnten. Nicht leichten Herzens faßten sie den Entschluß, nach Holland auszuwandern, und hofften, in diesem Lande der Toleranz eine Freistätte zu finden. Um ihres Auszuges willen nannte man sie Pilgerväter, die eines der ansprechendsten Wesensmerkmale des Puritanismus verkörperten. In den Pilgervätern bekannte sich eine ganze Gemeinschaft, und nicht nur ein Einzelner, zur Verpflichtung der religiösen Wanderschaft. Bunyan hatte den Aufbruch der Pilgerväter nicht selbst erlebt, aber er hatte von den mutigen Frauen und Männern in seiner Jugend viel erzählen gehört. Sie zogen es vor, sich auf dieser Welt als Pilger zu verstehen, und brachten es fertig, für ihren Glauben das geliebte Britannien zu verlassen. In Holland wartete ihrer eine neue Enttäuschung, die sie veranlaßte, nach den überseeischen Weltteilen auszuwandern. Unsägliche Schwierigkeiten stellten sich den Ausführungen ihrer Pläne entgegen. Der Sturm warf die Auswanderer zweimal an die Küste Englands zurück, als wollte sich Gott selbst ihrem Auszug widersetzen. Etliche wurden mutlos und ließen von ihrem Vorhaben ab, die Mehrzahl der Pilgerväter aber stachen aufs neue in See. Auf der Überfahrt rollten die stürmischen Wogen des Meeres über Deck, während sie eng zusammengepfercht im Zwischendeck saßen und ihrem unbekannten, neuen Heimatland entgegenharrten. Diese Helden ertrugen unbeschreibliche Strapazen und erduldeten ohne Klage ihr schweres Los. Als Menschen des Glaubens waren sie wirklich wieder zeitlose Wanderer in dieser Welt geworden.

Die religiöse Kraft, die in diesen für die Entwicklung Nordamerikas so bedeutsamen Pilgervätern lebte, ist heute noch am anschaulichsten aus den berühmten Worten des Predigers Robertson herauszuhören, die er unmittelbar, bevor der Anker gelichtet und die Segel von der frischen Meeresbrise gebläht wurden, an sie richtete. In dieser schmerzbewegten Abschiedsstunde, in der das menschliche Gemüt aufgelockert war, sprach Robertson zu den Umstehenden jene denkwürdigen Sätze, die sich dem englischen Puritanismus unauslöschlich ins Gedächtnis eingeprägt hatten: «Wir müssen nun voneinander scheiden, und Gott im Himmel ganz allein weiß, ob ich es erleben werde, euer Antlitz noch einmal zu sehen auf dieser Erde. Aber gleichviel, ob der Herr uns diese Freude gewährt oder nicht, rufe ich euch in der Gegenwart Gottes und Seiner heiligen Engel auf, mir nicht mehr anzuhangen, als ihr mich dem Herrn Jesus Christus habt anhangen sehen. Wenn Gott euch in Zukunft seine Wahrheit durch ein anderes menschliches Werkzeug kundtut, dann seid ebenso bereit, sie anzunehmen, als ihr bereit wart, seine Wahrheit durch mein eigenes Predigtamt zu empfangen, sintemal ich völlig überzeugt bin, daß der Herr euch noch weitere Wahrheiten austeilen will aus seinem heiligen Wort. Was mich selbst angeht, so kann ich nicht tief genug das Niveau der reformierten Kirchen beklagen, die in einer Periode der Religion steckengeblieben sind und nicht weiter gehen mögen als die bisherigen menschlichen Werkzeuge der Reformation ... So flehe ich euch an: gedenkt daran, daß ein Artikel eures Covenant verpflichtet, in aller Bereitwilligkeit, mit beiden Händen eine jede Wahrheit zu ergreifen, die euch aus dem geschriebenen Wort Gottes deutlich wird. Doch muß ich euch wohl ermahnen, acht darauf zu haben, was ihr als Wahrheit annehmet. Prüfet sie, erwägt sie, vergleicht sie mit andern Schriftwahrheiten, bevor ihr euch an sie bindet, denn es ist unmöglich, daß die Welt sich so schnell aus antichristlicher Finsternis herausfindet und daß an einem einzigen Tage sich vollkommene Erkenntnis klare Bahn bricht.»

Diese Abschiedsrede wiedergibt das innerste Motiv der Glaubenshelden. Sie enthält nicht nur das tiefste Thema der englischen Revolution, sondern sprach auch eine ewige Pilgerweisheit aus. Dermaßen und nicht anders sah es in den Herzen dieser von einer heiligen Unbekümmertheit erfüllten Pilgerväter aus. Robertson verbietet zunächst, einem Menschen ungebührlich anzuhangen, weil sich jegliches Binden an ein irdisches Wesen nicht für Pilger schickt, die sich immer wieder losreißen müssen. Ferner proklamierte die Abschiedsrede das unendliche Geöffnetsein für neue Wahrheitserkenntnisse zum Prinzip der Pilgerväter, damit die wahre Freiheitseinstellung des Christen umreißend. Aus diesen kühnen Worten spürt man das Große, das aus dem Puritanismus hätte werden können, wenn sein tiefstes Streben in Erfüllung gegangen wäre. Schließlich darf nach Robertson die Reformation nicht als endgültige Lösung betrachtet werden, sie harrt einer Fortführung, die zu den gewaltigsten Aufgaben gehört, die sich ein Mensch stellen kann. Die Pilgerväter sahen im reformatorischen Geschehen ein göttliches Walten. Nach ihrer Auffassung aber war im 16. Jahrhundert noch nicht alles wiedergutgemacht worden, es hatte sich wieder einmal unheimlich das Wort des Propheten erfüllt: «Die Kinder sind bis an die Geburt gekommen, und es ist keine Kraft da, zu gebären.» Der Anlauf hatte nur zur Spaltung der Christenheit und nicht zur Erneuerung der Kirche geführt, weswegen man nicht im gegenwärtigen Zustand verharren darf. Zudem war der feuerspeiende Berg der Reformation damals wieder zur festen Lava geronnen und mußte erneut in Fluß gebracht werden. Die Puritaner betrachteten die Reformation als ein angefangenes Werk, das nicht zu Ende geführt worden sei, hierin ähnlich wie der ältere Blumhardt denkend, der einmal sagte: «In der Reformation wurden die Netze, das heißt die Lehre, geflickt. Wohl geschah noch mehr, aber ein durchschlagender Sieg über die Sünde, eine eigentliche Rückkehr im großen zu Gott, trat nicht ein, wie auch andererseits nicht eine Wiederkehr der ersten Gnaden. Es blieb in mancher Beziehung und wurde auch teilweise wieder Nacht.» Diese Auffassung ist keine abschließende Entwertung der Reformation, wohl aber ist damit jede unfruchtbare Verabsolutierung einer bestimmten Geschichtsepoche vermieden, solange das Reich noch nicht gekommen ist. Nur Menschen, in denen noch jenes christliche Erschrecken lebte, das zur ursprünglichen Reformation geführt hatte, konnten in dieser freiheitlichen Weise reden und eröffneten damit eine ganz neue Schau des reformatorischen Geschehens. Die Pilgerväter haben Großes und Größtes gewählt, Ungerechtigkeit allein kann die Reinheit ihres Strebens verkennen. Wenn auch nicht alle ihre Blütenträume reiften, so haben diese heroischen Männer jenseits des Meeres eine gewaltige Leistung vollbracht. Das christliche Amerika, das vom geldgierigen Amerika wohl zu unterscheiden ist, darf als eine Frucht der Pilgerväter bezeichnet werden, die ein lang nachwirkendes Erbe hinterlassen haben.

In der alten Heimat kam es unter der Führung Oliver Cromwells zu einem neuen Vorstoß des Puritanismus. Bunyan hatte sich an ihm selbst beteiligt, war er doch unter den «Eisenseiten» Cromwells. Der Kesselflikker gehörte zu den Männern, die in aktiver Weise an der religiösen Gestaltung seines Jahrhunders teilgenommen hatten. In jungen Jahren trat er in die Parlamentsarmee ein, die sich gegen den König erhob. Auch Bunyan war von den radikalen Gedankengängen des damaligen Enthusiasmus erfaßt und verglich jene Zeit mit den Frühjahrsstürmen in der Natur. Das neue Vordringen des Puritanismus führte zu der großen, die ganze Nation in eine Fieberkrankheit stürzende Revolution. Eine korrupte Königsmacht hatte den religiösen Volkszorn gegen sich aufgerufen. Über die englische Landschaft tobten heftige Kämpfe, in denen Cromwell die königlichen Armeen vernichtete. Das Land geriet in den Zustand des Bürgerkrieges, in dessen Verlauf die Puritaner nicht vor der Hinrichtung des Königs zurückschreckten.

Es ist unmöglich, in wenigen Worten ein Bild von diesem mächtigen Geschehen zu zeichnen. Dunkle Schatten lagerten sich unmittelbar neben einer strahlenden Lichtfülle. Eine Unmenge von neuen Problemen wie Glaubens-, Gewissens- und Pressefreiheit usw. wurden damals geboren und kämpften für das Recht ihrer Anerkennung. Die puritanische Welle, die gleich einer Springflut über das Land hinbrauste, war in sich keine Einheit. In verschiedene Gruppen geteilt, waren die Quintomonarchisten keineswegs am zahlreichsten vertreten, wohl aber brachten sie das eigentliche Anliegen der großen Revolution am klarsten zum Ausdruck, nämlich: die Errichtung der fünften Monarchie, die Daniel mit apokalyptischen Worten geweissagt hatte. Was der wie eine alttestamentliche Gestalt anmutende Cromwell wollte, als er das Parlament der Heiligen berief, ist nichts anderes als die Errichtung der himmlischen Stadt im irdischen Dasein. Man verspottete oft in der Geschichte das Parlament der Heiligen als Schwärmerei, weil es die politischen Sitzungen mit langen Gebeten, Bibellektüre und Gesang ausfüllte. Der Hohn ist unangebracht. Cromwells erste Regierungszeit war von einem religiösen Schwung. Es schwebte ihr das höchste Ziel vor Augen, dem Menschen zustreben können: das ewige Reich, dessen Herrlichkeit Cromwell selbst mit Psalmworten überschwenglich gefeiert hat. Dem siegreichen Feldherrn war das eine wichtig, das Reich Gottes auf Erden zu begründen. Nach seinen eigenen Aussagen unternahm er seltsame Dinge, wozu er sich durch eine wunderbare Kraft fortgetragen fühlte. Das Reich, das Reich sollte verwirklicht werden, weil die Parusie des Herrn nahe sei, noch diese Generation würde sie erleben, meinte der Protektor. Alle Anstrengungen galten dem Aufbau des Königreiches Christi. Fürwahr, man kann sich kaum größeren Hoffnungen hingeben. Höchste Sehnsucht schwellte in den Herzen dieser Quintomonarchisten. Kein Wunder, daß die ganze Nation vor religiöser Erregung förmlich glühte. Die Quäker erlebten damals ihre enthusiastische Sturmzeit, und die Ranters überschäumten in allzu kühnem Drang. Es waren einzigartige Tage in der Geschichte Englands, Tage, die das Volk über sich hinausrissen.

Mitten in diesem übersteigerten Wollen stellte sich jedoch jene Erfahrung ein, die sich in der Geschichte schon mehrfach bewahrheitet hat. Sobald die Puritaner Gewalt anwandten, auf die sie nun einmal nicht verzichten konnten, zerfiel der Bau des ewigen Reiches auf der Stelle in seine Elemente. Cromwell konnte mit den betenden Parlamentariern nicht zusammenarbeiten. Das Parlament der Heiligen erwies sich als regierungsunfähig, der weitblickende Staatsmann trieb es durch seine Reiter kurzerhand auseinander. Cromwell fühlte sich genötigt, sich von den «Leuten der Fünften

Monarchie» zu distanzieren, und erklärte nun in seiner Rede: «Fünfte Monarchie! Eine geistige Anmaßung, die nicht ihresgleichen hat! Ihren Grundgedanken ehren wir ja hoffentlich alle, ja erwarten und hoffen, daß es einst eine Zeit geben wird, da Jesus Christus sein Reich in unseren Herzen aufrichtet, durch Unterdrückung all der Verderbnis der bösen Lust und der Sünde, die gegenwärtig die Welt noch mehr regieren, als, wie ich hoffe, in Bälde der Fall sein wird. Und wenn der Geist sich reichlicher ausgießen wird, um der Sünde zu wehren, und ewige Gerechtigkeit bringen wird, dann naht jene Herrlichkeit heran.» In diesen Worten ist der Abschied von der unmittelbaren Reichserwartung nur schlecht verklausuliert. Alle Versicherungen können nicht darüber hinwegtäuschen, daß das große Wollen fatalerweise in einer religiösen Diktatur geendet hat, in der Cromwell das Heft allein in die Hand nahm, den Aufstand in Irland aufs blutigste niederschlug und mit dem protestantischen Holland einen Krieg führte. Diese niederdrückende Wandlung hatte ein bitteres Enttäuschungserlebnis zur Folge. Kurze Zeit nach Cromwells Tod brach die puritanische Herrschaft ruhmlos zusammen. Es kam zur Restauration der Stuarts, die alsogleich eine Unterdrückung jeglicher religiösen Freiheit veranlaßte, zu deren Opfer auch Bunyan gehörte, der nun in jahrelanger Gefangenschaft büßen mußte.

Bunyan erlebte mit wachem Geist und innerer Anteilnahme alle diese übermächtigen Geschehnisse, in denen sich reinstes Wollen mit schrecklichen Ausschreitungen vermengte, und erkannte den tragischen Charakter aller revolutionären Gestaltungen. Das Revolutionszeitalter war nicht weniger das Schlachtfeld der ewigen Mächte gewesen als er selbst; er war mit seinen Seelenkämpfen ein getreues Spiegelbild seines Jahrhunderts. Er sann darüber nach, ob der Weg des Puritanismus auch der richtige gewesen sei, oder war am Ende alles Irrtum? Kann das Reich mit Menschenhänden erbaut werden? Ist Blutvergießen mit Christi Königsherrschaft vereinbar? War der Puritanismus durch seine Vermengung von Religion und Politik nicht auf ein falsches Geleise gekommen, und hatte die Erwartung des Reiches eine unreine Komponente erhalten? Waren die Pilgerväter nicht auf der richtigen Fährte gewesen, als sie auswanderten, oder hatten auch sie das Himmlische noch allzu irdisch verstanden? Sollte nicht deren Ziel wieder aufgenommen werden, oder stand zwischen ihrem und dem jetzigen Zustand ein Zeitraum, den man nicht einfach ungeschehen machen konnte? Darf das Pilgertum bloß als eine Auswanderung von England nach Amerika begriffen werden, und kann das Reich kurzerhand jenseits des Meeres errichtet werden?

Diese nicht zur Ruhe kommenden Fragen beschäftigten den gefangenen Bunyan dermaßen stark, daß er sie zu Papier bringen mußte. Er wollte sich die grausame Enttäuschung seines Jahrhunderts in einem Traktat von der Seele schreiben. Ehe er aber die Feder recht ins Tintenfaß getaucht hatte, «fiel er in Allegorie», wie Bunyan selbst sich merkwürdigerweise ausdrückte. Was kann dieses seltsame Ereignis anders besagen, als daß er eine Entsinkung erlebte, in der er Dinge sah, die in den Kreisen der Mystiker schon vor Bunyan bekannt waren, weil sie mit dem Christentum selbst gegeben sind. Bunyan jedoch führte sein inneres Gesicht auf eine unmystische Art aus, so daß seine geschaute Wahrheit eine Form annahm, als begegnete man ihr bei ihm zum erstenmal, dermaßen überzeugend machte er die Pilgerschaft zum wichtigsten Lebensbegriff des Christentums. Der in Allegorie gefallene Bunyan wurde während seiner dritten Gefangenschaft innerlich genötigt, seine «Pilgerreise» zu schreiben, eines der merkwürdigsten Bücher aller Zeiten. Es enthält das geistige Testament der englischen Revolution und ist eine endgültige Antwort auf die religiöse Frage seines großen Jahrhunderts.

DER TRAUM DES GEFANGENEN

In der Stadt Verderben wohnte einst ein Mann namens Christian, der eines Tages von einer unerklärlichen Angst befallen wurde. Er wußte nicht, woher dieses quälende Angstgefühl kam, ganz unerwartet hatte es von ihm Besitz ergriffen und ließ sich mit allen Mitteln nicht mehr vertreiben. Christians Unruhe steigerte sich dermaßen, daß er nicht mehr der gewohnten Beschäftigung nachzugehen vermochte. Das innere Zittern und Weinen bemächtigte sich seiner auch des Nachts, schlaflos lag er in einem stets peinigenden Angstzustand, und vergeblich kämpfte er gegen das Gespenst. Er hielt es mit «seinem zerrissenen Kleid» nicht mehr zu Hause aus und begann einsam über die Felder zu wandern, in tiefe Gedanken über seine von Traurigkeit niedergedrückte Seele versunken. Schließlich erhob sich die Frage in ihm, die jeden Menschen in bedrängter Lage beschäftigt: Was sollen wir denn tun?

Christian konnte nicht länger untätig in diesem gefährdeten Zustand verharren, wollte er daran nicht zugrunde gehen. Es galt sich aufzuraffen, um der Stadt Verderben zu entfliehen. Von Tag zu Tag fühlte er sich mehr zum Aufbruch genötigt, doch fiel ihm der endgültige Entschluß nicht leicht. Christian war verheiratet, er besaß Weib und «süße Kindlein», die auf ihren Ernährer angewiesen waren. Die Angehörigen versuchten denn auch, ihm mit allen Einwänden seine «verrückten Gedanken» auszureden. Auch in den Augen der übrigen Menschen stand er als ein «hirnkranker Geselle» da, sie machten ihm Vorhaltungen und schalten ihn einen Narren. Doch vermochten alle Überredungskünste seiner Nachbarn nicht gegen die Peinigungen seiner Angst aufzukommen, sie vergrößerten nur den inneren Konflikt, in dem sich Christian befand. Obgleich er seine Angehörigen aufrichtig liebte, drängte es ihn, sich ihrer Bande zu entledigen, zumal sie nicht willens waren, seine Schritte mitzutun. Es war von ihm gefordert, sie zu verlassen. Der Entschluß, aus seiner Häuslichkeit herauszutreten, ging nicht ohne harte Schmerzen ab. Allein, der Anruf aus der überirdischen Welt war zu mächtig, und sein Seelenheil in den Wind zu schlagen erschien ihm gänzlich unmöglich. Zu deutlich wußte er, daß er seine Angst nie meistern werde, solange er in der Stadt Verderben wohnen würde.

Die ganze Familie stellte sich seinem Aufbruch entgegen, und so blieb Christian zuletzt nichts anderes übrig, als seinen Plan durch eine kühne Flucht auszuführen. Allen Anfechtungen zum Trotz stürzte er sich aus seinem Haus, hielt beide Ohren zu, um nicht durch die flehentlichen Worte seiner ihm nachrufenden Familienangehörigen wieder schwankend zu werden, und brach in den beinahe ekstatischen Ruf aus: «Leben, Leben, ewiges Leben.» Dieser mächtige Urschrei verrät den unablässigen Stachel, der Christian vorwärtstrieb. Nicht daß er sich aus Ekel vom bisherigen Weltleben abwandte, ihn packte das brennende und viel bedeutendere Verlangen nach Leben, nach dem unvergänglichen Leben. Der erschütternde Aufschrei «Leben, Leben, ewiges Leben» enthüllte die innerste Sehnsucht, die in der Seele dieses aufgeschreckten Menschen keimte. Es ist eine Wiederholung mit anderen Worten, wenn Christian später gesteht, wie einzig die Liebe zu Gott Anlaß zu diesem ungeheuren Schritt gab.

Durch das Verlassen seiner Häuslichkeit war Christian zum Pilger geworden. Damit hatte er seine Bestimmung gefunden, die fortan sein ganzes Denken ausfüllte. Ihn interessierte allein die zeitlose Wanderschaft, die er seit jenem Tage angetreten hatte, all seine Gedanken kreisten um Pilgermut und Pilgerart. Beständig dachte er an die «verzweifelte Reise», ein Wort, mit dem die zu Hause Verbliebenen ihn von seinem Vorhaben abhalten wollten. Christian wußte es, nicht alle Menschen sind Pilger, jene allzu Seßhaften gehören nicht dazu, die in der «Stadt Verderben» bleiben. Er hatte es an sich erfahren, daß die Pilgrimschaft keine menschliche Gegebenheit ist, die sich von selbst versteht. Der Mensch muß durch einen eindeutigen, willensmäßigen Entschluß den Pilgerstab bewußt ergreifen. Die Pilger bilden einen eigenen Stand, mit dem es seine besondere Bewandtnis hat. Als Fremdlinge auf dieser Erde bezeugen sie durch ihre Handlungen ihre Zugehörigkeit zu einer andern Welt. Nach Christian sind nur wenige zu diesem Jenseits-Bürgertum fähig, denn sehr schwer ist es, dermaßen radikal auf alles zu verzichten. Es brauchte dazu eine heroische Opferbereitschaft, und die fällt dem begüterten Menschen schwerer als demjenigen, der an wenige Besitztümer gekettet ist. Deswegen sind nach Christians Beobachtungen «zu allen Zeiten die Pilgrime meistens von niedrigem Stande geboren».

Christian war noch nicht lange der Stadt Verderben entronnen, als er auf seiner Reise in den Sumpf der Verzagtheit geriet, in dem er, ratlos herumtaumelnd, beinahe versank. Der Boden entschwand unter seinen Füßen, und er verlor allen festen Stand. Begreiflicherweise überkam ihn inmitten des Schlammes eine ängstliche Zaghaftigkeit, die ihn noch vollends unsicher machte, denn «dieser sumpfige Pfuhl konnte nimmermehr gebahnt werden», weil er ohne jeglichen realen Grund war. Im Sumpf der Verzagtheit galt es, alle Kräfte anzustrengen, um nicht steckenzubleiben. Es gelang ihm denn auch nach geraumer Zeit, wieder einen Ausweg zu finden, der ihm ermöglichte, seine Pilgerreise fortzusetzen.

Kaum war Christian dem Sumpfe der Verzagtheit entronnen, begegneten ihm neue Schwierigkeiten. Auf seiner Reise nach der Ewigkeit sagte er zu sich selbst: «Es geht uns, wie es Wanderern zu gehen pflegt. Bisweilen ist der Weg rein, bisweilen kotig; bald geht's bergan, bald bergab, wir wissen es selten vorher, wie es kommen wird. Der Wind ist uns nicht immer im Rücken, und nicht jeder, den wir unterwegs treffen, ist unser Freund.» Die Pilgerreise ist kein leichtes Unternehmen, das der Mensch spielend bewältigt. Christian hatte sie auch nicht unternommen, weil «das Wandern des Müllers Lust» ist und die Steine noch schneller sind als das Wasser, er war erfüllt von einer unstillbaren Sehnsucht «nach Leben, Leben, ewigem Leben». Die Gefährlichkeit der Reise ist keine bloße Phrase, gehen doch allzu viele Wanderer dabei elendiglich zugrunde. Christian kam zunächst zu jenem Hause, das sich enge Pforte nannte, und von da ging der schmale Weg stracks den Hügel der Beschwerde hinan, den er schnellen Schrittes zu erklimmen suchte. Bald aber verlangsamte sich seine hastende Eile, er begann ob des steilen Pfades zu keuchen, und schließlich kam er nur noch mit Hilfe seiner Hände mühsam vorwärts. Gelegentlich überwältigte ihn auch ein «sündhaftes Schlafbedürfnis» inmitten der Anstrengung, eine Unachtsamkeit, die er nachher bitter zu büßen bekam. Oft geschah es auch, daß ein Abstieg sich weit schwieriger gestaltete als ein Aufstieg. Es kostete Christian äußerste Selbstverleugnung, sich in das Tal der Demütigung zu begeben. Wie behutsam er sich dabei auch benahm, er glitt doch das eine- und anderemal aus. Die gefährliche Reise nach dem himmlischen Land ist von Drangsalen, Beschwerden, Kämpfen, Gefangenschaften, Seufzern und Klagen umlagert. Christian hatte sich jedoch die Pilgerreise nicht als eine leichte Angelegenheit vorgestellt und blieb eingedenk: «Das Bittere muß vor dem Süßen kommen und wird sogar das Süße noch süßer machen.»

Immer wieder trat die Versuchung umzukehren, an ihn heran. Christians erster Begleiter Gefügig war auch bald wieder in die Stadt Verderben zurückgekehrt und wurde von den zu Hause verbliebenen Menschen als ein verständiger Mann gelobt, dem noch rechtzeitig Vernunft gekommen sei. Allezeit bekam Christian auf seiner Reise die Worte zu hören: «Je weiter wir kommen, desto größeren Gefahren begegneten wir, deshalb kehrten wir um und gehen nun zurück.» Mehrfach trat an Christian der Gedanke der Rückkehr ins traute Bürgerdasein heran und das Verlangen, auf eine gewöhnliche Weise zu leben, wie alle andern es auch tun. Die Versuchung, wieder kleinlaut umzukehren, gehört zur Reise nach der Ewigkeit, sie läßt sich nicht von ihr abtrennen, und keiner ist zum voraus gegen sie gefeit. O böses Umkehren, o fatales Nachgeben, das stets wie ein höhnender Kobold am Wegrand der Pilger lauert.

Die vielen Begegnungen mit Menschen bedeuteten für Christian eine innere Gefahr. Gab es doch solche unter ihnen, die ihn einen Narren schalten, weil er allen Vergnügungen und Bequemlichkeiten dieser Welt den Rükken gekehrt habe. Christian setzte sich gegen ihre Einflüsterungen zur Wehr, er berief sich auf das Ewige Buch, dem er mehr Vertrauen entgegenbringe als ihrer Lebensanschauung. Er hielt ihnen sowohl die «Kräfte und Schrecknisse der unsichtbaren Welt» entgegen als auch seine Sehnsucht nach dem ewigen Leben. Allerdings gelang es ihm nicht, seine Diskussionspartner zu überzeugen, zumal er von seinem Ewigkeitshunger «besser im Herzen als mit der Zunge reden konnte». Störrig und Gefügig waren nicht die einzigen Gesellen, deren ungünstigen Einfluß er abzuwehren hatte. Christian stieß auf Herrn «Weltklug», der sich gleich rühmte, älter zu sein als er, und der seine Beschäftigung mit der Bibel kommentierte: «Dacht' ich's doch! Dir ist's wie vielen andern schwachen Menschen ergangen, die sich mit zu hohen Dingen abgaben und dann in einen solch verzweifelten Zustand gerieten.»

Im Flecken Moralität fand Christian einige Häuser leer stehen, die zu mäßigem Preis ausgeschrieben waren. Herr Gesetzlich wohnte in diesem Dörfchen mit seinem Sohne Höflich zusammen, die Christian jedoch absichtlich mied. Viel zu schaffen machten ihm dagegen die Herren Buchstäbler und Schwätzer, die sich sehr fromm gebärdeten. Beide sprachen so gerne von «Zeichen und Wundern» und konnten für ihre Anschauungen gleich hundert Bibelstellen zum besten geben, bis es Christian klar wurde: «Sie sprechen wohl vom Gebet, von Buße, Glauben und Wiedergeburt, aber das ist auch alles, denn in ihrem Herzen haben sie nichts davon erfahren.» Auch Herr Nebenwege, der mit einer Frau Verstellung verheiratet war, und noch viele, viele andere Menschen machten sich an Christian heran, der auf seiner Wanderschaft die Berührung mit diesen unerfreulichen Leuten gar nicht vermeiden konnte. Sie waren nun einmal da, und er mußte sich überlegen, wie er sich ihnen gegenüber verhalten sollte. Sie versuchten, Einfluß auf ihn zu gewinnen, und es war oft schwer, mit ihnen fertig zu werden. Christian entschloß sich kurzerhand, sie alle hinter sich zu lassen, und marschierte auf seinem Pfade weiter und weiter.

Am schwersten trug Christian an der Last, die er bei seiner Abreise von zu Hause auf seinen Rücken gebunden und durch den Sumpf der Verzagtheit hindurch getragen hatte. Drückend lag die Bürde auf seinen Schultern, und nur mühsam vermochte er sie weiterzuschleppen. Auch hinderte ihn das gewaltige, schmerzenerregende Gewicht am frohgemuten und schnellen Vorwärtsschreiten. Sooft er sich mühte, er konnte sich nicht davon befreien, und alles Nicht-mehr-daran-Denken half ihm nichts. Die ihn zu Boden beugende Last war da, und er mußte sie mit sich tragen, obschon sie ihm die Pilgerfreude verdarb. Beim Kreuz angekommen, geschah ein einmaliges Ereignis, auf das er gar nicht vorbereitet war und das er nur mit grenzenlosem Staunen verfolgen konnte. Gepreßten Herzens blickte er zum Marterholz empor, und siehe da, plötzlich «löste sich die Bürde von seinen Schultern und rollte dahin, bis sie zur Grabesöffnung kam; dahinein fiel sie, und er sah sie nicht mehr». Christian konnte nicht sagen, wie ihm geschah, aber das überraschende Freiwerden von seiner drückenden Sündenlast durch das Kreuz war das glückseligste Erlebnis, das ihm widerfuhr. Er machte nicht viele Worte über diese Freude – dies verstieß gegen die religiöse Keuschheit – die überwältigende Seligkeit dieses befreienden Kreuzeserlebnisses aber empfand er bis ins Innerste. Es kann darnach der Mensch seine Last nicht selbst abwerfen. Er mag noch so viele verzweifelte Anstrengungen machen, es gibt gleichwohl keine Selbsterlösung. Das Freiwerden von der Last wird dem Christen nur geschenkt. Im Aufblick zum Kreuz allein ist Christian diese Gnade zuteil geworden, und als ein neuer und zugleich unendlich erleichterter Mensch setzte er seinen Pilgerweg weiter.

Erfreulicherweise traf Christian auch mit Weggefährten zusammen, die ihn in seinem Vorhaben bestärkten. Es waren Menschen, die den Namen «Helfer» trugen, die sich «Treu» nannten und es auch bis zum letzten Atemzug waren, die ihre Bezeichnung «Hoffnungsvoll» nicht zu Unrecht trugen. Christian war nicht der einzige Mensch, der nach der Ewigkeit strebte, andere redliche Menschen befanden sich ebenfalls auf dem gleichen Pfad, die es nicht weniger aufrichtig meinten als er. Die Begegnung mit diesen Gleichgesinnten gereichte ihm zum stärkenden Trost.

Christian pflegte eingehende Gespräche mit diesen Weggefährten, die ihm zu größerer Klarheit verhalfen. Es waren keine unverbindlichen Plaudereien, die sich um Nichtigkeiten drehten; fern jeglicher zeitvertreibenden Unterhaltung ging es ihm stets um das Problem der Pilgerschaft, die schärfer zu erfassen, seine Bestrebung war. Entweder lehnte er falsche Anschauungen ab, wie sie durch Herrn Unwissend vorgebracht wurden, oder er suchte Erkenntnisse zutage zu fördern, die für alle Pilger von Bedeutung waren, wie: «daß das Glauben und Zu-Ihm-Kommen ein und dasselbe» ist.

Sein Begleiter Treue erzählte ihm auch, wie er einmal Frau Wollust begegnet sei, deren verlockenden Tönen er beinahe erlegen wäre. Man könne sich keine Vorstellung machen, was für eine schmeichlerische Zunge sie habe und mit welch aalglatter Süßigkeit sie sich einzuführen verstehe. Auf zärtliche Weise sei sie mit dem Ansinnen an ihn herangetreten, doch mit ihr zu buhlen, und habe ihm die schönsten Freuden versprochen. Der wakkere Treu erinnerte sich im letzten Augenblick, in einer alten Schrift gelesen zu haben, «ihre Füße laufen zu Tode», und alsogleich schloß er seine Augen, um von dem berückenden Anblick der Frau Wollust nicht bezaubert zu werden.

Christian und Treu erlebten auf ihrer zeitlosen Wanderschaft schwerwiegende Abenteuer. Die Reise nach der Ewigkeit vollzieht sich nicht in farbloser Langeweile und Eintönigkeit, die viele fromme Menschen in ihrer Korrektheit erwecken. Es ereigneten sich fortwährend Geschehnisse von einer solchen Bestürzung, wie sie die vorsichtig zu Hause Verbliebenen nicht von entfernt ahnen. Das Pilgertum ist anstrengend und erheischt mutige Menschen. Christian blieb jeweilen vor unerwarteten Wendungen mit klopfendem Herzen stehen und richtete sich bebend mit den Worten wieder auf: «Ich freue mich und zittere.»

Die beiden Pilger kamen auf den Jahrmarkt der Eitelkeiten, wo sowohl Taschenspieler und Affen, Kaufbuden und Puppentheater zu sehen als auch alle Sprachen der Welt zu hören waren. Hier verhandelte man allezeit «Häuser, Ländereien, Ämter, Würden, Freiheiten, Titel, Land und Leute, Königreiche, Lustbarkeiten, Vergnügen und Genüsse aller Art, als da sind: Weib, Gatten, Kinder, Herren, Knechte, Leben, Blut, Leib und Seele, Silber, Gold, Perlen und Edelsteine und was weiß, was noch!» Die mannigfachen Verstrickungen, die daselbst von allen Seiten auf sie einstürmten, wurden Christian und Treu alsobald klar, aber es blieb ihnen nichts anderes übrig, als mitten durch den Eitelkeitsmarkt hindurchzugehen, denn «wer nur zur Stadt hinauf, nicht aber durch diesen Marktflecken will, der müßte die Welt räumen». Der Herr der Herrlichkeit selbst ist, als er hienieden wandelte, durch sie hindurchgegangen. Man kann nicht auf dieser Welt leben, ohne mit dem Jahrmarkt der Eitelkeit in Berührung zu kommen, dessen marktschreierische Tätigkeit sich beständig ins Bewußtsein der Menschen hineindrängt. Das Durchschreiten dieses lärmigen Treibens hatte für Christian und Treu verhängnisvolle Folgen. Unterschieden sich doch die Pilger schon durch ihre andere Kleidung von den Marktleuten, die nicht wenig erstaunt waren, daß die beiden Wanderer weder zu ihren Waren hinschauten noch sie zu kaufen begehrten. Sie empfanden diese Unbekümmertheit als eine offenkundige Mißachtung ihrer Sitten, wodurch ihr Zorn gereizt wurde; erst verlachten sie die Pilger, um sie hernach zu beschimpfen. Ehe es Christian und Treu verhindern konnten, kam es ihretwegen zu einem regelrechten Auflauf. Sie wurden verhaftet und ins Gefängnis abgeführt. Die Anklage vor Gericht gegen sie lautete: «Feinde und Störer des Handels zu sein, Gärung und Spaltungen in der Stadt hervorgerufen zu haben.» Man bezichtigte sie der aufrührerischen Gedanken, weil sie behauptet hatten, daß «das Christentum und die Gebräuche unserer Stadt Eitelkeit einander schnurstracks zuwiderlaufen und unvereinbar wären». Die beiden Pilger blieben im Verhör standhaft bei ihrer Meinung, weswegen sie der Vorsitzende des Gerichts als Ketzer bezeichnete und sie zum Tode auf dem Scheiterhaufen verurteilte. Das grausame Urteil wurde alsogleich vollstreckt, ein Martyrium, das Treu entsprechend seinem Namen mit heldenhaftem Glaubensmut über sich ergehen ließ, während es Christian gelang, im letzten Moment beim Durcheinander der Hinrichtungsszene zu entkommen.

Ganz bleich vor Schrecken setzte Christian seine Reise allein fort. Das Entsetzen über das Erlebte steckte ihm noch in allen Gliedern, als ihm einige Zeit darauf ein neuer Gefährte Hoffnungsvoll begegnete, der sich seiner Wanderschaft anschloß. Es gereichte Christian zur offensichtlichen Erleichterung, daß er wenigstens seinem neuen Weggenossen von den glücklich überstandenen Gefahren erzählen konnte und von ihm eine aufmunternde Antwort erhielt.

Wenn Christian auch einen neuen Gefährten gefunden hatte, der gefährlichen Abenteuer wurden deswegen nicht weniger. Einer kleinen Unbedachtsamkeit wegen gerieten sie auf das Gebiet der Zweifelsburg. Ehe sie sich von dem fremden Terrain wieder entfernen konnten, kam der Riese Zweifel herbeigeeilt und zwang die beiden Pilger, mit ihm zu gehen. Er war der Stärkere und warf sie kurzerhand in ein dunkles Gemach und schlug sie so jämmerlich, «daß sie weder imstande waren, sich zu helfen noch sich zu rühren». Alle erdenklichen Qualen der Verzweiflung erlitten sie, der Riese forderte sie höhnend auf, ihrem Leben selbst ein Ende zu machen, da ihnen doch kein anderer Ausweg mehr offenstehe. Wenn sie dies nicht freiwillig tun würden, so werde er sie selbst umbringen. Die beiden Pilger waren in der denkbar schwierigsten Bedrängnis, in die ein Mensch hineingeraten kann. Alles schien so völlig aussichtslos zu sein, daß ihnen tatsächlich nur noch der Selbstmord übrigblieb. Sie verbrachten bange Stunden in ihrem dunklen Kerker, der sie gleich einer eisernen Mauer von allen Seiten umgab, und der Zweifel drohte zur Verzweiflung zu werden. Es war Hoffnungsvoll, der sich zuerst von der lähmenden Niedergeschlagenheit wieder erholte und Christian in der finstersten Situation mit den Worten aufrichtete: «Laß uns doch bedenken, daß der Riese Verzweiflung nicht alle Gewalt in Händen hat, andere sind, soviel ich weiß, auch schon in seine Hände geraten und doch denselben wieder entronnen.» Inmitten der schwärzesten Auswegslosigkeit besann er sich auf den Schlüssel der Verheißung, mit dem es ihm gelang, das Schloß ihrer Kerkertüre unbemerkt zu öffnen und zu entfliehen. Zu spät wurde der Riese Zweifel darauf aufmerksam, sie waren schon außer seiner Reichweite und fühlten sich neu gestärkt in dem Glauben: «Ein Christ kann niemals überwunden werden, sofern er sich nicht selber überliefert.»

Nach der glücklichen Überwindung dieser Prüfung blieben Christian und Hoffnungsvoll demütig. Sie waren ihrer Gefahr nicht aus eigener Kraft Meister geworden und sagten denn auch zueinander: «Aber dergleichen

Fußgänger, wie ich und du sind, sollten nie wünschen, mit einem Feind zusammenzutreffen, noch denken, daß wir es besser machen würden als andere, wenn wir von ihnen hören, daß sie unterlegen sind; noch sollten wir uns kitzeln mit dem Gedanken unserer eigenen Männlichkeit; denn solchen geht es gewöhnlich am schlimmsten zur Stunde der Anfechtung.» Sie hatten allen Anlaß zu ihrer demütigen Einstellung, da die Gefahren noch nicht beendet waren.

Nicht lange nach der Haft in der Zweifelsburg begegneten sie einem Mann namens Atheist, mit dem sie ins Gespräch kamen. Atheist hörte von ihrem Reisezweck und brach in ein schallendes Gelächter über dieses kindische Vorhaben aus. Mit höhnender Geringschätzung sagte er ihnen, daß sie gänzlich umsonst all diese Mühe auf sich genommen hätten. Zynisch und kaltschnäuzig erklärte Atheist, «der Ort, von welchem ihr euch träumen läßt, ist in der ganzen Welt nicht zu finden». Stolz auf seine sich in Dunst aufgelösten Erfahrungen, behauptete er, selbst auch zwanzig Jahre die himmlische Stadt gesucht zu haben, hätte aber von ihr so wenig gefunden wie am ersten Tag. Sie sei eine bloße Fata Morgana, die den Menschen nur narre. Eine Ewigkeit, zu der sie reisen wollten, gab es nie und werde es nie geben. Als ein Mensch des Unglaubens habe er alles Suchen in dieser Richtung längstens als eine bloße Illusion durchschaut, der nicht der geringste Wert zukomme. «Wie, keinen Berg Zion sollte es geben?» erwiderten die beiden Pilger auf diese Behauptung des Atheisten, der an Stelle der Ewigkeit das reine Nichts setzen wollte, nicht anders wie der moderne Nihilismus. Christian und Hoffnungsvoll ließen sich von dieser auftrumpfenden Ungläubigkeit nicht imponieren, sie erkannten die trostlose Leere dieser gestrandeten Schiffbruchsphilosophie und beschlossen, an ihrem Glauben festzuhalten, der sie bis dahin nicht betrogen habe.

Da Christian und Hoffnungsvoll ihre Überzeugung nicht aufgaben, standen ihnen weitere schlimme Kämpfe mit den dämonischen Mächten bevor. In einem Engpaß stellte sich ihnen Appollyon zum heißen Kampf entgegen und verwickelte sie in ein Ringen auf Leben und Tod. Drohende Wolken der Vernichtung hingen über ihnen, das Tal war finster wie die Nacht; der Weg, im Dunkel kaum erkennbar, führte hart am Rande des Abgrundes hin, aus dem ein Angstgeschrei von Menschen ertönte, die dort in unaussprechlichem Elend gebunden lagen. Teufel stiegen aus dem Tal der Todesschatten herauf, dicht hinter dem Wanderer her, und flüsterten ihm häßliche Lästerungen ins Ohr. Sie hielten sich tapfer, kämpften mit ihren Waffen des Lichtes, die ihnen gegeben waren, und meisterten auch diese Schwierigkeiten.

Nach vielen Gefahren und Beschwerden gelangten die beiden Pilger in das Land der Vermählung, wo die Sonne Tag und Nacht scheint. Endlich war die ewige Stadt in Sicht. Bei ihrem Anblick wurde Christian krank vor Sehnsucht, und auch Hoffnungsvoll verzehrte sich von den gleichen Empfindungen. Sie rasteten eine Weile, weinten vor übergroßer Freude – wie geschrieben steht: «Wenn du den siehst, den meine Seele liebt, dann sollst du ihm sagen, daß ich vor lauter Liebe krank bin!» Endlich klopften sie denn auch an die Tore der himmlischen Stadt und wurden zu ihrer unbeschreiblichen Freude sogleich eingelassen, während man Herrn Unwissend noch im letzten Moment wegwies. «Da sah ich, daß es auch selbst vor den Pforten des Himmels einen Weg zur Hölle gebe, ebensogut als von der Stadt Verderben.» Christian und Hoffnungsvoll dagegen empfingen jene Krone, die Gott denen gibt, die bis zum Ende ausharren – und in diesem Moment erwachte Bunyan aus seinem Traum.

EWIGER VORRAT CHRISTLICHER POESIE

In Bunyans «Pilgerreise» hat der Verfasser zeitlose Wahrheiten beleuchtet, die das seelische Denken des Menschen dermaßen in Bewegung setzen, daß man das Buch nicht kommentarlos auf die Seite legen kann. Der Kesselflicker schrieb noch andere Werke, keines aber erreichte die Bedeutung seiner «Pilgerreise» auch nur von entfernt; sie allein überdauerte die Jahrhunderte, fand sich in ihr doch die innere Lebensgeschichte des Christen schlechthin.

Die Reise nach der Ewigkeit stammte aus Baptistenkreisen, die an sich der Dichtung abgeneigt sind. Der Puritanismus hegte, wie der strenge Calvinismus, ein tiefes Mißtrauen gegen alle Erzeugnisse dichterischer Phantasie, die ihm zu eitel, zu weltlich und zu sündhaft ist und lediglich die Leidenschaften der Menschen wecke. In seiner biblizistischen Einstellung rückte er sie alle unter das Gericht des Wortes: «Die heillosen und für alte Weiber passenden Fabeln aber weise ab» (1.Tim.4,7), ein Bibelvers, mit dem sich auch Bunyan auseinandersetzte. Puritaner pflegen weder Dichtungen zu schreiben noch solche zu lesen, sie stimmen nicht mit ihrem Wahrheitsbegriff überein und entsprechen nicht ihrem Ernst des Lebens. Auch Bunyan teilte diese allzu einseitige Auffassung und hielt es deswegen für notwendig, sich im Vorwort der «Pilgerreise» für sein Tun auf eine beinahe rührende Art zu entschuldigen. Nicht etwa aus Hilflosigkeit – diese Selbstverteidigung weist auf ein tieferes Problem hin; der Puritanismus wie auch die Christen der ersten Jahrhunderte konnten sich über den Gebrauch der Literatur nicht beruhigen. Mit welch schlechtem Gewissen hat sich noch der Kirchenvater Clemens Alexandrinus ihrer bedient, indem er seine Gedanken nur versteckterweise in seine «Teppiche» hineinwob. Bunyan wollte mit seiner Vorworterklärung den Angriffen zuvorkommen, die er aus dem Kreise seiner Gesinnungsgenossen befürchtete, wohl wissend, daß sie jegliche literarische Beschäftigung eines ernsthaften Christen unwürdig und unpassend fanden. Er will nicht als Dichter gelten, nie erlebte er künstlerisches Schaffen als freudvolle Befreiung und trachtete auch nicht nach dem Lorbeerkranz des Poeten.

Obwohl sich Bunyan nur heimlicherweise poetisch zu betätigen wagte, ist er doch ein großer Künstler. Der Kesselflicker war Dichter wider Willen. Er ist es um so mehr, als er gerade nicht nach dem Ruhm des Schriftstellers lechzte und nichts von der törichten Pose vieler Pseudokünstler an sich hatte. Seine «Pilgerreise» ist Dichtung, die nicht Dichtung sein will, und dieser Umstand bildet den eigenen Reiz dieses Werkes, das eine Ausnahmestellung in der englischen Barockliteratur einnimmt. Ohne sein Zutun hat «es» in Bunyan gedichtet, als er in Allegorie fiel, das Buch ist ähnlich ungewollt entstanden wie die Sagen aus den Tiefen des Volksgemütes. Als ein Mensch, der im Gefängnis schrieb – wie Cervantes seinen unausdeutbaren «Don Quichotte» – verstand er Dichten vor allem als ein zu Gott Hinhorchen und als ein Arbeiten im Dienste des Allmächtigen. Bunyan betont ausdrücklich, wie er «vor den Augen Gottes geschrieben» habe, und diese ehrfürchtige Sicht verleiht der «Pilgerreise» die undefinierbare

Weihe. Einzig aus dieser göttlichen Dienstverpflichtung heraus entstand dieses «wunderbare Buch», das nach Mauceley «die Liebe des einfachsten Lesers und die Bewunderung des strengsten Kritikers gewinnt» und das der bekannte Literaturhistoriker bei den religiösen Klassikern einreihte. Wahrhaftig, die «Pilgerreise» gehört zum ewigen Vorrat christlicher Poesie, um ein Wort von Borchhardt zu variieren. Wenige Nationen besitzen ein christliches Volksbuch von dieser dichterischen Anschaulichkeit. Es ist sicher nicht von ungefähr, daß eine edle Gestalt wie Abraham Lincoln ganze Partien der «Pilgerreise» auswendig hersagen konnte. Bunyans Buch hat unverkennbar künstlerische Qualitäten: das erzählerische Talent springt in die Augen, und er verfügt über eine reiche, in Realismus getauchte Phantasie. Seine Gestalten leben und haben die Teilnahme von unzähligen Herzen erobert, die das Buch mit Tränen lasen. Der gefangene Baptistenprediger hat seine lebendige Schilderung auf eine feine Kenntnis des menschlichen Seelenlebens aufgebaut und versteht eine Spannung zu schaffen, die den dramatischen Ablauf der Geschehnisse bis zum letzten Augenblick wahrt.

Die Reise nach der Ewigkeit gehört mit all diesen dichterischen Elementen an die Seite der großen christlichen Poesie. Die «Pilgerreise» wirkt wie eine Antwort auf Miltons «Verlorenes Paradies», da Bunyan dem Menschen den Weg zu einem noch vor ihm liegenden Paradiese zeigte. Mit dem nötigen Vorbehalt verstanden, darf das Werk sogar in die Nähe von Dantes «Göttlicher Komödie» gerückt werden. Selbstverständlich ist der Florentiner der unvergleichlich mächtigere Dichter, der sich selbst für würdig fand, mit Homer und Virgil in einer Reihe daherzuschreiten. Die gewaltige Überlegenheit Dantes als Künstler über Bunyan liegt offen zutage und braucht nicht noch diskutiert zu werden. Auch verfügt die «Göttliche Komödie» über einen Reichtum historischer Beziehungen, welche die «Pilgerreise» nicht von entfernt besitzt. Gleichwohl besteht eine gewisse Verwandtschaft. Bunyan hat, ohne den mittelalterlichen Dichter zu kennen, für ein ähnliches Thema eine neue Gestaltung gefunden. In beiden Dichtungen wird eine Reise über die Welt hinaus geschildert, die sich in einer überirdischen Wirklichkeit bewegt. Hier wie dort tut sich eine seltsam gespenstische Landschaft vor den Augen des erstaunten Lesers auf, und alles vollzieht sich in einer geheimnisvollen Beleuchtung, für die es keine alltäglichen Vergleiche gibt. Es ist schwer, sich der überwirklichen Atmosphäre zu entziehen, sie hüllt den Leser ein und nimmt ihn, wie die echte christliche Poesie, alsogleich gefangen.

Bunyans Dichtung wider Willen gehört dem Bereich der Metaphysik an. Sie enthält eine tiefsinnige Daseinsdeutung, der man nicht gerecht wird, wenn man sie kurzerhand bei den Erbauungsbüchern einreiht. Natürlich wurde die «Pilgerreise» oft in beruhigendem und sogar sentimentalem Sinne gelesen, wenn an ihre Aufnahme in den pietistischen Kreisen Deutschlands gedacht wird. Diese lammfromme Auffassung geht an dem hintergründigen Kern ahnungslos vorbei; Bunyan hat in seinem Buch Wege beschritten, die weitab von der üblichen Frömmigkeitsliteratur liegen und denen man nur in der profanen Literatur begegnet. Es geht Bunyan um mehr als bloße Erbauung, für ihn ist die Reise nach der Ewigkeit nicht nur eine Bestätigung für frommgestimmte Seelen, die in ihren Gefühlen bestärkt werden wollen. Er will die Menschen auf eine Wirklichkeit hinweisen und schuf das Hohelied des Pilgertums, in das er alle aufreibenden Seelenkämpfe seiner Jugendzeit hineingearbeitet hat. Er gestaltete ein Urthema des religiösen Menschen, das ungeachtet aller zeitgeschichtlichen Bedingtheiten über alle literarischen Modeströmungen triumphiert und so lange dauern wird, als die Menschen noch eines metaphysischen Gefühles fähig sind. Seine christliche Dichtung wirkt um so ergreifender, weil diese unvergeßliche Sehnsucht aller Zeiten in einer engen Gefängniszelle geboren wurde. Nur zu oft ging aus dem kleinsten Raum das Größte hervor. Wer wollte das Verlangen nach Freiheit, nach Erfüllung und nach Himmelsduft mehr verspüren als der Gefangene, dem die Fesselung jede Minute schmerzlich zum Bewußtsein kam. Bunyan hat sich nicht in untätigem Trübsinn verzehrt, er dichtete mit seiner «Pilgerreise» «das Buch von der Ewigkeitssehnsucht des Christen», wie es Josef Chambon nannte. Ein mit stärkeren Gefühlsakzenten durchtränktes Thema kann sich ein Autor gar nicht stellen. Alle Reisen, die der Mensch auf dieser Welt macht, werden dadurch in den Schatten gestellt. Sie sind lächerlich geringfügige Unternehmungen gegenüber den metaphysischen Gefahren der Pilgerreise. Was hat es zu bedeuten, wenn einer in ein anderes Land reist, in dem die Menschen nicht die gleiche Sprache sprechen, die Landschaft von einer fremden Schönheit ist und wo es ihm widerfahren kann, einmal ein unerfreuliches Zimmer in einem Gasthaus zu bekommen. Derlei Erleben haben doch nur für denjenigen, der die Reise selbst unternimmt, eine Bedeutung. Die Reise nach der Ewigkeit dagegen ist ein Geschehen, das jeden Menschen angeht, denn sie alle können doch nicht ewig auf dieser Erde bleiben, wenn sie sich auch dieser Tatsache immer wieder hartnäckig verschließen. Bunyans zeitlose Wanderschaft führt zu den zentralsten religiösen Problemen und schließt Erlebnisse in sich, denen gegenüber alle Abenteuer einer irdischen Reise wesenlos verblassen. Die Seele seines Pilgerbuches erschüttert den aufgeschlossenen Leser deswegen so unmittelbar, weil «das Verlangen, hinwegzuziehen, zu wandern in ein Land des Ausruhens und der Erquikkung, nicht dem Vogel allein ins Herz gegeben ist, wenn er vor dem nahenden Sturm des Herbstes entfleucht ..., sondern so viel höher der Mensch ist als der wandernde Vogel, so viel tiefer ist auch dem Menschen das Sehnen in seine Seele gelegt, auszugehen von ganzem Herzen und von ganzem Gemüt, auszugehen mit allem, was er ist und was er hat, aus dem Unfrieden der Sinnenlust und der Leidenschaft in ein Sein des ewigen Friedens und der inneren Stille» (Gotthilf Heinrich von Schubert).

Wie jedes Kunstwerk, fällt auch der ewige Vorrat christlicher Poesie unter einen zweifachen Gesichtspunkt. Bunyans «Pilgerreise» ist zunächst in formeller Hinsicht zu würdigen, der jedoch die Abklärung einer kleinen Vorfrage vorausgeht.

Auch der Kesselflicker mußte sich die Frage nach den Einflüssen gefallen lassen. Möglicherweise hat die Lektüre «Des gemeinen Mannes Fußpfad zum Himmel», das ihm sein armes Weib in die Ehe brachte, in ihm nachgewirkt. Im übrigen war Bunyan kein sehr gebildeter Mann, trotz seines ansehnlichen Wortschatzes und seines weiten Horizontes. Er konnte es auch nicht sein als einfacher Handwerker. Vermutlich hat er Schriften von Wicliff gelesen, der zuerst im 14. Jahrhundert in England die Institution der Laienprediger einführte. Auch Miltons «Verlorenes Paradies» mochte ihm mannigfache Anregungen vermittelt haben, und ebenso sind ihm gelegentlich Flugschriften von Fox in die Hände gekommen. Als Bunyan in seiner Gefängniszelle die «Pilgerreise» schrieb, hatte er außer der Bibel nur noch ein Märtyrerbuch zur Hand. Durch die Lektüre dieses Blutzeugen-Folianten kam der herbe Zug in sein Werk hinein. Allein, es hat mit diesen Einflüssen nicht allzuviel auf sich, und vor allem läßt sich damit nicht sein Formproblem erklären. Der entscheidende Vorgang besteht darin, daß Bunyan «in Allegorie fiel». Dieses Geständnis kann nichts anderes heißen, als daß sein Werk aus einer Erleuchtung heraus geschrieben wurde. Die «Pilgerreise» ist gottunmittelbar, und mit dieser Feststellung löst sich die überschätzte Frage nach ihren literarischen Einflüssen in Dunst auf. Das metaphysisch geladene Werk, das nicht ästhetisch gewürdigt werden will und doch voll christlicher Poesie bis zum Überfließen ist, verdankt einer göttlichen Inspiration ihr Dasein; der Kesselflicker war nur das Werkzeug hiezu. In dieser übernatürlichen Herkunft der «Pilgerreise» liegt der Grund, daß sie fast die einzige Allegorie ist, die sich bis zum heutigen Tag lebendig erhalten hat und den religiös-dichterischen Menschen noch immer anspricht.

Das formgeschichtliche Problem von Bunyans Werk sichtet erst die Feststellung, daß er seine Reise nach der Ewigkeit seltsamerweise in einen Traum eingekleidet hat. Der Kesselflicker legte sich in der «Wüste dieser Welt» zum Schlafe nieder und begann dann zu träumen, bis es auf der letzten Seite heißt: «So erwachte ich, und siehe, es war ein Traum.» Diese Traumerzählung der «Pilgerreise» ist zunächst eine Überraschung, beklemmend schleicht sich der fast enttäuschende Gedanke ein: bloß ein Traum. Mit dem Traum verbindet der neuzeitliche Mensch nun einmal die Vorstellung von einer Unrealität. Gehört die Reise nach der Ewigkeit tatsächlich in das Reich der luftigen Traumgebilde, die beim Erwachen wie dünne Nebelschwaden zerfließen? Gewiß nicht für Bunyan, dem es immer um eine Wirklichkeit zu tun war. Seine Traum-Einkleidung floß aus dem Denken des Barockzeitalters. Damals erkannte man dem Traum eine unsagbar tiefe Weisheit zu. Alle Welt kennt das Wort Shakespeares, wonach die Menschen aus dem gleichen Stoff gemacht sind wie die Träume. Calderon hat die tiefsinnigste Traumdichtung geschaffen, ein Schauspiel, in dem eine nachdenkenswerte Lebensphilosophie beschlossen ist:

Denn in den Räumen
Der Wunderwelt, worin wir schweben,

Ist nur ein Traum das ganze Leben;
Und jeder Mensch – erfahr ich nun –
Er träumt sein ganzes Sein und Tun,
Bis dann zuletzt die Träum entschweben.

Auch Bunyan war von der spanischen Weltsicht durchdrungen, daß selbst Träume nur ein Traum sind und erst nach dem Tode das wahre Erwachen des Menschen erfolge. Ihm bedeuteten Träume nichts Geringeres als Brükken zur Ewigkeit. Niemals hatte er Träume als bloße Schäume bewertet, eine Ansicht, die ein schweres Problem zudeckt. Dazu kannte der Baptistenprediger seine Bibel viel zu gut, die zahlreiche Wahrheiten dem Menschen im Traume schenkte. Das Ewige Buch ist der Überzeugung, die Daniel im Hinblick auf die Träume ausspricht: «Aber es ist ein Gott im Himmel, der Geheimnisse enthüllt» (Dan. 2, 28). Zu diesen verborgenen, nicht leicht zugänglichen Dingen gehören auch die Träume, in denen die tiefsten Sehnsüchte zum Vorschein kommen, die das menschliche Dasein erst lebenswert machen. Im Traum huschen jene Gedanken von dem vorüber, was nicht ist, aber immer werden möchte. Für Bunyan hat der Traum noch religiöse Bedeutung, die er dann auch wieder bei Dostojewskij erlangte, der eine seiner unergründlichen Erzählungen «Der Traum eines lächerlichen Menschen» nannte. In ihm offenbarte sich dem russischen Dichter ein neues, glückhaftes, wundervolles Leben, denn, so sagt er: «Ich habe die Wahrheit gesehen, nicht daß ich sie mit meinem Verstande erfunden hätte, nein, ich habe sie gesehen, gesehen, und ihr lebendiges Angesicht hat meine Seele bis in alle Ewigkeit erfüllt.» Auch für den Kesselflicker bedienten sich noch die Engel der Träume, um den Menschen göttliche Botschaften einzuflüstern. Er erlebte den Traum metaphysisch und nicht bloß tiefenpsychologisch, und wer ihn nicht in der Weise versteht, der muß nach Bunyans Vorwort weiterträumen! Sein «Traum ohne Schlaf», wie er seine Reise nach der Ewigkeit nannte, ist einer der unvergänglichsten Träume, die je ein Mensch geträumt hat, ein Erlebnis, nach dem man auf eine viel innerlichere Weise das menschliche Dasein betrachtet.

Die formelle Interpretation des ewigen Traumes hat als Ausgangspunkt die Tatsache, daß Bunyan «in Allegorie fiel». Die Allegorie hat auf religiösem Gebiet ihr bleibendes Heimatrecht, sofern der zusammenhängende

Sinn im Auge behalten wird und die Deutung sich nicht in unübersichtlichen Einzelheiten auflöst. Der Baptistenprediger, der als ungebildeter Autodidakt nie eine Hochschule besucht hat, war mit seinen allegorischen Schilderungen einer der größten Symboliker aller Zeiten. Er wußte noch um die Typen und Schatten, Figuren und Bilder, welche die Heilige Schrift gebraucht, um den Menschen die Wahrheit Gottes ins Herz zu schreiben. Nach des Kesselflickers ausdrücklich erwähnter Überzeugung kann man auch heutzutage zu den Menschen in religiöser Hinsicht nur auf dem Wege des Symbols reden. Gewiß hat er in seiner Ausdeutung der Allegorie manchmal des Guten zuviel getan – namentlich in seinem Buche «Der heilige Krieg», das deswegen für den modernen Menschen kaum noch lesbar ist – und irrte auch gelegentlich ins Geschmacklose ab, was bei dieser Betrachtungsweise leicht geschehen kann. Diese ab und zu vorgekommenen Entgleisungen ändern nichts daran, daß bei Bunyan eine symbolische Lebensauffassung von ungewöhnlicher Stärke lebendig geworden ist. Der einfache Handwerker hat begriffen, wie einzig das Symbol die adäquate Sprache des Christentums ist, die auch im Neuen Testament, und keineswegs nur in den Gleichnissen gesprochen wird. Das Religiöse muß sich der Bilder bedienen, das ist immer noch seine beste Möglichkeit der Verständigung. Wer unsymbolisch spricht und sich gar noch in einer entmythologisierenden Tätigkeit gefällt, gleitet unweigerlich in die Abstraktion, die auf religiösem Gebiet nur ausdörrend wirkt. Während die abstrakten Ausführungen zuletzt bloß noch dem Religionsphilosophen verständlich sind, wendet sich dagegen das Symbol in seiner Bildhaftigkeit an alle und wird auch, sofern es ein echtes, aus der Sache heraus entstandenes Symbol ist, ohne weiteres mit dem Herzen aufgenommen. Bunyans Worte scheinen kindlich zu sein und sind doch von tiefem Ernst durchdrungen; mit ihrer vermeintlichen Naivität ist zugleich das Letzte gesagt. Was er über den Sumpf der Verzagtheit, über den Riesen Zweifel usw. ausführt, ist bei aller Kindlichkeit von ewiger Wahrheit, sie vereinigt erstaunlicherweise hinreißende Einfachheit mit unauslotbarer Tiefsinnigkeit. Der schlichteste Mensch kann die «Pilgerreise» lesen, weil dieses Buch aus jenem Geiste der Einfalt hervorgegangen ist, den Jesus in unfaßlichem Jubelruf über die Unmündigen gepriesen hat, und zugleich der scharfsinnigste Christ, der in ihr Hintergründe entdecken wird, mit denen er nie zu Ende kommt. Nur wenige religiöse Werke verfügen über diese Doppelausstrahlung, die gelehrte und ungelehrte Leser gleicherweise umfaßt, sie ist stets ein untrügliches Zeichen mächtigster Christlichkeit. Was ein realistischer Symbolismus an neuen Verständnismöglichkeiten schafft, zeigt die «Pilgerreise», aus der in dieser Beziehung Entscheidendes zu lernen wäre, das gerade dem heutigen Christen überaus dringend not täte. Verdankt doch die «Pilgerreise» allein ihrer urtümlichen Symbolsprache, die so dichterisch und so lebendig die immer wiederkehrenden Erfahrungen des christlichen Lebens zu gestalten versteht, daß dieses Buch in der angelsächsischen Welt nächst der Bibel zu den verbreitetsten Schriften gehört, nur zu vergleichen mit der Goldenen Legende und der «Nachfolge Christi» von Thomas a Kempis auf dem Festland. Nach Brown ist die «Pilgerreise» in weit über hundert Sprachen übersetzt. Eine solche Verbreitung kann mit der raffiniertesten Propaganda nicht gemacht werden, dies geschieht ohne Zutun der Menschen. Der christliche Symbolismus hat bei der Verbreitung der «Pilgerreise» seine nicht zu tötende Anziehung ausgeübt, weswegen dieses Werk leben wird, solange noch Christen auf dieser Welt sehnsuchtsvoll ihrer ewigen Heimat entgegenpilgern.

In der Bemühung, die «Pilgerreise» neu zu sehen, bedarf ihre formale Würdigung unbedingt der Ergänzung durch den zweiten Gesichtspunkt, der nach ihrem Gehalt frägt. Wenn auch Form und Inhalt bei einer Dichtung eine innere Einheit bilden, so ist bei einem christlichen Werk doch seine Substanz von entscheidendem Gewicht, das Bunyan selbst mit den Worten andeutete: Es zeigt, was der Mensch tut und was er nicht tut, es macht den Trägen aktiv und öffnet dem Blinden die Augen, kurz, es verwandelt den Menschen in einen Pilger, den es bis vor die Tore der Glorie begleitet.

Die Frage nach dem weltanschaulichen Inhalt der «Pilgerreise» ist keineswegs identisch mit Bunyans Theologie. Natürlich sind auch in diesem Werk Ansätze zu einer Theologie wahrzunehmen, wie es denn kaum ein religiöses Buch gibt ohne diese Beziehung. In den zahlreichen Glaubensgesprächen des Christian werden verschiedentlich dogmatische Probleme gestreift. Das Buch ist ein Kind der englischen Revolution, aus einem Zeitalter also, da in den Werkstätten theologisiert wurde. Allein, den dürftigen Spuren von Bunyans Theologie nachzugehen, führt schwerlich zu seinem zentralen Inhalt, zumal auch die beliebte Unterscheidung von prophetischer und mystischer Frömmigkeit ein viel zu einfaches Schema ist, als daß es auf ihn angewandt werden könnte. Verschiedene theologische Gedanken findet man in der «Pilgerreise» eingestreut, aber ein umfassendes System sucht man in ihr vergeblich. Es sind höchstens Fragmente zu einer Theologie vorhanden, die nie zu einem geschlossenen Aufbau zusammengefaßt werden können. Des Kesselflickers Werk verkündet christlichen Symbolismus und nicht dogmatische Theologie. Bunyan war Laie, trotz seiner Predigttätigkeit, er gehört gleich einem Chomjakow zu den großen Laientheologen des Christentums. Das Fehlen einer ausgeführten Theologie darf nicht als Mangel gerügt werden, stände sie doch im Widerspruch zu Bunyans tiefster Intention. Wenn auf seine Theologie das Schwergewicht gelegt würde, gewänne unwillkürlich nachträglich doch noch «Herr Nebenwege» die Oberhand, den Christian in seiner Zielunsicherheit durchschaut hat. Die «Pilgerreise» enthält sogar eine nicht zu überhörende Warnung vor aller bloß intellektuellen Beschäftigung mit dem Christentum. Nach Bunyan ist «die Seele der Religion ihre Ausübung» und nicht ihre geistreiche Ausdeutung, die allzu leicht in ein gedankliches Spiel abgleitet. An einer Stelle spricht es Bunyan mit aller Unmißverständlichkeit aus, daß Christus «das Gewicht nicht auf die Erkenntnis legt, sondern auf die Erfüllung. Es gibt eine Erkenntnis ohne Tat. Ein Mensch kann Erkenntnis haben wie ein Engel, ohne ein Christ zu sein», ein erschreckend unheimliches Wort, das jedoch in seiner Wahrheit in einen Schacht hinableuchtet, wo der Mensch einer subtilen Versuchung des Geistes unterliegt. Eine der vornehmsten Aufgaben der Pilgerreise liegt darin, den Christen von der bloß intellektuell-geistreichen Beschäftigung mit dem Evangelium zurückzurufen und ihm dasselbe wieder als eine ins Leben eingreifende Nachfolge vor Augen zu führen.

Der gewiß nicht von großer Frömmigkeitsliebe beherrschte Bernard Shaw äußerte sich einmal in inhaltlicher Beziehung über die «Pilgerreise»: «Der Weg von Bunyan bis Nietzsche mag weit erscheinen, aber der Unterschied zwischen ihren Schlüssen ist bloß ein formaler. Bunyans Wahrnehmung, daß Frömmigkeit ein schmutziger Fetzen sei, seine Verachtung der Frau Gesetzlichkeit im Dorfe Moral, seine trotzige Verachtung der Kirche als der Verdrängerin der Religion, seine Hochachtung des Mutes als der Tugend der Tugenden, seine Geringschätzung der Laufbahn des konventionell ehrbaren und vernünftigen ‚weltlich Weisen', den er im Grunde nicht höher einschätzte als Leben und Sterben des ‚Schlechten': alles dieses, von Bunyan in den Ausdrücken der Theologie eines Kesselflickers gesagt, ist genau dasselbe, was Nietzsche in Ausdrücken nach Darwinscher, nach Schopenhauerscher Philosophie gesagt hat ... Die ganze Allegorie ist ein gleichmäßiger, zusammenhängender Angriff auf die Moral und Anständigkeit, ohne daß man sich auch nur an ein Wort gegen das Laster und das Verbrechen erinnern könnte.» Shaws Ausführungen sind, wie viele seiner witzigen Paradoxien, leicht übertrieben. Er hat die Unterschiede zwischen Bunyan und Nietzsche nicht wahrgenommen, die doch gewiß nicht klein sind. Gleichwohl enthalten seine Worte ein nicht unbeträchtliches Stück Wahrheit, die nur im ersten Moment als Überraschungseffekt wirkt. Der Vergleich scheint weit hergeholt zu sein, und doch kann eine neue Bewertung Bunyans von ihm den Ausgang nehmen. Offenbar muß man auf diese zum Widerspruch herausfordernde Weise mit den heutigen Menschen reden, wenn man ihn wieder für die «Pilgerreise» interessieren will: denn sie als ein gar köstliches Buch für die evangelischen «Armen im Geiste» zu preisen, dürfte heute keinen Anklang finden.

In der Tat hat Bunyan in dem «Flecken Moralität» und seinen vielen leerstehenden Häusern, in denen sich Herr Gesetzlich und Herr Höflich aufhalten, den übermoralischen Charakter des Evangeliums wieder gesehen, genau wie Nietzsche, als er mit feinem Spürsinn in Jesus einen Bundesgenossen in seinem Kampfe gegen die Moral erkannte. Hierin rücken die beiden verschiedenen Männer auffallend nahe zusammen und haben damit ein bedeutendes Problem beim Namen genannt, das so viele Christen beim besten Willen nicht begreifen wollen. Bildet doch die Verwechslung von Christentum mit Moral eines der stärksten Hindernisse, die dem modernen Menschen den Zugang zum Neuen Testament verrammeln. Jedenfalls macht Shaws unerwartete Zusammenstellung von Bunyan und Nietzsche dem oberflächlichen Vorurteil, das die «Pilgerreise» lediglich als ein frömmlerisches Elaborat geringschätzt, ein absolutes Ende. Dieser Argwohn erfährt immer neue Nahrung durch die frommen Verlagsanstalten, die das Buch mit kitschigen Illustrationen und geschmacklosen Einbänden ausstatten, wodurch zahlreiche Menschen vom Kauf des Buches abgehalten werden. Bunyans Lebensbuch in das Lager der Traktätchen abzuschieben, ist ein Schicksal der Erniedrigung, die das echt Christliche in dieser Welt durchmachen muß und wodurch sein Gold unberufenen Blicken entzogen wird. Die Pilgerreise ist, von einem höheren Gesichtspunkt aus betrachtet, niemals einem durchschnittlichen Andachtsbuch gleichzusetzen; in Bunyans Werk lodert viel zuviel Feuer der christlichen Revolution. Hierin hat Shaw einfach richtig gesehen. Man denke nur an das eisige Schweigen über Kirche und Sakramente, die dem Pilger auf seinem Weg nie begegnen. Bunyans Ausführungen über den Jahrmarkt der Eitelkeiten ist nichts anderes als eine religiöse Umsturz-Philosophie, die, strikte durchgeführt, die frommen Leute zu Paaren vor sich hertreibt, die sie rätselvollerweise in ihrer geistigen Benommenheit gar nicht wahrnehmen. Eine unkonventionelle Auffassung könnte in Bunyans «Pilgerreise» viel religiöse Sprengkraft entdecken, die sich unmöglich zur süßlichen Andächtelei eignet.

Um dem gar nicht harmlosen Gehalt von Bunyans Hohemlied des Pilgertums näherzukommen, muß es in seine Zeit hineingestellt werden. Der in seiner Gefängniszelle angestrengt über die Bestrebungen seines Jahrhunderts nachsinnende Bunyan versuchte in diesem Buch die religiösen Probleme der englischen Revolution zu beantworten, die ihrem Wesensmerkmal nach radikaler Natur war. Seine «Pilgerreise» bemüht sich um eine neue Verarbeitung der christlichen Fragestellung jener großen Zeit, an deren Gestaltung Bunyan selbst einst tätigen Anteil hatte.

Der englische Puritanismus stellte das Problem der christlichen Lebensführung, das auch Bunyans Problem war, erneut zur Diskussion. Aus dem absoluten Gegensatz zwischen irdischer und ewiger Heimat heraus beantwortete Bunyan alle Fragen des zeitlichen Daseins durch die schroffste Alternative. In aller Symbolik nannte Bunyan die Dinge beim richtigen Namen. Die Verzagtheit war für ihn keine angeborene Schüchternheit, die auf ein zartes Gemüt schließen läßt, sondern sie bedeutete ihm unzweifelhaft einen Sumpf, in dem der Mensch versinkt, wenn er nicht mit einem Löwenmut dagegen ankämpft. «Die Pilgerreise» vertritt ein streng asketisches Christentum, das von allen Lüsten, Vergnügungen und Vorteilen dieser Welt nichts wissen will. Eine direkte Weltablehnung, wie sie auch die Mönchsbewegung ähnlich formulierte, hat Bunyan die Worte eingegeben: «Lasset nichts, was von dieser Welt ist, Eingang bei euch finden; vor allem achtet wohl auf euer eigenes Herz und auf sein Gelüsten.» Auch Kunst, Literatur, Wissenschaft usw. werden mit höchstem Mißtrauen betrachtet. Sogar die Familie ist von dem radikalen Nein, das da zu allem Leben gesprochen wird, nicht ausgenommen. «Mir ist, als hätte ich keine», sagte Christian von seiner Familie, eine Äußerung, die der gleiche Verfasser schrieb, dem das Herz blutete, als er nicht für sein blindes Kind sorgen konnte, und der sich gedrungen fühlte, seiner Pilgerreise einen zweiten Teil nachzusenden, der die Wallfahrt von Christians Gattin und Kindern zum Gegenstand hat. Alle Güter des Lebens werden als bloße Fangarme des dunklen Widersachers verdächtigt. Kultur ist für Bunyan lediglich Götzendienst, und der Jahrmarkt der Eitelkeiten ist nun einmal eine Angelegenheit des Teufels und wird durch alle religiösen Verbrämungen nicht anders. Für den Autor der «Pilgerreise» «scheint es im christlichen Leben keine andere Aufgabe zu geben, als sich unverrückt auf dem schmalen Wege zu halten und das himmlische Jerusalem zu erreichen. Berufspflichten, Dienst am Volke, Arbeit an andern, kirchliche Aufgaben, Mission jeder Art, alles verschwindet mehr oder minder neben dem einen großen Ziel» (August Lang). Unerbittlich, ohne jegliches Schwanken wird die geringste Weltfreudigkeit abgelehnt. Will man vom Puritanismus einmal eine andere Anschauung bekommen als diejenige der kleinlichen Engherzigkeit, dann muß man die «Pilgerreise» lesen. In ihr offenbart er seinen unheimlichen Radikalismus, der mit Sturmesgewalt alle Spreu des Lebens vor sich her bläst. Noch schärfer kann man sich nicht ins eigene Fleisch schneiden, als Bunyan es tat. Von dieser grimmigen Verneinung aller holdseligen Weltverklärung aus gesehen, wirkt die «Pilgerreise» zuweilen wie eine ebenso erhabene als bestürzende Todesvision, die alles aufblühende Leben versengt.

Unwillkürlich fährt man erschrocken zurück vor diesem Geist der puritanischen Weltverachtung, der über die kleinsten Freuden dieses farbenfrohen Daseins triumphiert, die dem Menschen ein verstehendes Lächeln entlocken könnten. Man vermißt in ihm die Freude, das Liebende, das Dankbare und murmelt einige unverständliche Laute von der Lebensfeindlichkeit des Puritanismus, der sich deswegen nicht immer günstig in der Geschichte ausgewirkt habe. Wenn diese abwehrende Gebärde auch ohne weiteres begreiflich ist, enthält sie gleichwohl nicht das letzte Wort über Bunyan. Bei aller innern Betroffenheit ist man gehalten, über den religiösen Radikalismus länger nachzudenken. Unvoreingenommen kann man es nicht tun, ohne die Größe dieser heroischen Religiosität anzuerkennen. Eine christliche Kraft sprüht aus diesem Buche, eine Geistigkeit lebt in ihm, die sich mit keiner Halbheit zufrieden gibt. Es wird plötzlich klar, warum der ursprüngliche Puritanismus jene umpflügenden Wirkungen in der englischen Geschichte hervorgebracht hat. Es ist ein kämpfendes Christentum, dem Bunyan das Wort redet, das mit der Welt in unablässigem Kampfe liegt und auch nicht vor dem schärfsten Bruch mit dem Leben zurückschreckt. Nichts liegt ihm ferner, als irgendeinen Kompromiß zu schließen oder mit «dem Christentum ein Gewerbe zu treiben», worüber sich Bunyan nicht weniger aufgehalten halt als später Hölderlin. Für diese schwächliche Einstellung kennt Bunyan nur Verabscheuung. Der Kesselflicker ist von jedem säkularisierten Christentum, wie es das Zeitalter der Moderne bestimmt, durch einen Abgrund geschieden. Mag seine Welteinstellung auch ganz dem Asketismus verschrieben sein, der viele unersetzliche Werte übersieht, eines muß man ihm doch lassen, daß in Bunyans Schilderung des Jahrmarkts der Eitelkeiten alle Antinomien aufbrechen, die im religiösen Dasein selbst begründet sind. Zu dieser Einsicht stoßen nur die tiefsten religiösen Menschen vor, und man wird nicht umhin können, zuzugeben, daß in der «Pilgerreise» wieder etwas vom Geist des Urchristentums aufgeflammt ist. Nur ein derart asketisch-enthusiastisches Christentum hat sich als Salz der Erde erwiesen und nie eine weltselige Religiosität, die sich den Forderungen dieses Daseins willenlos anbequemte und mit Hegel den Weltgeist unbedenklich vergötzte. In Bunyans abstoßender Härte liegt ein schweres Problem beschlossen, dem man nicht mit vorgefaßten Meinungen der heutigen Zeitströmungen beikommt, sondern höchstens durch die Bereitschaft, die letzten Fragen christlicher Welteinstellung noch einmal unabhängig zu überprüfen und sie ganz neu durchzudenken.

Aus diesem radikalen Erleben des Problems von Christentum und Kultur ging konsequenterweise Bunyans Haltung zur Reichserwartung hervor. Die Männer der englischen Revolution arbeiteten an der Herbeiführung des Gottesreichs auf Erden. Dies war das tiefste Bestreben des Parlaments der Heiligen. Man wird ihnen ohne Beobachtung dieses Wollens nicht gerecht. Die Bemühung, das Reich auf Erden aufzubauen, adelt ihr gesamtes Tun. Der Versuch mißlang. Die Fünfte Monarchie erschien nicht. Das erwartete Reich versank im schrecklichen Pulverdampf und entschwand den Blicken der Menschen, ehe es gekommen war. Was die Männer in Cromwells Heer wollten, hat sich als eine Illusion erwiesen, meinetwegen eine überkühne, berückende Imagination, aber nichtsdestoweniger eine Fata Morgana, die sich zuletzt in Dunst auflöste. Bunyan hatte diese Hoffnung auf ein irdisches Reich Gottes einst selbst geteilt, aber beim Nachdenken im Gefängnis erkannte er die Unhaltbarkeit dieser Auffassung. Als ihm diese Einsicht geschenkt worden war, zögerte er nicht, aus ihr die Schlußfolgerung zu ziehen, und gab, wenn auch schweren Herzens, der Sache der Quintomonarchisten den Abschied.

Der Vorgang wurde selten richtig verstanden. Man hat ihn immer in der Weise aufgefaßt, als hätte bei Bunyan die Reichserwartung sich verflüchtigt, als wäre der ganze Chiliasmus eines Tages verdampft. Davon kann keine Rede sein. Die Gespräche, die Christian über dieses Thema mit «Atheist» geführt hat, haben ihn nicht im geringsten irregemacht. Niemals darf man den Verzicht auf Gestaltung des Reiches als einen Verrat bezeichnen, den Bunyan an der Reichserwartung begangen habe, die zum Hauptanliegen des Christentums gehört. Vielmehr hat er erkannt, daß die Männer der englischen Revolution Daniels Fünfte Monarchie als ein geschichtliches Phänomen verstanden haben, anstatt als das Ende aller Geschichte. Fleisch und Blut können das Reich aber nicht ererben. Mit einem Seherblick nahm Bunyan die Übergeschichtlichkeit des Reiches wahr. Er hat das Geistige wieder im Geiste verstanden und dem Reich seine Jenseitigkeit zurückgegeben. Damit wurde auf keine Realität verzichtet. Im Gegenteil, der Glanz der Königsherrschaft Christi erfuhr eine Erhöhung, indem er alle allzu menschlichen Vorstellungen konsequent ausschied. Das Reich wurde wieder zur himmlischen Stadt, wohin sich des Menschen Blick voller Sehnsucht richtete. Der Christ kann es auf dieser Welt nicht verwirklichen, wie die Revolution gezeigt hat. Diese Erkenntnis ist der große Schritt Bunyans über seine Zeit hinaus, mit dem er das tiefste Anliegen des Puritanismus in geläuterter Form abschloß. Bunyan war zu dieser bedeutsamen Tat fähig, weil während seiner langen Gefängniszeit alles Unreife, Überstiegene und Schwärmerische von ihm abgefallen war. Es machte einer großen Nüchternheit Platz, in der alles viel jenseitsgerichteter, innerlicher und darum auch zeitloser wurde. Der Kesselflicker war dadurch berufen, die Bilanz der englischen Revolution zu ziehen, und hat es durch eine vertiefte Reichs-Auffassung getan.

Keineswegs schloß Bunyans Glauben an die jenseitige Stadt eine bloße Untätigkeit in sich. Der Baptistenprediger war auch in seiner Kerkerhaft nicht zum Quietisten geworden. Das Reich kann nicht mit Händen gebaut werden, aber der Mensch kann und muß ihm als bewußter Pilger entgegenwandern, wenn er zu ihm gelangen will. In dieser Verbindung von Reich und Pilgerschaft liegt der tiefste Sinn von Bunyans Werk, welches das große Buch des christlichen Aufbruchs ist, von dem eine aufrüttelnde Wirkung ausgeht. Mit allem Nachdruck wird in ihm gesagt, wie der Christ allezeit aufgefordert ist, sich den Schlaf aus den Augen zu reiben und aufzubrechen. Er soll nicht in einem allzu gemütlichen Zustand verharren, sondern seinem Schlummerdasein ein resolutes Ende bereiten, um aus sich herauszugehen und ein Pilger im Geist und in der Wahrheit zu werden. Das ist seine erste und unumgängliche Pflicht, zu der er aufgerufen ist. Es gibt für den Menschen keine dringendere Aufgabe, als diesen äußern und innern Aufbruch zu vollziehen, wodurch eine höhere Dynamik in sein Leben hineinkommt. Bunyan ist für diese aktuelle Wahrheit mit einer hinreißenden Beschwingtheit eingetreten, er hat sie mit Peitschen und Skorpionen zum Ausdruck gebracht. Als Dichter und Prediger verkündete er sie in seinem Buch mit einer Glut, daß der Leser förmlich den Stoß in seinem Herzen verspürt. Daß er den Aufbruch aus der Angst hervorgehen ließ, tut seinem glühenden Aufruf nicht den geringsten Abbruch. Angst ist ein Urgefühl, das mit dem menschlichen Leben gesetzt ist. Das Kind besitzt sie nicht weniger als der reife Mann; Angst haben und leben läßt sich nicht voneinander trennen. Ungewöhnlich ist nur, wie früh Bunyan dieses Urthema berührte, längstens bevor es in der modernen Literatur des Existentialismus zum abgegriffenen Modewort geworden ist. Wichtiger als das Vorwegnehmen des Angstproblems ist der Weg, den Bunyan zur Überwindung zeigt. Der Mensch, der sich auf die Pilgerschaft nach der himmlischen Stadt begibt, wird der gähnenden Leere in sich Herr. Bunyan stellt mit seiner Aufbruchsparole seine ganz aufs Wesentliche gerichtete Lebenserfassung unter Beweis. Die Polemik war in jenem Zeitalter sehr stark entwickelt, in der «Pilgerreise» findet sich doch nur an einer unbedeutenden Stelle eine Verwendung, dort, wo der Verfasser vom Papst und den Türken spricht. Bunyans Hohelied hat mit dem Konfessionsgegensatz des 17. Jahrhunderts kaum noch etwas zu tun, da es beständig viel zu mächtig in den rein christlichen Bereich übergreift. Der aufbrechende Pilger steht dermaßen aktuell im Mittelpunkt, daß gar keine Zeit für unfruchtbare Seitenhiebe übrigbleibt. Wie könnte man sich auch noch mit derart überflüssigen Zänkereien aufhalten, wenn das Haus über dem Kopfe brennt. Nach Bunyan tut jetzt nur noch eines not: Aufbruch, Losreißung, Durchbruch. Keinen Tag länger ist er aufzuschieben, man begibt sich besser schon heute als erst morgen auf die zeitlose Wanderschaft, dermaßen stürmisch wird der Leser von der «Pilgerreise» innerlich bedrängt.

Mit dem kühnen Aufbruch steht die Zielstrebigkeit in einem innern Zusammenhang, wodurch sich der Kesselflicker vom modernen Schrifttum so vorteilhaft unterscheidet. Bunyans Pilger weiß ganz bestimmt, woher er kommt und wohin er will. Er macht keine Fahrt ins Blaue, sondern ist sich allezeit seines Zieles bewußt: die himmlische Stadt gilt es zu erreichen. Es gibt nichts Schöneres, als wenn ein Christ die Klarheit besitzt, mit allen Kräften einer Aufgabe zuzustreben. Von langweiliger Unausstehlichkeit ist der Mensch, der in seiner geistigen Unordnung nicht weiß, was er will, denn einem solchen ist kaum zu helfen. Von Bunyans Pilger kann man lernen, was es heißt, im Leben ein Ziel zu kennen, und zwar ein absolutes Ziel, das allein wert ist, daß man ihm mit ganzer Seele entgegenbrennt. Christian ließ sich nicht von seinem Weg abbringen, der Pilger «ging eilig fort, ohne daß er unterwegs mit irgend jemand redete, noch irgend jemanden, der ihn fragte, einer Antwort würdigte». Er hat Eile und kann sich nicht bei Nebensächlichkeiten aufhalten, wenn er seine Reise nicht verfehlen will, die

Zeit und Ewigkeit umspannt. In keiner Situation verliert er seinen Bestimmungsort aus den Augen. Um sein himmlisches Ziel zu erreichen, war Christian entschlossen, wie Bunyan mit warnender Treffsicherheit sagt, «seiner Seele keinen Hemmschuh» anzulegen. Das Ziel, das leuchtende und unermeßlich große Ziel läßt ihn beständig auf dem schmalen Weg wandeln, und sein Herz schlägt höher «bei dem Gedanken an das Ziel seiner Pilgerschaft».

Sinnvollerweise erreicht der wirklich noch zwischen Himmel und Hölle dahinziehende Pilger auch die ewige Stadt. Die Liebe zu seinem Helden gibt es Bunyan nicht zu, daß er kläglich auf der Strecke bleibt, seine Dichtung schließt nicht wie Schillers «Pilgrim»:

Ach, kein Weg will dahin führen,
Ach, der Himmel über mir
Will die Erde nie berühren,
Und das Dort ist niemals Hier.

Das ist müde Resignation, die in der modernen Literatur von Jahrzehnt zu Jahrzehnt immer mehr überhandnahm und die sich schließlich mit den sattsam bekannten Schilderungen menschlicher Verstrickungen begnügt, die keinen Ausweg kennt und ganz im Chaotischen steckenbleibt. Bunyans Pilger dagegen kommt nach unsäglichen Strapazen zuletzt an sein Ziel, und damit erhebt sich sein Buch turmhoch über viele Romane der Gegenwart, die aus dem Nichts geboren sind und auch wieder in eine ausweglose Konfusion versinken. Der Kesselflicker war hierin zu einer viel höher stehenden Leistung befähigt, weil er selbst noch von jener köstlichen Weisheit genährt wurde, welche die «alten Tröster» kannten. Er vermittelt deshalb eine ganz konkrete Anweisung zur Überwindung der tausend Lebensschwierigkeiten, die den Leser innerlich fördert. Die «Pilgerreise» gehört zu den wegweisenden Büchern, und deswegen ist dieses Werk für viele Menschen zu einem Schicksalsbuch geworden. Es vertritt keine billige Lösung, es ist ein Buch mit einer ganz bestimmten religiösen Antwort, deren Wertbeständigkeit lesenswert und unversieglich ist.

Bunyan hat das unbeirrbare Wissen um das Ziel, das seinen Pilger auszeichnet, nicht aus sich selbst geschöpft. Das himmlische Zion ist kein Pro dukt seiner fabulierenden Phantasie, er entnahm es dem Buch der Bücher, in dem sich eine genaue Schilderung dieser Stadt findet. Wie Aufbruch und Pilgertum zusammengehören, so sind bei ihm Ziel und Bibel miteinander verbunden. Die Bibel vermittelt dem Pilger das wahre Ziel, sie gibt seinem Dasein die unverwandte Richtung nach oben, ohne die alles im Sande verläuft. Die beständige Orientierung an der Bibel zeigt den evangelischen Charakter von Bunyans «Pilgerreise», sie bildet die wahre Tröstung auf seinem Weg. Christian begegnet dem Evangelisten, der ihm die nötigen Anweisungen der Bibel gibt, und kommt auf seiner Wanderschaft in «das Haus des Auslegers», der ihm manch dunkles Wort in den Evangelien erklärt. Für Bunyan ist die Bibel das nie geschlossene Buch, das in seinem Herzen jeden Tag neu geschrieben wurde. Ihr verdankt er seine transitorische Lebenseinstellung. Sie hat ihn auf die Frage gestoßen, die seinem Leben die unendliche Bewegtheit vermittelte: Genügt das Diesseits? Kann das Endliche des irdischen Lebens die Unendlichkeit der Seele auf die Dauer befriedigen? Aus der Heiligen Schrift ist ihm jener Blick für das Überirdische gereift, diese Liebe zum Jenseitigen, als Tiefendimension und nicht als Flucht verstanden. Das wäre nicht möglich gewesen, wenn Bunyan nicht die Bibel zum Reiseführer für den Pilgerweg zum himmlischen Zion gemacht hätte, die ihn vor allerlei Umwegen bewahrte. Er verstand die Heilige Schrift als einen Cicerone für die Ewigkeit, sie war ihm der Kompaß in allen Wirrnissen des Lebens.

Es hängt mit diesem Gebrauch der Bibel zusammen, welche der «Pilgerreise» den ausgesprochenen Persönlichkeitscharakter aufprägt. Christian wandert öfters ohne Begleitung, weswegen ihm auch die Frage entgegengehalten wird: «Wie kommt's, daß du allein bist?» Doch macht Bunyan daraus nicht ein Prinzip, zumal sein Pilger immer wieder Begleiter findet. Was man als Individualismus mißverstehen könnte, ist vielmehr eine neue Akzentuierung des Seelischen, wie es die früheren Phasen der englischen Revolution in dieser Intensität nicht kannten. In der eindringlichen Ermahnung, an die eigene Seele zu denken, kulminiert das ganze Buch. «Du kannst dich darin selbst lesen», sagt Bunyan im Vorwort, wofür es allerdings einer Lektüre mit dem Kopf und dem Herzen bedarf. Dieser rußige Kesselflicker war von dem unendlichen Wert jeder Menschenseele bis ins Letzte durchdrungen. Auch das Wort Seele ist leider durch den zu häufigen und gedankenlosen Gebrauch ihres Sinnes völlig entleert worden, so daß den Menschen bei ihrer Nennung kein heiliger Schrecken mehr durchfährt. Bei Bunyan aber gewinnt sie wieder ihre biblische Tiefe als ein Geschenk Gottes. In seinem Buch «Heiliger Krieg» nennt er die menschliche Seele eine «schöne Stadt, die durch ihre merkwürdige Bauart» auffällt, und fügt dann hinzu, es «gebe nichts unter dem Himmel, das ihrem Glanz an die Seite gestellt werden könnte». Das ganze Denken Bunyans war darauf gerichtet, der Seele ihren himmlischen Glanz zu erhalten und sie vor den mannigfachen Gefahren, durch die sie sich hindurchkämpfen muß, zu bewahren. Die Erlebnisse der christlichen Seele sind in diesem bilderreichen Buch mit zusammengeballter und sichtlich gesteigerter Kraft beschrieben. Es gibt für Bunyan keine andere Regelung aller Lebensprobleme als eine richtige Einstellung der Seele zu Gott, die bei ihm so stark dominiert, daß dadurch die sozialen Fragen des Lebens zu kurz kommen. Das eine Anliegen der Seele steht im Mittelpunkt und überschattet alles andere. Was es heißt, um seine eigene Seele besorgt zu sein, das ganze Leben auf sie auszurichten, das hat Bunyan überwältigt, er hämmert dem Leser diese eine Aufgabe unaufhörlich ins Gewissen, so stark, daß ihm unter diesen Schlägen beinahe der Atem vergeht. Nie kommt dem Menschen die Magie der Seele stärker zum Bewußtsein als durch Bunyans leidenschaftliche Aufbruchsgeschichte. Seine «Pilgerreise» ist ein einziger Kommentar zum erschütternden Wort der Bibel: «Rette deine Seele!» (1. Mos. 19, 17.) Es ist die beste Illustration zu dem Alarmruf, der den Menschen vorwärtspeitscht. Mit der eindringlichsten Gebärde beschwört Bunyan den Leser förmlich, seine verwirrte Seele doch dem Dunkel zu entreißen und sie nicht dem sichern Verderben auszusetzen. Bunyan hat mit seinem Werk dem neuzeitlichen Christen noch einmal die Unvergänglicheit und Göttlichkeit der Seele zugerufen, wie es wenige mit gleicher Vollmacht getan haben. Seine Warnung, «rette deine Seele», hallt wie ein einziger Schrei mit zwingender Gewalt durch sein Buch. Dem Leser wird plötzlich die selbstverständliche und doch immer wieder vergessene Wahrheit bewußt: Es geht um deine unsterbliche Seele, die man nicht länger so sträflich vernachlässigen darf. Wem dieser innere Appell aufgegangen ist, der bringt Bunyans Aufforderung, an die eigene Seele zu denken, nicht mehr aus dem Sinn, sie verfolgt ihn bis in seinen Schlaf hinein, und wenn sie das nicht tut, hat die Lektüre des Buches ihren Zweck verfehlt. In diesem Werk hat Bunyan das unvergängliche Lied vom ewigen Pilgertum der Seele angestimmt, das eine neue Formulierung der Nachfolge Christi ist.

Bunyan hat die Wahrheit von dem unendlichen Wert der menschlichen Seele nicht nur andern gepredigt und sie nicht auch auf sich angewendet. Sein Buch macht den nachhaltigen Eindruck, weil er selbst darüber zum Pilger geworden ist, der wenige Jahre nach seiner dritten Entlassung aus dem Gefängnis auf einer Wanderschaft gestorben ist, die er unternommen hatte, um einen jungen Edelmann mit seinem Vater zu versöhnen. Zwei Monate bevor Wilhelm von Oranien an der Küste von England landete und damit eine neue Epoche der Freiheit für sein Vaterland einleitete, ist der Sänger des Pilgertums in das himmlische Zion eingegangen.

Seinem hinterlassenen Werk dagegen war eine höchst seltsame Nachgeschichte beschieden. Da die «Pilgerreise» zuerst in baptistischen Kreisen gelesen wurde, verachtete man sie als Sektierertraktat, von dem man keine Notiz nahm. Schließlich sah man diesen groben Irrtum ein, und nun erlangte sie eine unerwartete Berühmtheit. Als gewaltiger Mahner, den Dingen dieser Erde nicht den Vorzug einzuräumen, rückte die «Pilgerreise» zum unentbehrlichen Bestandteil jeder christlichen Hausbibliothek auf. Um ihrer erzieherischen Funktion willen betrachteten sie die Engländer als ein Nationalbuch, das, in kostbarem Leder gebunden, am Ehrenplatz stand. Lange Zeit blieb es dabei, dann aber erfuhr das Buch abermals eine Umwertung, man stellte es im modernen England mehr und mehr in die Kinderstube. Im Zeitalter der metaphysischen Erblindung, wo alle Jenseitsgerichtetheit nur als ideologischer Überbau verachtet wurde, wandten sich die Menschen einer anders gerichteten Literatur zu. Sie lesen nun Kriminalromane und Bestseller, als könnten sie Mephistopheles' Wort nicht mehr genug wahr machen: «Staub sollst du fressen und mit Lust». Die «Pilgerreise» aber betrachtet man fortan nur noch mit wohlwollender Gönnermiene, man lächelt über sie und schätzt sie als ein geeignetes Kinderbuch, nicht anders als Defoes «Robinson Crusoe» und Swifts «Gullivers Reisen». So sei es! Die Abwertung der «Pilgerreise» zum bloßen Kinderbuch rückt das Werk unwillkürlich unter die bestürzende Mahnung Christi: Wenn ihr nicht umkehrt und wie die Kinder werdet, so werdet ihr nimmermehr in das Himmelreich kommen (Matth. 18, 3). Bunyan hat sein Buch aus dem Geiste der ewigen Kindheit geschrieben, ein realistisches Zauberland, das die meisten Menschen schon verloren haben, bevor sie in das Pubertätsalter eingetreten sind. Man muß äußerlich und innerlich vieles erlitten und manche Lebenserfahrung gemacht haben, um jene vom Evangelium gepriesene zweite Kindheit wieder zurückzugewinnen, die allein die herrliche Symbolsprache dieses Pilgerbuches als das versteht, was sie im tiefsten Grunde ist: Manna auf der Reise nach der Ewigkeit.

II. Variation

DER HEILIGE BETTLER UNTERWEGS

DAS RÄTSEL DES UNERKANNTEN

GEGEN Ende des 18. Jahrhunderts wurde in den Kirchen Roms jeweilen eine eigentümliche Bettlergestalt gesehen. Die aus Lumpen bestehende Kleidung verbarg nur notdürftig nackte, mit offenen Wunden bedeckte Beine. Angetan mit völlig durchlöcherten Schuhen, in die das Wasser nur allzuleicht eindrang, schritt der blasse, durch eine scheußliche Magerkeit auffallende Mann der Kirche zu. Sein Haupt mit den zerzausten Haaren war stets unbedeckt; der Arme befand sich offenkundig in einem verwahrlosten Zustand, wie er schlimmer nicht denkbar ist. Zerrissen und schmutzig, wie er war, wirkte er in seiner Vernachlässigung geradezu ekelerregend.

Trotz des abstoßenden Anblickes erweckte der Bettler nicht den gleichen Eindruck wie die üblichen Lazzaroni, die nun einmal die Kirchenportale der südlichen Länder umlagern. Sonderbarerweise war er nicht auf Almosen erpicht. Auch hielt sich der Zerlumpte immer in den Kirchen auf, und nur nachts fand man ihn gelegentlich auf den Stufen schlafend, die zur Kirchentüre hinaufführten. Es war ein «außergewöhnliches Etwas in der Erscheinung des Bettlers», für das man keine Erklärung fand. Je aufmerksamer der Betrachter diese Bettlerfigur ansah, um so stärker brachte sie ihn auf Gedanken, die er nicht in Worte fassen konnte.

Es dauerte deshalb nicht lange, bis über diese unappetitliche Gestalt in der Ewigen Stadt die seltsamsten Gerüchte zirkulierten. Obwohl der Bettler sich unauffällig benahm und niemand etwas Näheres von ihm wußte, flüsterten mit der Zeit die Leute doch allerlei Worte über den merkwürdigen Mann. Ohne jedes Dazutun von seiten des seltsamen Fremden, der mit gesenkten Augen durch die Straßen Roms ging, verbreitete sich eine ganze Fama über ihn: er sei gar kein gewöhnlicher Bettler wie die übrigen, die vom Ausstrecken der Hände und den Worten «mille grazie» lebten. Unter dieser abstoßenden Hülle, so munkelte das römische Volk, verberge sich ein Mensch von hoher Geburt, der aus vornehmen Adelskreisen stamme, der irgendeinen Mord auf dem Gewissen habe und sein einstiges Verbrechen jetzt durch ein demütiges Leben zu sühnen suche. Einen ganzen Roman tuschelte man über den unansehnlichen Mann, den überhaupt niemand näher kannte. Man weiß nicht, wer diese geschwätzige Fama aufgebracht hat. Dieses Geflüster war aus der Unergründlichkeit der Volksphantasie entstanden. Das Gerücht behauptete sich mit einer Hartnäckigkeit, die um so stärker war, je weniger es sich auf feste Anhaltspunkte stützen konnte.

Besteht die Fama zu Recht? War Benedikt Labre, der seltsame Bettler, fürstlicher Herkunft, und war sein Gewissen von einem dunklen Verbrechen belastet? Um es gleich zu sagen: die Vermutung ist völlig unbegründet. Sie hat auch nicht den leisesten Schatten einer Wahrscheinlichkeit für sich. Unter der Umhüllung des Mannes aber, den man nicht mit den übrigen Landstreichern auf eine Stufe stellen kann, verbirgt sich ein großes, nicht leicht zu lösendes Rätsel. Dieser in abstoßender Kleidung dastehende Arme läßt sich sein Geheimnis nicht schnell entreißen. Er hütet es um so strenger, je eifriger man es ihm zu entlocken sucht. Je intensiver man um diese Gestalt kreist, um so rätselhafter wird ihre Erscheinung, und man wird von diesem zurückhaltenden, sich verbergenden Manne in steigendem Maße fasziniert. Benedikt Labre war für seine Zeit ein Rebus und ist es im Grunde heute noch. Niemals darf man sich einbilden, ihn gelöst zu haben, was auf eine naive Selbsttäuschung hinauslaufen würde. Man weiß höchstens, in welcher Richtung die Lösung des Rätsels zu suchen ist, aber nicht mehr. Ein Mann wie Labre ist nicht leicht zu entschlüsseln, und deswegen dauert das religiöse Rätselraten über ihn bis zum heutigen Tage an, eine Eigentümlichkeit, die den Reiz dieses unscheinbaren Bettlers noch wesentlich erhöht.

Während es bei jeder Gestalt notwendig ist, sie mit ihrem Jahrhundert in Beziehung zu setzen, so ist dies bei Benedikt Labre ganz vergeblich. Über den Weg der Zeitverbundenheit oder über denjenigen seiner Herkunft dem Rätsel beizukommen, ist ein völlig aussichtsloser Lösungsversuch. Er hatte keinen Kontakt mit dem Zeitalter Voltaires und steht außerhalb der Kultur der Enzyklopädisten. Der Verfall der feudalen Gesellschaftsordnung und das Heranrollen der Französischen Revolution haben mit seiner Lebensverwirklichung nicht das geringste zu tun. Er hat keine Notiz genommen vom Gallikanismus, von der Aufhebung des Jesuitenordens und was sonst noch die Gemüter damals bewegte. Labre hatte keine Beziehung zur Theologie, weder eine Nachwirkung des Jansenismus ist bei ihm festzustellen, noch gewannen Vinzenz von Paul oder Johannes Euder einen Einfluß auf ihn. Er kannte alle diese Strömungen gar nicht und wurde deshalb von ihnen auch in keiner Weise geformt. Sein ganzes Zeitalter ist ohne jeglichen Einfluß auf ihn geblieben. Labre stammte aus Frankreich, aber er hat gar nichts Französisches an sich. Während ein Franz von Sales nur in dem Lande der eleganten Höflichkeit denkbar ist, hat der zerrissene Bettler nichts Graziöses und nichts Charmantes an sich. Was die Fama behauptet, kann auf diese Weise nicht beantwortet werden, sie erhält durch Labres Beziehungslosigkeit zu seiner Zeit und seinem Land eher eine Potenzierung statt eine Erhellung.

Zur Lösung des Rätsels bedürfte es einer neuen Kategorie, die eigens auf Labre anzuwenden wäre. Die üblichen Worte und Begriffe reichen dazu nicht aus. Sie sind aus einer andern Vorstellungswelt geprägt als derjenigen des heiligen Bettlers. Er war einem Menschen gleich, der aus einem fremden Erdteil in unsere Gegend verschlagen wurde, ein Wesen, das jedenfalls von sehr weit her kam. Es müßte über das Leben dieses fast unwirklichen Mannes, wie Bernanos in anderem Zusammenhang einmal sagt, «in einem sehr vertraulichen Stil geschrieben werden, dessen Schlüssel allein unser Herr hat». Was heißt dies anderes, als daß eine solche Schilderung gleich weit entfernt sein sollte von der unwahren, vorwiegend moralistisch eingestellten Heiligendarstellung des vergangenen Jahrhunderts als auch von der entlarvenden Enthüllungspsychologie der Jetztzeit, die auf eine Zerstörung hinausläuft. Der «sehr vertrauliche Stil», der das Geheimnis wieder vollständig Gott anheimstellt, bedeutet nichts Geringeres als die neue Hagiographie, nach der wir heute leidenschaftlich suchen. Zu dieser überdifferenzierten Aufgabe ist jedoch gegenwärtig kein Historiker fähig, und es bleibt nur das eine übrig, an der Labreschen Hieroglyphe ein wenig herumzubuchstabieren, wohl wissend, daß dessen Wesenseigentümlichkeiten nicht in seinen intellektuellen Äußerungen liegen, sondern vollständig in seinem Sein verborgen sind, zu dem uns der Zugang fehlt. Man wird, um die irrationale Chiffre dieses Mannes einigermaßen entziffern zu können, angestrengt dem Lebenslauf des armselig aussehenden Labre nachspüren müssen, um dabei zuletzt zu der Feststellung zu gelangen, daß das Geheimnis des Bettlers weit über die Volksvermutung eines verkappten Edelmannes hinausgeht, weil es in die Unergründlichkeit der göttlichen Tiefe hinabreicht.

EIN ARMER SUCHT DIE GLÜCKSELIGKEIT

Jeder Mensch hat seine Geschichte, mag er noch so unscheinbar aussehen. Eine Anzahl Erlebnisse haben sich im geringsten menschlichen Dasein abgespielt. Sieht man auch einer auf der Straße gehenden Bettlergestalt ihre Geschichte nicht von außen an, sie ist gleichwohl vorhanden. Auch der armselige Labre hatte sie, und obschon kein Mensch den Sinn seiner eigenen Geschichte bis auf den Grund erkennt, war sie beim Bettler von einer Ungewöhnlichkeit sondergleichen. Sein einmaliges Leben war erfüllt von dem Gedanken: ein Armer sucht die Glückseligkeit.

Dabei fing Labres Geschichte ganz gewöhnlich an, sie hatte nichts Außerordentliches an sich. Dutzende Lebensläufe haben sich in ähnlicher Weise abgerollt. Sie spielte sich vorerst in jenem Frankreich ab, das bei aller leichtlebigen Verderbnis doch eines der christlichsten Länder des Abendlandes war, dem die Menschheit einige tiefe religiöse Gestalten verdankt. In diesem Frankreich wurde Benedikt Josef Labre am 26. März 1748 in Amette, Pas-de-Calais, als erstes Kind von rechtschaffenen Eltern geboren, dem noch eine Reihe anderer Geschwister nachfolgten. Trotzdem Labre nie von seiner Kindheit sprach, es überhaupt nicht liebte, über sein väterliches Haus Auskunft zu geben, so weiß man doch einiges über sein Herkommen. Seine Eltern lebten auf einem kleinen Heimwesen, betrieben daneben noch einen Spezereiladen und erfreuten sich allgemeiner Wertschätzung.

Labres Jugendzeit liegt beinahe verschüttet unter dem traditionellen Schema moralischer Heiligenerzählungen. Erst nach seinem Tode begann man sich für seine Kindheit zu interessieren, und dann gaben alle Angefragten nur die beste Auskunft, wie man es von Toten nicht anders zu tun pflegt. Dadurch entstand das Bild von einem Engel in Gestalt eines braven Musterknaben, der beinahe fade und langweilig wirkt. Einem Jungen ohne mutwillige Einfälle kommt auch schwerlich etwas Rechtes in den Sinn, und unwahrscheinlich in jeder Beziehung erscheint uns der in süßlichem Sirup eingetauchte Knabe. Es ist heute nicht mehr zu unterscheiden, was von diesen überzuckerten Jugenderzählungen der Wahrheit entspricht und was einfach frommes Gerede ist.

Wie es in vielen christlichen Familien Sitte ist, war Benedikt Labre als Erstgeborener zum Priester ausersehen. Man weiß nicht, ob der Wunsch von ihm ausging oder ob er ihm von seiner Mutter suggeriert wurde. Auf alle Fälle war man allseitig damit einverstanden, daß Labre ein Mann der Kirche werden sollte, besaß er doch sowohl eine rasche Auffassungsgabe als ein vortreffliches Gedächtnis. Auch war der Knabe von milder Gemütsart und hatte eine sichtliche Neigung zur Innerlichkeit, die sich schon früh in einem Widerwillen gegen die üblichen Kinderspiele zeigte. Schon als Jüngling mäßigte er die Lebhaftigkeit seines französischen Temperamentes und schaute mehr dem Leben zu, als daß er sich aktiv an ihm beteiligte. Auf seinen Gesichtszügen lag ein Anflug von leichter Melancholie, die sich in einem Hang zur Abtötung bemerkbar machte. Das alles schien gut zu der priesterlichen Laufbahn zu passen. Um sich auf sie vorzubereiten, nahm er bei seinem Onkel, einem Priester, Lateinstunden. Er war von einer starken Lesefreude erfüllt, so daß die Bibliothek seines Oheims ihm kaum genügte. Alles deutete darauf hin, daß Labre mit sicherem Instinkt die richtige Berufswahl getroffen hatte.

Da meldete sich eine erste Schwierigkeit, auf die er nicht gefaßt war. Während es mit seiner Vorbereitung zuerst erfreulich vorwärtsging, stockte es plötzlich, und Labre verlor das Interesse. Er bekam eine Abneigung gegen die klassischen Schriftsteller, und das Lernen begann ihn zu langweilen. Nach der ersten Lebensbeschreibung seines Beichtvaters, «fühlte Labre solchen Ekel ob der Logik, den er aller Gewalt, die er sich antat, ungeachtet nie besiegen konnte». Der aufsteigende Widerwille gegen das logische Denken im jungen Labre ist das erste Anzeichen, das bereits in aller Undeutlichkeit jene Neigung zu einer Lebensgestaltung ankündigt, die jenseits der rationalen Auffassung verläuft. In der notwendig daraus hervorgehenden Folge mußte er die Vorbereitung auf das Priesterseminar abbrechen. Labre blieb immer Laie und konnte nicht Geistlicher werden. Er sollte nie am Altar die Messe lesen, wie es sich seine Mutter als katholische Frau sehnlich wünschte. Sein erster Versuch, die Glückseligkeit zu finden, die er entsprechend seiner innern Anlage suchte, war gescheitert. Sie verflüchtigte sich, ehe sie Gestalt angenommen hatte. Es schien, als zerrinne ihm alles in seinen Händen, es war ein fataler Mißklang in seiner von den Biographen sonst so rosig geschilderten Jugendzeit. Das war wohl betrüblich, aber nicht ungewöhnlich, denn schon mehr als ein Jüngling beschritt die Priesterlaufbahn und kam damit nicht zum Ziel.

Wie Benedikt Labre selbst sein Fiasko aufgenommen hat, ist nicht überliefert. Aller Wahrscheinlichkeit nach bereitete es ihm, wie seinen Eltern, eine arge Enttäuschung. Man durfte nicht einmal zu laut davon reden, weil der Jüngling von seltsamen Angstzuständen heimgesucht wurde, die sich namentlich nachts bemerkbar machten. Finsternis hüllte ihn ein, und Furchtgefühle beklommen seine Seele. Der Gedanke, in die Hölle zu kommen, jagte ihm einen Schrecken ein. «Wenn es nur eine einzige verdammte Seele geben sollte, müßten wir nicht fürchten, es selbst zu sein?» sagte er zu sich. Für ihn war diese sein Inneres in Verwirrung versetzende Angst ein Zeichen, daß er trotz des mißglückten Priesterplanes nicht ins gewöhnliche Leben zurückkehren sollte. Er war aus dem normalen Dasein durch seine innere Unruhe zu stark aufgeschreckt. Der junge Mensch hatte einen anderen Weg zu beschreiten. Diese Notwendigkeit fühlte er beim Abschluß seiner Jugendzeit bis zur Qual.

Ein Abbé des Nachbardorfes erzählte Labre mit Begeisterung von einem Besuch in einem Trappistenkloster. Der Jüngling konnte diese Schilderung nicht mehr vergessen, er gewann die Überzeugung, daß an dieser Stätte die gesuchte Glückseligkeit seines Lebens zu finden sei. Die Begründer des Klosterwesens haben eine Lebensform geschaffen, in der alle Bedingungen darauf ausgerichtet sind, ein Dasein der größtmöglichen Gottesnähe zu führen. Das mönchische Leben übte auf Labre eine unwiderstehliche Anziehung aus, und er wünschte von ganzem Herzen, daran teilzunehmen. Er begehrte nur noch hinter den schützenden Mauern eines Trappistenklosters für die Anbetung Gottes da zu sein, was er fortan als die Bestimmung seines

Lebens betrachtete. Weder Vater noch Mutter waren mit seinem Vorhaben einverstanden. Nachdem bereits die Vorbereitung auf das Priestertum ein unrühmliches Ende genommen hatte, war es nach ihrem Dafürhalten das beste, von keinen außergewöhnlichen Plänen mehr zu reden. Sie widersetzten sich entschieden dem Wunsche ihres Sohnes, der kleinmütig nachgab, zumal ihn diese heftige Ablehnung überraschte. Als folgsamer Sohn wollte er ohnehin nichts tun, dem seine Eltern nicht beipflichteten. Allein, das innere Verlangen nach dem abgeschiedenen Leben ließ ihn nicht mehr los, es erschien ihm die Erfüllung seiner gesuchten Glückseligkeit, und zuletzt konnte es doch nicht mehr unterdrückt werden. Er brachte seinen Wunsch erneut vor und bat seine Eltern so lange, bis sie schließlich, des beständigen Drängens müde geworden, widerwillig nachgaben unter der Bedingung, daß er statt zu den Trappisten in ein Kartäuserkloster gehe. Endlich hatte Labre die Einwilligung zu seinem Klosterberuf ertrotzt und glaubte nun am Ziele seines Suchens zu sein.

Benedikt Labre, der Neunzehnjährige, machte sich auf den Weg zu der Kartause Val-Sainte-Aldegonde, die jedoch ihrer ungünstigen Vermögenslage wegen keine neuen Postulanten mehr aufnahm. Man wies ihn an die Kartause zu Neuville, wo man ihm aber erklärte, daß er zuerst das zwanzigste Altersjahr vollendet haben müsse, und ihn aufforderte, in der Zwischenzeit sich im Chorgesang und in der Dialektik auszubilden. Gehorsam kam Labre dem Ratschlag der Mönche nach, wobei ihn der Chorgesang ebenso entzückte, als ihn die Dialektik, wie seinerzeit die Logik, völlig kalt ließ. Sein Drang nach Abgeschiedenheit war so stark, daß er bereits nach einem halben Jahr erneut an die Pforte der Kartause von Neuville klopfte, wo man ihn diesmal zu seiner großen Freude aufnahm. Labre schien am Ziel seiner Sehnsucht zu sein. Die Kartäuser übten eine strenge Losschälung von der Welt, ihre Abtötung entsprach dem leidenschaftlichen Verlangen Labres, der sich alle Mühe gab, den vorgeschriebenen Anforderungen nachzukommen. Kaum hatte sich jedoch die ersehnte Zelle hinter ihm geschlossen, wurde der junge Mann von einem Ereignis betroffen, an das er in keiner Weise auch nur gedacht hatte. Labre verspürte in der stillen Kartause nicht das Geringste von der erwarteten Gottverbundenheit, und von der sehnlichst erhofften Glückseligkeit war nichts wahrzunehmen. Vielmehr bereitete ihm die völlige Abgeschlossenheit unerwartete Schwierigkeiten. Er geriet früher als die meisten Novizen in eine innere Krise. Statt des süßen Seelenfriedens, der in seiner Brust einkehren sollte, schlugen plötzlich die Wellen der Angst über ihm zusammen. Die Dunkelheit setzte ihm auf eine grauenhafte Weise zu, das Licht in seiner Seele erlosch gänzlich, und der junge Labre starrte in seinem Häuschen nur in die Finsternis hinein. Die Mönche nahmen seine psychische Störung wahr und fürchteten um seine Gesundheit. Nach sechs Wochen teilte der Prior ihm mit, er sei nicht zum Kartäuser berufen, und entließ ihn aus dem Kloster. Abermals war das Gebäude der Glückseligkeit wie ein Kartenhaus zusammengestürzt, und der Arme saß auf einem Trümmerhaufen zerschlagener Hoffnungen.

Es blieb Labre in seinem innern Elend nichts anderes übrig, als traurig zu seinen Eltern zurückzukehren, die ihn von seinen Klosterplänen für immer geheilt wähnten. Labre selbst wollte seine Niederlage nicht zugeben. Er legte sich sein Ungemach in der Weise zurecht, daß Gott ihn eben in La Trappe haben wolle, was seiner ursprünglichen Absicht entsprach, und nicht in einer Kartause, die ihm von seinen Eltern aufgenötigt worden war. Schon nach einem Monat machte er sich zu Fuß ohne jeden Proviant und nur mit zwei Sous in der Tasche auf den weiten Weg nach La Trappe, dem Kloster, das einst der heroische de Rancé nach seiner strengen Askese reformiert hatte. Es war ein weiter Marsch durch den Norden Frankreichs, und endlich kam Labre todmüde in der dürren Einöde an. Hier aber sollte seiner die bitterste Enttäuschung warten, die ihn förmlich betäubte. Die glücklich erreichte Klosterpforte öffnete sich ihm nicht, es wurde ihm der barsche Bescheid gegeben, daß nach den Ordensstatuten niemand unter vierundzwanzig Jahren aufgenommen werde, und zudem scheine seine wenig starke Konstitution nicht für das strenge Trappistenleben geeignet zu sein. Fassungslos stand der Jüngling vor der Pforte, er konnte nicht glauben, daß ihm die heißersehnte Glückseligkeit wiederum versagt blieb. Labre fühlte, wie der Boden ihm unter den Füßen schwand, und er verlegte sich in seiner Verzweiflung aufs Flehen. Er bat inständig, man möge ihm doch nur einige Tage Probezeit gewähren, aber der Pförtner wiederholte nur den Entscheid des Abtes und fügte noch trockener hinzu: «In La Trappe spricht Gott einzig durch den Mund der Oberen», womit er die ganze Strenge dieses Ordens dokumentierte.

An Seele und Leib völlig zerschlagen, wandte sich Labre um und kehrte kleinlaut und gesenkten Hauptes nach diesem abermaligen, vergeblichen Versuch in sein Elternhaus zurück, wo er mit wunden Füßen und abgerissener Kleidung ankam. Der Mißerfolg mit dem Kloster war womöglich noch kläglicher und schimpflicher als derjenige der Priesterlaufbahn. Seine Mutter empfand über den negativen Ausgang dieser Klosterpläne eine ärgerliche Genugtuung, und in den Augen der übrigen Dorfbewohner stand Labre als ein Unbrauchbarer da. Er schien zu gar nichts zu taugen, weder Priester hatte er werden können, noch wollten ihn die Mönche aufnehmen; als ein Unnützer galt er, für den man Geringschätzung empfand.

Kann ein Mensch wachen Geistes je auf die gesuchte Glückseligkeit verzichten? Solange Odem in ihm ist, hofft er sie immer wieder zu erreichen. Trotz aller trübseligen Erfahrungen wollte sich Labre nicht unterkriegen lassen, zu hoch und leuchtend stand das Leben eines Mönches vor seinen Augen, das, so schien es ihm, einfach seine Bestimmung war. Nach einiger Zeit machte er einen erneuten Versuch und wanderte zu der im südöstlichen Teil von Frankreich gelegenen Zisterzienserabtei Septfonds, die ihn auch aufnahm. Erleichtert, glückselig und dankbar trat er ein, er wurde in das weiße Gewand der Zisterzienser eingekleidet und bekam den Namen Bruder Urbanus. Diesmal lächelte ihm das Glück holdselig zu. Als begierig suchender Mönch kam Labre der Regula Benedikts genau nach. Sein Eifer war so groß, daß er über die Regel hinaus fastete und darob ernstlich erkrankte. Der Arzt erklärte seine Konstitution als zu schwach für das Kloster. Auch der Zisterzienserabt sah sich genötigt, ihm nach sechs Monaten die Entlassung mitzuteilen. Benedikt Labre hörte dieser betrüblichen Mitteilung demütig zu, faltete die Hände und sprach mit zerknirschter Stimme: «Der Wille Gottes geschehe.» Mit Tränen in den Augen verabschiedete er sich von den Mönchen und stand wieder auf der Straße. Er befand sich dem Nichts gegenüber. Heimgehen wollte er nicht nochmals. Der entlassene Novize begehrte nicht zum zweiten Male die mitleidigen Ausrufe seiner Eltern und Geschwister zu hören. Sie klangen ihm noch zu deutlich in den Ohren, als daß er sich aufs neue ihnen ausgesetzt hätte. Was aber sollte er nur tun?

Das Verhalten der verschiedenen Klöster war hart, sie hatten keine lange Geduld mit dem eifrigen Labre. Gleichwohl darf man ihnen daraus keinen

Vorwurf machen. Die Klöster können nicht jeden Postulanten in ihrer Mitte behalten. Es ist ihre Pflicht, bei der Aufnahme äußerst vorsichtig zu sein. Ein einziger Psychopath kann eine ganze Klostergemeinde in Unordnung bringen. Labres Angstzustände ließen auf ein sich nicht im Gleichgewicht befindendes Seelenleben schließen. Seine Gesundheit schien den Anforderungen eines strengen Ordenslebens nicht gewachsen zu sein. Es klopfen immer wieder für das Mönchtum nicht geeignete Menschen, die den Klöstern nur zum Nachteil gereichen, an die Pforten. Die Uneinsichtigkeit lag nicht bei den ablehnenden Äbten, die ihn nicht aufnehmen wollten oder wiederum entließen.

Wie aber soll man sich dann Labres wiederholtes Scheitern, Mönch zu werden, erklären? Ihn bewegte bei all diesen Versuchen nur das eine Verlangen, die Glückseligkeit zu finden. Er wußte aus innerem Instinkt, daß sie nicht im täuschenden Weltleben zu suchen sei, und noch viel weniger konnte er davon lassen, ihr nachzuspüren, bis er sie gefunden hatte. Diese Sucherperiode läßt sich kaum aus einem religiösen Leben wegdenken. Kein Mensch findet das Göttliche, ohne nach ihm zu graben als dem verborgenen Schatz im Acker. Auch Labre suchte, dazu forderte ihn das Evangelium mit seiner Losung auf: suchet, bittet, klopfet an. Wer das nicht tut, dessen Leben gelangt ohnehin nicht zu seiner Sinnerfüllung. Der Mensch hat die Pflicht, zu suchen und sogar leidenschaftlich zu suchen. Labre tat es als Armer, wie er sich später selbst nannte, der nichts in den Händen hatte. Er rechnete sich in religiöser Beziehung nie zu den «glücklich Besitzenden», die keine Verheißung haben. Obschon Labre aufrichtig nach der im Kloster verborgenen Glückseligkeit strebte, konnte er doch kein Religiosus werden. Warum wohl nicht? Was waren die Gründe, die ihn nicht im Kloster bleiben ließen? Weshalb mußte er eine Enttäuschung nach der andern über sich ergehen lassen? Es gibt auf diese Frage nur die eine Antwort: er war nicht dazu berufen. Das ist die einzig stichhaltige Erklärung, die man hiefür vorbringen kann. Denn um Mönch zu werden, braucht es eine wirkliche Berufung von oben, von ihr hängt alles ab, doch steht ebenso eindeutig fest, daß sie Benedikt nicht zuteil geworden war. Dies wollte und wollte er sich nicht eingestehen, und darum befand er sich im dunkeln. Er war zu einer andern Aufgabe auserwählt. Da er seine Bestimmung in allem drängenden

Suchen noch nicht kannte, machte er diesen vergeblichen Umweg über das Kloster, der nicht zum Ziele führen konnte. In seinem unklaren Drang wußte er damals noch nicht, daß der Mensch im Kloster immer noch eine Stätte auf dieser Welt hat – das Paradies auf Erden wurde es schon genannt – daß es aber sein Los war, überhaupt keine mehr zu kennen!

In der Verzweiflung über die erneute Entlassung aus dem Zisterzienserkloster entschloß sich Labre, Frankreich zu verlassen. Er wandte sich nach Italien und schrieb aus dem Piemont einen Brief folgenden Inhalts an seine Eltern:

«Mein geliebter Vater und meine geliebte Mutter!

Sie haben erfahren, daß ich von der Abtei von Sept-Fonts abgereist bin; und Sie sind ohne Zweifel unruhig, zu wissen, welchen Weg ich seitdem eingeschlagen und welchen Lebensberuf ich zu ergreifen Lust habe. Um meine Pflicht zu erfüllen und Sie aus der Unruhe zu reißen, schreibe ich Ihnen den gegenwärtigen Brief. Ich bin also am 2. Juli von Sept-Fonts fortgezogen; ich hatte noch das Fieber, als ich abreiste, doch es hat mich am vierten Tage der Wanderung verlassen; ich habe den Weg nach Rom genommen und befinde mich jetzt bald auf der Hälfte des Weges. Es gibt in Italien mehrere Klöster, wo das Leben sehr regelmäßig und sehr streng ist; ich habe die Absicht, in einem von ihnen einzutreten, und ich hoffe dazu auf die Gnade Gottes; ich weiß sogar von einem Kloster, von dem Orden von La Trappe, dessen Abt an einen Abt in Frankreich geschrieben hat, daß, wenn Franzosen aus seiner Abtei zu ihm kommen wollten, er sie aufnehmen würde, weil es ihm an Mönchen fehle; ich habe gute Zeugnisse von Sept-Fonts, beunruhigen Sie sich meinetwegen nicht; ich werde nicht ermangeln, Ihnen Nachricht von mir zu geben; ich möchte gerne auch welche von Ihnen haben und von meinen Brüdern und Schwestern, aber das ist jetzt nicht möglich, weil ich nicht an einem bestimmten Orte verweile. Ich verfehle keinen Tag, Gott für Sie zu bitten; ich bitte Sie um Vergebung für allen Kummer, den ich Ihnen je gemacht habe, und bitte Sie, mir Ihren Segen zu gewähren, damit Gott mein Vorhaben segne, es ist einem Befehle seiner Vorsehung gemäß, daß ich die Reise, die ich mache, unternommen habe ... Geschrieben in der Stadt Chieri, in Piemont, am 31. August 1770. Ihr liebevoller Sohn Benedikt Joseph Labre.»

Nicht ohne Rührung liest man dieses Dokument, das zu den wenigen schriftlichen Zeugnissen gehört, die sich von Labre erhalten haben. Es zeigt die intensive religiöse Bemühung, mit der er seinem enttäuschungsreichen Jagen nach der Glückseligkeit Herr zu werden versuchte. Nach wie vor ist er überzeugt, daß die Hand Gottes ihn führt. Die im Briefe angedeuteten Pläne, in ein italienisches Kloster einzutreten, hat er nie ausgeführt. Auch löste er das Versprechen, seinen Eltern weitere Nachricht zu geben, nicht ein. Ohne daß er es ahnte, wurde dieses letzte Schreiben zum Abschiedsbrief. Labre hat von diesem Zeitpunkt an seinen Eltern kein Lebenszeichen mehr gegeben, noch scheinen die Eltern ihm nachgeforscht zu haben. Über die Hintergründe seiner Ablösung von seinem Elternhaus hat Labre kein Wort gesagt, auch seine Biographen haben dieses nicht gerade erbauliche Thema nie erwähnt. Er wird zu Hause wohl als der verlorene Sohn gegolten haben, über den man möglichst wenig sprach. «Ich habe keine Verwandten mehr», ist eine Äußerung des späteren Labre, und er hat nie mehr zur Feder gegriffen, um Briefe zu schreiben. Als ihn einst jemand aufforderte, ihm von sich Nachricht zu geben, antwortete er erstaunt: «Wozu das?» und vertrat den Grundsatz «Schreiben ist unnütz» – ein Wort, das in der schreibseligen Neuzeit festgehalten zu werden verdient.

Auf der Wanderung nach Italien kam ihm eine plötzliche Erleuchtung, ein völlig unerwartetes Ereignis, das den Wendepunkt in seinem Dasein bildete und zugleich Bestätigung dafür ist, daß dem Menschen das Göttliche immer geschenkt wird. Bis zu diesem Zeitpunkt war Labre von einer suchenden Gärung erfüllt und bei aller Sehnsucht doch verbohrt, während jetzt mit einem Schlag sein Weg klar vor ihm lag. Es wurde lichter Tag im Leben Labres, und seine verworrene Daseinssituation begann sich mit einem Schlage zu entwirren. Erleuchtungen sind von entscheidendem Wert und gehören zum Wunderbarsten, was einem Menschen widerfahren kann. Daß sie in der modernen Zeit immer seltener werden, ist eine der Ursachen der weitverbreiteten Ratlosigkeit der Gegenwart. Die modernen Christen haben keine Anweisung mehr von oben. Aus diesem Grunde wissen sie nicht mehr, welche Schritte sie tun müssen. Ohne Erleuchtung des menschlichen Geistes bleibt aber alles dunkel. Man kann sie gar nicht überschätzen, sofern sie einem göttlichen Licht ihren Ursprung verdanken und nicht nur eine persönliche Einbildung sind, die damit nicht verwechselt werden darf. Um sie zu flehen, ist eines der wichtigsten Anliegen.

Labre war ein viel zu schweigsamer Mensch, als daß er über seine Erleuchtung nähere Auskunft gegeben hätte. Nur seinem Beichtvater erzählte er viel später auf dessen Befragung das Nötigste davon, viel zu wenig jedoch, um sich über Ort und Stunde dieses entscheidenden Vorkommnisses im Leben Labres eine klare Vorstellung machen zu können. Dies steht außer Zweifel: die Erleuchtung überkam ihn auf dem Weg von Frankreich nach Italien. Bis dahin bewegte er sich nur tastend im Kreis herum, unklar war sein Weg und verworren seine Absichten. Von jener erhellenden Stunde an wurde es jedoch licht in seinem Dasein. Er mied fortan alle zwängerischen Versuche, als Unberufener in ein Kloster einzutreten. In seinem Leben vollzog sich eine radikale Wendung, deren tiefer Schlüssel in dem lichtvollen Geschenk des Himmels liegt.

Diese wunderbare Erleuchtung war hinfort im Leben Labres Grundlage und Ausgangspunkt, vermittelte sie ihm doch eindeutig den göttlichen Willen. Er empfand von jeher vom Gotteswillen einen heiligen Schauer. Schon damals, als er aus dem Zisterzienserorden gewiesen wurde, hatte er auf diese letzte Enttäuschung seines Lebens mit tränenüberströmtem Gesicht dem Abt geantwortet: «Der Wille Gottes geschehe.» Diese Bitte aus dem Gebet des Herrn schien ihm immer das Höchste auszusprechen, dem ein Mensch nachzuleben imstande sei. Seit der überraschenden Erleuchtung war er noch vollends von der unumgänglichen Notwendigkeit der Erfüllung des göttlichen Willens durchdrungen. Benedikt Labre antwortete hinfort auf alle Einwände gegen seine Lebensweise: «Gott hat es gewollt.» Damit war für ihn alle Diskussion erledigt. Es gab nichts mehr zu fragen. Wie wenige Menschen war er von der Einsicht durchdrungen: «Man muß den Willen Gottes erfüllen.» Einfach klingendes Sätzlein, und doch, welch überraschende Lösung des Lebensrätsels schließt es in sich. Die Erfüllung des Gotteswillens allein verleiht dem Leben eine unerschütterliche Festigkeit und macht aller inneren Unsicherheit ein Ende, an der so viele Menschen leiden und die sie nach außen hin immer zu verdecken bemüht sind. Für jedes menschliche Dasein ist es von grundlegender Bedeutung, ob es nicht nur einen Willen Gottes anerkennt, sondern ihm in allen Lebenslagen auch nachzukommen entschlossen ist. Er ist nicht identisch mit dem Schicksal, das sich der Mensch durch seine unbesonnenen Handlungen nur zu oft selbst bereitet. Der Wille Gottes steht in der Bibel, er meldet sich durch das Gewissen und tut sich durch eine Erleuchtung kund. Unablässig wirkt er in der Lenkung des Lebens. Ihn gilt es zu erkennen und zu erfüllen, was jedoch die intensivste innere Arbeit voraussetzt, wie das Leben Ignatius' von Loyola eindrucksvoll bezeugt. Die ständige Bemühung, dem Willen Gottes nachzukommen, gibt dem Leben einen festumrissenen Inhalt. Man kann kein besseres Losungswort wählen als Labres einfachen Ausspruch: «Man muß den Willen Gottes erfüllen.» Darin liegt es. Ohne den Willen Gottes erscheint das Leben in jener Sinnlosigkeit, in der es im heutigen Frankreich ein Camus und Sartre sehen, mit ihm aber ist es von einem höheren Licht erleuchtet. Zwischen der Erfüllung des Willens Gottes und der Sinnhaftigkeit des Lebens besteht ein tiefer Zusammenhang. «Gott will mich nicht auf diesem Wege haben», antwortete jeweilen Labre allen Versuchen gegenüber, ihm eine andere Lebensweise aufzunötigen.

Nach dem Inhalt der Erleuchtung war Labre nicht zum Mönch bestimmt, er hatte einen andern Weg einzuschlagen. Einen andern Pfad, der deswegen nicht weniger ungewöhnlich war. Im Moment der lichtspendenden Erleuchtung wurde es ihm zur Gewißheit: «Es sei der Wille Gottes, daß er dem Beispiele des heiligen Alexius folge, indem er sein Vaterland, seine Eltern, seine Bequemlichkeiten und alles, was in der Welt den Sinnen schmeichelt, verlasse und eine ganz neue Lebensweise führe, und zwar die ärmste, die härteste und bußfertigste, und diese Lebensweise sollte er nicht in einer Wüste oder in einem Kloster führen, sondern in der Mitte der Welt, indem er die berühmtesten heiligen Orte als frommer Pilger, soweit es ihm möglich sei, besuche.» Wie es in der wundersamen altkirchlichen Legende ausgeführt wurde, entwich Alexius in der Brautnacht im Einverständnis mit seiner angetrauten Frau aus dem reichen Elternhaus und wanderte als ein unbekannter Almosenempfänger in der Welt umher – so stand diese Aufgabe in der Stunde der Erleuchtung mit zwingender Klarheit vor Labre. Zum Alexius der Neuzeit war er bestimmt. Als religiöser Mensch war er entschlossen, sich dieser Anweisung von oben zu unterziehen und als ein immerwährender Pilger zu leben, indem er bewußt auf alle Klugheit und alle

Gemeinschaft verzichtete. Dies war die denkbar schwerste Verpflichtung, die einem Menschen auferlegt werden konnte. Das Einsamkeitsideal ist im Kloster viel leichter durchzuführen als in der Welt, wo es beständig bedroht ist und es fortwährend gegen alle möglichen Ablenkungen behauptet werden muß. Benedikt Labre erkannte, daß ihm das Alleinsein in der Welt auferlegt war. Wie er sich zu dieser Aufgabe stellte, hat Reinhold Schneider in seiner Labre-Erzählung anmutig ausgeführt, indem er dem göttlichen Bettler die Worte in den Mund legte: «Ich wäre so gerne nicht ganz allein gewesen; ich hätte so gerne gewußt, daß mein Gebet von andern, stärkern Gebeten mit emporgetragen würde. Aber nun lernte ich, daß ich ganz allein versuchen sollte, mich zu reinigen und mein Leben zu heiligen nach dem Vorbild des Herrn. Das war mein Weg, das sollte er sein; ich sollte in der Welt leben, mitten unter den Menschen, und in der Welt mich opfern.»

Im Augenblick dieser fühlbaren Eingebung des Herzens hatte der Arme endlich die langgesuchte Glückseligkeit gefunden. Jene verschwiegene Glückseligkeit war da, nach der der Mensch so sehnsüchtig Ausschau hält und die so selten zu ihm eingeht. Jetzt war sie gegenwärtig, kaum konnte Labre es fassen, und nur mit zitternder Gebärde wagte er es, ihre Anwesenheit festzustellen. Sie war rein geschenkt, wie es allein ihrem Wesen entspricht. Und worin bestand sie eigentlich? Man kann es beinahe nicht verstehen. Unbegreiflicherweise enthüllte sich ihm die so heißbegehrte Glückseligkeit in der Zuteilung der allerniedrigsten Lebensform!

LUMPEN UND HERRLICHKEIT

Der in jener Erleuchtung ihm klargewordene Wille Gottes befahl Labre, das Leben eines Pilgers auf sich zu nehmen. Durch diesen Entschluß wuchs Labres Leben aus dem Alltäglichen heraus ins Ungewöhnliche. Er hängte sich einen Bettelsack um die Schultern, stopfte einige religiöse Bücher hinein – er las wenig, meistens nur das Neue Testament und das Brevier – und so machte sich der neue Alexius ohne sonstige Vorräte zu Fuß auf den weiten Pilgerweg, den er bis zu seinem Tode nicht mehr verlassen sollte. Gewöhnlich schlief er auf der bloßen Erde, am Rande einer Hecke oder hinter einem verlassenen Gemäuer, gelegentlich auch in einem Stall oder in einer Backstube, niemals aber in einer Schenke. Wenn man ihn frug, wer er sei, nahm er nicht die ehrwürdige Bezeichnung eines Pilgers für sich in Anspruch, er verbarg seinen Namen wie Alexius und antwortete mit gleichgültiger Gebärde: «Ich bin ein Vagabund.» In der Welt, aber nicht von der Welt lebte er und führte fortan ein Dasein, das in einer andauernden Wanderung bestand. Nicht nur einmal begehrte er ein nettes Pilgerfährtchen auszuführen, sein ganzes Leben war eine einzige ununterbrochene Pilgerreise. Labre ist der Pilger schlechthin. In dieser Haltung hat ihn keiner übertroffen. Man kann diesen Stand nicht hingebungsvoller und erfüllter vertreten, als es dieser gescheiterte Klosternovize tat.

Jahrein und jahraus pilgerte er von einer Wallfahrtsstätte zur andern, mochte sie sich nun in diesem oder jenem Land befinden. Mit Vorliebe wandte er seine Schritte nach Loretto, wo er sich öfters aufhielt. Nach Assisi und Monte Cassino wanderte er; Einsiedeln suchte er auf, wo er den heute noch in der St.-Labre-Kapelle zu Rom ausgestellten Reisepaß erhielt. Auch Frankreich durchquerte er mehrfach; er übernachtete einmal in der Scheune der Eltern des Pfarrers von Ars, was sich wie ein fernes Grüßen zwischen diesen beiden innerlich so verwandten Menschen ausnahm. Er besuchte Deutschland und scheute sich nicht, über die Pyrenäen nach Spanien zu gehen. Kein Mensch weiß all die Wege, die dieser Mann zeit seines Lebens gegangen ist. Nie benutzte Labre ein Fahrzeug, er ging stets zu Fuß, wobei er die großen Straßen mied und einsame, abgelegene Pfade suchte, um niemandem zu begegnen. Ohne Landkarte fand er immer wieder selten begangene Wege durch weltverlorene Täler und gefährliche Gebirge. Er begehrte nicht, die Schönheiten der verschiedenen Länder anzusehen und sich durch die Wunder der Natur zu zerstreuen, wie dies die Reisenden zu tun pflegen, weil er von dem inneren Wunder erfüllt war. Es gibt von Labre weder verzückte Ausrufe über die weißschimmernden Schneeberge noch bewundernde Blicke auf die malerischen Seen Oberitaliens. Kaum, daß ihm die Städte im Gedächtnis geblieben sind, die er auf seiner Pilgerreise berührte, geschweige denn, daß er ihre Sehenswürdigkeiten sich ansah. Alle jene Dinge, die man nach Baedekers Reiseführer unbedingt gesehen haben muß, existierten für Labre in keiner Weise. Fraglich bleibt, was er überhaupt auf seiner Wanderschaft bemerkte, jedenfalls hegte er nie den Wunsch nach Andenken, im Gegenteil, immer erfüllte ihn die Bestrebung, sich von jeglichem Besitz zu trennen. Was hat er unterwegs nur gedacht, wenn er auf den endlosen Straßen so still für sich ging? Ob er sich auch Gedanken machte über das, was die vielen Menschen bewegte, die in all den Häusern wohnten, an denen er stumm vorbeiwanderte? Man weiß es nicht, zumal er von seinen Wanderungen nichts erzählt hat. Warum pilgerte er? Um sein beständiges Unterwegssein im buchstäblichen Sinn und nicht nur in einer spirituellen Art auszudrücken; um damit zu dokumentieren, daß er seine Heimat im Himmel und nicht hier auf Erden habe. «Ich habe keine Wohnung», erwiderte er einmal auf die Frage nach seiner Adresse, ein Wort, das an die Aussage des Menschensohnes erinnert, der auch nicht hatte, wo er sein Haupt hinlegen konnte. Er paßte auch seine Kleidung nicht den Jahreszeiten an. Ob der eisige Wind des Winters über die Fluren strich oder die grelle Sonne im Sommer auf die staubigen Straßen niederbrannte, das alles schien ihn auf seiner Wanderschaft nicht im geringsten zu kümmern. Nur die eine Gewißheit erfüllte ihn: Die allmächtige Hand Gottes leitet mich! Diese höhere Führung gab Labre Weg und Richtung. Stets suchte er auf seinen Pilgerfahrten Wallfahrtsorte auf, denn solche Stätten waren immer einem Heiligen geweiht, der dann jeweils in Labres Bewußtsein trat. Es konnte nicht anders sein, als daß er sich bei diesen Gelegenheiten mit den heiligen Menschen nachhaltig beschäftigte, was auf ihn zurückstrahlte. Bei aller dürftigen Bildung hatte Labre eine ungewöhnliche Kenntnis der Heiligenwelt, woraus sich vieles bei ihm erklären läßt.

Labres Pilgertum darf nicht idealisiert werden. Es hat nichts mit den lustigen Wandervögeln zu tun, die sich bald im Wald und bald auf der Heide tummeln. Keine Laute mit flatternden Bändern wurde dabei gespielt. Jegliche romantische Vorstellung damit zu verbinden, würde den Gehalt dieses Pilgerlebens verschieben und verfälschen. Es war vielmehr ein überaus schweres Dasein, das Labre führte, eine Pilgerreise, die er nicht zu seinem Vergnügen unternahm, sondern um den Willen Gottes zu erfüllen.

Alles Äußerliche war ihm Nebensache, er achtete weder auf Kleidung noch auf Nahrung, in Lumpen ging er zerrissen einher, und geradezu abstoßend war seine Ernährung. Er war berufslos und verdiente sich deswegen auch nicht sein tägliches Brot. Jeder praktische Gelderwerb kam für ihn gar nicht in Frage. Labre ernährte sich von dem, was die Menschen ihm gaben. Nur selten klopfte er an eine Haustüre und bat um das Wenige, das die äußerste Notdurft erheischte. Niemals bettelte er um einen Heller, da er ein Feind alles Geldes war und jede Kupfermünze alsogleich weiterschenkte. Er aß, was eine mitleidige Seele ihm reichte, und seine Nahrung bestand meistens aus Dingen, welche die Menschen weggeworfen hatten, wie Orangenschalen, harte Stengel von Brocoli, unbrauchbare Kohlblätter und verfaulte Früchte, die er unter den Fenstern der Häuser oder auf dem Kehrichthaufen zusammenlas. Es war sein Grundsatz: «Der Arme soll nur Überbleibsel essen.» Er hatte allen natürlichen Widerwillen besiegt, so daß er die unappetitlichsten Abfälle als Nahrung zu sich nehmen konnte. Als ihn einst jemand zum Mittagsmahl einlud, antwortete er erschrocken und unter eiliger Entfernung: «Mittagessen! Mittagessen! Ich esse auf der Gasse.» Fleisch rührte er grundsätzlich nicht an, und ebensowenig trank er Wein, Zisternenwasser genügte ihm. Bekam er mehr, als er gerade gebrauchte, gab er das Empfangene auf der Stelle weiter. «Hatte er sich's doch zum unverbrüchlichen Gesetz gemacht, für sich nur so viel zu behalten, als er unumgänglich bedurfte, um nicht Hungers zu sterben.» Labre begehrte keine Vorräte mit sich zu schleppen, «weil die Armen von den Almosen leben sollen, die sie sich Tag für Tag verschaffen können». Nur einen Napf trug er bei sich, worin er sich gelegentlich an einer Klosterpforte ein wenig Suppe holte; doch am Rande des Holztellers hatte er ein Stück herausgebrochen, damit man ihn nicht mehr vollständig füllen und ihm nicht mehr geben konnte, als er unbedingt zum Leben brauchte.

Entsprechend seinem Almosenempfang war auch die Armseligkeit seiner Kleidung. Die Lumpen, mit denen er bedeckt war, erinnerten nur noch von entfernt an eine Gewandung. Vom beständigen Wandern abgenutzt, war es schwer, an ihnen überhaupt noch eine Form zu erkennen. Seine Kleidungsstücke waren von aschgrauer Farbe und bestanden zur Hauptsache in einem äußerst kurzen Mantel, der um die Hüften durch einen Strick festgehalten war. Bindfaden hielt die zerrissenen Schuhe notdürftig zusammen, und die Füße waren selten mit Strümpfen bedeckt. Er legte seine Kleider nie ab, sondern trug sie Tag und Nacht. Waren seine Lumpen vom Regen durchnäßt, so ließ er sie auf dem Leibe trocknen. Er schämte sich dessen nicht, wie er denn in keiner Weise darauf bedacht war, seine Würde zu wahren. Nicht daß er mit seinem zerrissenen Gewand geprunkt hätte, wie der Schüler des Sokrates, durch dessen Löcher seine Eitelkeit hindurchschimmerte. Es entsprach einfach seinem Stand, der der eines Habenichts war.

Wohl am unerträglichsten war der äußerst üble Geruch, der von seinem Körper ausging. Labre ist nie in ein Bad gestiegen. Nicht genug damit. Es bildete sich bei dieser Unreinlichkeit auf seinem Leibe Ungeziefer, von dem der Pilger förmlich wimmelte und das man mit bloßem Auge sehen konnte. Ganze Nester voller Flöhe und Läuse trug er mit sich herum, die er absichtlich nicht entfernte. In seinem vernachlässigten Haupthaar und in seinem niegeschorenen Bart hatten sie ihre idealen Schlupfwinkel. Dies ist keine schriftstellerische Übertreibung. Bereits Joseph Marconi, der als Beichtvater verdienstlicherweise seine erste Biographie schrieb und damit ein unschätzbares Dokument anfertigte, fühlte sich gedrungen, auszuführen: «Ein grauer und verschlissener Überrock, den man ihm vor mehreren Jahren aus christlicher Liebe zugeworfen hatte, der schlecht auf seinen Leib paßte, vom langen Alter zerrissen, lumpicht und schmutzig war und von ganzen Nestern des ekelhaftesten Ungeziefers wimmelte und den er mit einem alten Strick um die Lenden zugürtete, an dem ein Napf hing, der wahrhaftig zu weiter nichts mehr taugte, als ihn in den Augen der Menschen nur noch verächtlicher zu machen. Ein jeder wird sich leicht selbst die Folgen denken, die ihm zu Rom, in dieser großen und verfeinerten Stadt, diese Kleidung in der Kirche und auf den Straßen zuzog. Man durfte ihn nur ansehen, und man hielt ihn für den verächtlichsten, verabscheuungswürdigsten, ekelhaftesten Menschen von der Welt, den alle mit Grausen flohen, alle neckten, alle als einen Landstreicher, als einen Tagedieb, als einen lausigen und stinkenden Schuft verachteten, und was noch andere Titel mehr sind, womit die Welt ihre Geringschätzung gegen Leute dieses Gelichters an den Tag zu legen pflegte.» Dermaßen lautet der Bericht eines wahrheitsgetreuen Augenzeugen. Labre war sich durchaus bewußt, daß dieses unreinliche Aussehen auch für fromme Leute ein schwer zu ertragender Anblick war. Er hat aus dieser Rücksicht heraus, wenn er auf seinen Wanderungen einmal in einem Hospital übernachtete, das Bett gar nicht benutzt, um es von seinem Ungeziefer frei zu halten. Er brachte die Nächte – und welche Nächte! – auf dem bloßen Boden vor dem Bett zu. Es ist verständlich, daß Labre vielen Menschen durch seinen Anblick allein einen unüberwindlichen Ekel einflößte. Weigerte sich doch einmal ein Mädchen, nur in einen Beichtstuhl hineinzugehen, in dessen unmittelbarer Nähe er kniete, und ein anderes Mal geschah es, daß er von einem Geistlichen, der die übrigen Kirchenbesucher vor seinem Ungeziefer schützen wollte, mit groben Worten aus der Kirche gewiesen wurde. In der Weise sah der Pilger in Wirklichkeit aus, wird er nicht in historischem Abstand poetisch verklärt.

Ist diese widerliche Gewohnheit von Labre nicht doch des Guten zuviel? Macht sie nicht aller Sympathie für den armen Pilger ein Ende? Jedenfalls hatten nicht alle Vorübergehenden Sinn für dieses «lebende Porträt der äußersten Armut». Zahlreiche Widerwärtigkeiten begegneten Labre durch sein lumpiges Aussehen. «Er wurde öfters als ein abgefeimter Gaudieb verleumdet und behandelt, ohne daß er sich jemals mit einer Silbe hierüber rechtfertigte.» Oft neckten ihn übermütige Straßenjungen, die über ihn herfielen und ihn als einen Narren auslachten. Man warf Steine nach ihm, bis er blutete. «Er ließ sich dadurch nicht irremachen, gab nicht das mindeste Zeichen eines Schmerzes, ging seiner Wege wie zuvor, ja sah nicht einmal hinter sich, um zu entdecken, wo der Wurf hergekommen wäre.» Als ihn wieder einmal ein Stein traf, preßte er nur sein Kruzifix an seine Brust und schaute den Angreifer nicht einmal an: «Dann bückte er sich, raffte den Stein auf, küßte ihn und setzte, nachdem er ihn an die nächste Mauer gelegt hatte, ruhig seinen Weg fort.» Da er wie ein Vagabund aussah, schöpfte die Polizei hin und wieder Verdacht, und Labre wurde ins Gefängnis abgeführt. Alle diese Begebenheiten berührten ihn nicht, sein Dasein entsprach dem Willen Gottes, und demzufolge brauchte er sich auch nicht darum zu kümmern. «Er wollte niedrig und gemein in aller Augen sein; er bestrebte sich, für einen Sünder, einen Heuchler, einen Müßiggänger, einen Dummkopf oder einen Narren zu gelten.»

Diese Schilderung von Labres Pilgerleben ist buchstäblich wahr. Er war eine in Lumpen einhergehende Gestalt. Dies abzuschwächen wäre ein verfehltes Unternehmen. Wer ihn sah, dem fielen zuerst seine Lumpen in die Augen. Gleichwohl ist damit nur die halbe Wahrheit gesagt. Die widerlichen Lumpen verhüllten eine Herrlichkeit, die ebenfalls vorhanden war, und an seelischer Leuchtkraft alles bereits Erwähnte weit übertraf. Freilich war sie nicht ohne weiteres und für alle wahrnehmbar, es bedurfte dazu eines besonderen Blickes.

Am ehesten verriet der Alexius der Neuzeit die verborgene Herrlichkeit durch seine Gespräche. Zwar öffnete Labre nie den Mund zu einem unverbindlichen Geplauder. Der Pilger versuchte seinen Worten Gewicht zu geben, indem er lediglich auf eine geistliche Unterredung einging und sich im übrigen prinzipiell um keine Neuigkeiten kümmerte. Er hielt nicht viel auf seinen Meinungen und warf sich auch nie zum Richter in irgendeiner Angelegenheit auf. Wenn er schon einmal sprach, bediente er sich nicht der traditionell verbrauchten Frömmigkeitssprache, «die auch bei den stolzesten Seelen Mode ist, als ‚er sei der größte Sünder', ‚ein Bösewicht' und was derlei Ausdrücke mehr sind; sondern gebrauchte Worte, die wahrhaft aus einem demütigen und zerknirschten Herzen quellen». Im Gegensatz zum Durchschnittsmenschen, der sich gewöhnlich in einem Wähnchen wiegt, hatte Labre mit seinem verfeinerten Gewissen ein ausgeprägtes Sündengefühl, aber er hausierte nicht damit. Nie sprach der Bettler von sich selbst oder von Dingen, die ihm zum Lobe gereichten. Zu den wenigen Äußerungen, die von ihm überliefert sind, gehört die Aussage, «daß man drei Herzen in einem einzigen haben müsse, um Gott zu lieben, wie es sich gehöre. Das erste, ganz von Feuer für Gott, sollte uns fortwährend an Gott denken, immer von Gott reden, beständig für Gott handeln machen und uns vor allem besagen, während unseres ganzen Lebens mit Geduld die Schmerzen und Prüfungen zu ertragen, die Gott uns sendet. Das zweite Herz, ganz von Fleisch für den Nächsten, sollte uns drängen, ihm in seinen zeitlichen Bedürfnissen durch das Almosen, und noch mehr in seinen geistlichen Nöten zu helfen und beizustehen, durch Unterweisung, den guten Rat, das Beispiel und die Fürbitte. Dieses zweite Herz soll vor allem voll Zärtlichkeit für die Sünder sein und ohne Aufhören Gott bitten, sie zu erleuchten und zur Buße zu führen; auch soll es voll Mitleid für die Seelen des Fegfeuers sein. Aber das dritte Herz müsse von Erz sein gegen uns selbst, müsse jede Art von Sinnlichkeit verabscheuen, ohne Nachgiebigkeit der Eigenliebe widerstehen, allen Eigenwillen abschwören, den Körper züchtigen durch das Fasten und die Abstinenz und alle Neigungen der verderbten Natur überwältigen.» Die Formulierung dieser Äußerungen wird Eigentum des Biographen sein, der Kern dieses Gedankens aber dürfte Labre gehören. Obwohl er sich als ein Unwissender betrachtete, der nichts durch das Studium erlernt hatte, besaß er die Kenntnis der Herzen und konnte die Gedanken der Menschen lesen. Einmal teilte ihm jemand eine Gemütsbewegung mit, die eine beständige Trauer zur Folge hatte, und Labre verwandelte den seelischen Tiefstand mit wenigen Worten in eine getroste Ruhe.

Um seiner außerordentlichen Einsichten willen wurden dem Pilger auch Weissagungen zugeschrieben. In aller Demut sagte Benedikt Labre manchmal zukünftige Dinge voraus. Gelegentlich wies er in einem kurzen Gespräch, das er mit einem Abbate führte, auf die Zeit hin, in der Gott die Geißel seiner Gerechtigkeit zur Hand nehme. Er sah finstere Strafgerichte und schreckliche Ereignisse voraus, die über das Abendland hereinbrechen werden. Mit seinem über die Welt hinaus gerichteten Blick sprach er von schweren Mißgeschicken, die besonders Frankreich heimsuchen werden. «Er hat mir gesagt, daß er das Feuer von einem Platze der Orte, wo er während seiner Reise in Frankreich geherbergt habe, zum anderen eilen sehe. Er sprach mir davon wie von einer Art Versuchung ... Ich habe damals gewiß nichts verstanden. Jetzt, nach allem, was in Frankreich geschehen ist, denke ich, daß es weder Versuchungen noch Einflüsterungen, wohl aber göttliche Erleuchtungen gewesen sind, und daß diese Feuersbrünste, die er an verschiedenen Orten Frankreichs sah, die Zukunft dieses Reiches im voraus anzeigten» (Marconi). Man wird nicht behaupten wollen, Labre habe das Problem der Französischen Revolution, worauf diese Worte gewiß zu deuten sind, allseitig gesehen. Es war *eine* Sicht, die sich seinem geistigen Auge enthüllte, zumal er nur deren Heranrollen spürte und den Ausbruch des revolutionären Geschehens nicht mehr erlebte. Als freiwilliger Bettler bedrängten ihn die sozialen Ursachen der Französischen Revolution nicht, er spürte lediglich den kirchlichen Schaden voraus, den sie anrichten werden. Labre spielte sich in keiner Weise als Prophet auf, er hätte diese Bezeichnung mit Entrüstung von sich gewiesen. Nur leise, gleichsam im Flüsterton und als wäre es eine Nebensache, sagte er seine Weissagungen. Will man den Akzent in Labres Leben nicht auf eine falsche Stelle legen, so dürfen sie auch nicht zu stark unterstrichen werden, weil er nicht öffentlich damit aufgetreten ist.

Der Geist der Weissagung geht verschwiegen neben ihm her und ist mehr ein Hinweis, wie der keine Zeitung lesende Mensch oft viel tiefer in die Hintergründe des Zeitgeschehens sieht als derjenige, der beständig seine Nase in alle Gazetten steckt, die doch keine tiefere Deutungen kennen.

Das Schwergewicht dieses wandernden Bettlers liegt nicht auf seinen verbalen Äußerungen. Bedeutsamer als seine gelegentlichen Worte, die nur als Brosamen zu werten sind, ist das beständige Stillschweigen, das Labre auf seinen Pilgerwegen beobachtete. Man mißversteht es, wenn man es aus seinen geringen Sprachkenntnissen erklärt, die ihn in den verschiedenen Ländern dazu genötigt haben. Der Pilger hat kaum aus der Not eine Tugend gemacht. Nach seinen ersten Biographen schwieg Labre «auch stets mitten im Gewühl der Welt. Ich kann versichern, daß zuweilen ganze Monate verflossen, ohne daß er auch ein einziges Wort vorbrachte, und das letzte Jahr redete er fast mit niemandem.» Wollte ihn jemand über seine Familienverhältnisse ausfragen, wurden seine Worte immer lakonischer; er verstand es gut, neugierigen Fragen ein Ende zu machen. Er gab nur karge Antworten, und oft nickte er auch bloß noch mit dem Kopf. Wahrhaftig, Labre redete nicht mehr, als wenn er bei den Trappermönchen aufgenommen worden wäre, die ihn nicht bei sich haben wollten. Er übte auch in der Welt das ewige Stillschweigen.

Doch das entscheidende Problem besteht in der Bedeutung dieses beständigen Schweigens. Das Geheimnis des Pilgers wird von seinem Schweigen umschlossen, das ein inneres Reden mit Gott war. Der mit gesenkten Augenlidern vor sich hinwandernde Bettler betete unaufhörlich. Das immerwährende Beten ist eine der außerordentlichsten Gaben, die ein Mensch empfangen kann, die ihm die beständige Gegenwart Gottes vermittelt. Nicht im halblauten Litaneiton betete Labre, damit die andern Menschen darauf aufmerksam würden, er betete ganz still in seinem Herzen, auch verwandte er nicht viel Zeit für das mündliche Gebet, seine ganze Aufmerksamkeit galt dem innern Gebet. «Das Gebet war in seinen Augen die wünschenswerteste Gnade, ohne die man keine Fortschritte im Dienste Gottes machen konnte. Deshalb, was er auch tun mochte, hörte er niemals auf zu beten. Das Gebet war seine Beschäftigung, sein Zeitvertreib, seine Erholung und seine Wonne. Er ergab ihm sein Herz, seine Kräfte», schreibt sein bester Biograph Aubineau. Was Labre bei seinem Marschieren betete, weiß nur Gott allein, aber dies ist sicher, daß er dadurch in jenen begnadeten Zustand der Beschaulichkeit kam, von der sein Zeitgenosse Tersteegen gesungen hat:

> Es ist ein wunderbarer Stand,
> Es fällt mir alles aus der Hand,
> Ich kann an gar nichts denken.
> Die Augen sinken sanfte zu,
> Mein Geist in höchst vergnügter Ruh
> Sich einwärts muß ersenken.

Während das Wallfahrten gerne das Gemüt zerstreut, lebte Labre in einer völligen Konzentration; selbst mitten unter den Menschen vermochte er sein Herz wie in eine Wüste zurückzuziehen, er befand sich auf der Straße in der gleichen Sammlung wie in der Kirche. Dieser selten hohe Grad der Verinnerlichung war dem Bettler möglich, weil er in seiner Versenkung ununterbrochen das wortlose Gebet pflegte. «Man hatte niemals in dieser Weise beten sehen, und nichts hatte jemals eine deutlichere Idee von der Anbetung der Engel gegeben.» Sein Beichtvater hat nicht zuviel gesagt, wenn er von ihm geschrieben hat: «Sein ganzes Leben war nichts als ein immerwährendes Gebet.»

Das in Schweigen ausgeübte Gebet gab Labre die Kraft zu seinem entbehrungsreichen Leben, das nicht weniger hart war als das Leben eines Kartäusermönches. Er schöpfte seinen Halt aus dem lautlosen Gebet, dem er sich stundenlang im Winkel einer Kirche hingeben konnte. Unaufhörlich befand er sich mit dem «sakramentalen Jesus» in einem innern Gespräch, in das von außen einzudringen unmöglich ist. Darin muß man Labre belauschen, wenn man eine kleine Ahnung bekommen will, aus welchen übersinnlichen Geheimnissen heraus er lebte. Die betende Anschauung des sakramentalen Jesus ist unzweideutig Mystik, die aller rationalen Erklärung spottet. Sie ist nur dem gläubigen Herzen zugänglich. Dieser Sakramentsmystik lag Labre mit einer solchen hingebungsvollen Intensität ob, daß ihn Kirchenbesucher am Abend noch in der gleichen Stellung fanden, in der sie ihn am Morgen gesehen hatten, mit gefalteten Händen, seinen Blick unverwandt auf das Tabernakel geheftet. Unbeweglich verharrte er in seiner knienden Stellung, und wenn bei der abendlichen Dämmerung die Kirchen geschlossen wurden, dann schien es «nach den Ausdrücken eines Berichtes, als würde er einem Meer von Wonnen entrissen, um in die Flut der menschlichen Kümmernisse zurückgestoßen zu werden». Durch dieses stundenlange mystische Beten entstanden an beiden Knien Geschwülste, die wie kleine Brotlaibchen aussahen. Diese Gliedschwämme drückten ihn beim Knien entsetzlich, aber Benedikt Labre war dermaßen in sein Gebet versunken, daß er ihrer gar nicht sonderlich achtete. «Wenn ich die Dornenkrönung betrachte», sagte er einmal zu einem ihn prüfenden Priester, «fühle ich mich erhoben zur Dreifaltigkeit Gottes.» Aber «was verstehst du, ein ungebildeter Mensch, von diesem Geheimnis», antwortete der Abbate in hochmütigem Ton. «Ich verstehe nichts davon, aber ich bin hingerissen», entgegnete der Pilger, eine Antwort, über die man nicht genug staunen kann. Der theologisch gebildete Mensch vermeint gerne, daß er allein dank seinem Studium das Göttliche verstehe, wie weit er jedoch tatsächlich in die Tiefen Gottes eingedrungen ist, steht auf einem andern Blatt geschrieben. Labre dagegen war in aller Unwissenheit der vom sakramentalen Jesus ergriffene und über sich hinausgehobene Mensch. Der mystische Verkehr hatte ihn aus seinem gewöhnlichen Zustand herausgenommen und in ein anderes Sein versetzt. Immer kommt es vor allem darauf an, ob der Mensch hingerissen ist, seine Entflammung kann nie lodernd genug sein. Der verlauste Bettler hat mit seiner demütigen Erwiderung mit unübertrefflicher Deutlichkeit klargemacht, daß im religiösen Leben das mystische Glühen und nicht das intellektuelle Wissen ausschlaggebend ist. Labre wird kaum eine richtige Vorstellung von der Aufgabe der Theologie gehabt haben. Woher hätte er sie auch nehmen sollen? Er kümmerte sich nicht um diese Verstandesüberlegungen, dieweil ihn schon in seiner Jugend alle Dialektik abgestoßen hatte. Gerade weil er dies alles weit, weit von sich weggeschoben hatte, stand der neue Alexius ganz in Gott vertieft und in den Abgrund des eigenen Nichts versunken da, mit seiner glühenden Hingerissenheit zum sakramentalen Jesus sicher manchen Priester beschämend, der seine Messe mechanisch und ohne inneren Schauer las.

Das unbewegliche Stehen dieses schweigenden Menschen, das mit der Zeit den Leuten auffiel, deutet auf eine außerordentliche, charismatische

Begnadigung hin, die um so überraschender ist, als sie in diesem unansehnlichen und abstoßenden Menschen aufbrach. Sein Hingerissensein vom sakramentalen Jesus steigerte sich zu regelrechten Ekstasen, welche die Kirchenbesucher oft förmlich erschreckten. Wie in festem Schlaf stand der Pilger in diesem mystischen Entsinken da, man suchte ihn durch Rütteln zu sich zu bringen, aber es war dies eine vergebliche Bemühung. Die Arme in Kreuzesform, den Kopf nach oben ausgestreckt, den Körper zurückgeworfen: in dieser Haltung tat sich seine Verzückung kund. Der verwahrloste Mann schaute in seiner Entrückung unaussprechliche Gesichte, während gleichzeitig die Flöhe fröhlich auf ihm herumhüpften und die Läuse in seinem Haar krabbelten! Seltsames Beieinander, das sich mit allem Scharfsinn nicht erklären läßt, und das am besten mit dem Ausruf einer einfachen Frau aus dem Volke kommentiert wird: «Glücklicher Sterblicher! Wer weiß, was du siehst.»

In diesem ekstatischen Zustand hat ihn der Maler Antonio Cavallucci beobachtet und ihn einmal porträtiert, damit das einzige Gemälde Labres schaffend, das die Nachwelt in der Galleria Nazionale in Rom besichtigen kann. Es gibt nicht viele Bilder von einem solch physiognomischen Ausdruck, vor dem der Beschauer in Betroffenheit stillesteht. Es zeigt Labres Antlitz mit geschlossenen Augen, wie es die Verzückten tun, wenn sie in die Gegenwart Gottes versenkt sind. Welche Paradoxie, ist man im ersten Augenblick geneigt zu sagen; Pilger und geschlossene Augen sind doch unvereinbare Gegensätze. Es handelt sich aber in diesem Moment nicht um die endlosen Wege, die er zu wandern hatte; es geht jetzt einzig darum, das Gelöste, Versunkene und Ekstatische dieses wundervollen Antlitzes wahrzunehmen. Es wurde schon ein «paradiesisch Angesicht» genannt, das in die Flammen der Liebe eingetaucht war, wie denn nach Thomas von Aquino einzig die göttliche Liebe die direkte Ursache der Verzückung ist. Labre war in der Entrückung mit mystischer Glut übergossen, die ihm ein ungewöhnliches und unvergeßliches Aussehen gab, vor dem man ehrfürchtig zurückweicht. Es muß ein einzigartiger Anblick gewesen sein, wie der in Lumpen gehüllte Mensch plötzlich von der Glorie umstrahlt wurde. Diesem «stillen, beseligten und rätselhaft schmerzvollen Gesicht des Bettlers und seiner zurückgelehnten, scheinbar schwerelosen Gestalt», wie ihn Reinhold

Schneider in der bereits angeführten Erzählung schildert, kommt symptomatische Bedeutung zu. Es genügt nicht, dieses entrückte Antlitz nur einmal anzuschauen, man muß immer wieder zu ihm zurückkehren, und dann spürt man, wie dieser Mensch ganz in Gott und in sich hinein gehorcht hat. Er war nicht draußen, sondern ganz bei sich drinnen, er befand sich völlig in der Geborgenheit Gottes. Labre war das Gegenteil von dem zerstreuten, nervösen Menschen, der in seiner Zerfahrenheit gar nicht zu sich selbst kommt. Was in sich gesammelt sein heißt und welche seelischen Kräfte es in sich birgt, das kann man bei ihm lernen. Eine Innerlichkeit geht von diesem Menschen aus, die sich dem intensiven Betrachter des Bildes plötzlich auch mitteilt. Mit geschlossenen Augen ist Labre durch die Welt gewandert. Er sah und hörte nichts, was um ihn vorging. Seine Blicke schauten ausschließlich in die jenseitige Welt, und er schritt mit einer mystischen Blindheit an all den traurigen Dingen vorüber, die den Menschen immer wieder von sich selbst ablenken. Diese ganz nach innen gewandte Sicht deutet auf das geheimnisvolle Hindurchgehen hin, das Labres Pilgertum als den direkten Weg zu Gott enthüllt. Auf diese Weise muß man die Türen nach außen schließen und die Fenster nach innen auftun, will man dem Ewigen in die Arme stürzen.

Gelegentlich hüllte das ekstatische Charisma Labres Gestalt vom Haupt bis zu den Füßen in ein blendendes Licht ein, damit seine Herrlichkeit nun vor aller Welt sichtbar werde. «Plötzlich erleuchtete sich sein Angesicht mit strahlendem Lichte, so hell und glänzend, daß es zu brennen schien. Feuerfunken rieselten von dem Kopfe des Bettlers auf die Steinplatten herab», berichtet ein Geistlicher als Augenzeuge. Nicht nur ein einziger Mensch hat diese in den göttlichen Glanz eingetauchte Pilgergestalt gesehen. «Der Bettler brennt», rief einmal eine Lernschwester zu Tode erschrocken aus, als sie ihn in diesem feuerumflossenen Zustand sah, der die ganze Kapelle verklärte. Die gute Schwester konnte sich das aus seinem Haupte hervorströmende Licht nicht anders als in dieser materiellen Weise erklären. Diese Strahlen waren ein Symbol für die Lichtfülle, die in diesem armseligen Menschen lebte, der sich von den Speiseüberresten auf den Abfallhaufen ernährte und gleichzeitig sich unaufhörlich in der Nähe Gottes befand.

Es war nicht anders möglich, diese gelegentlichen Lichterscheinungen gaben zu allerlei Gerede von Wundern Anlaß, die sich im Leben des Pilgers ereignet haben sollen. Man hat von Levitationen gesprochen, in denen sich der ganze Körper in die Höhe hob und in dieser außergewöhnlichen Stellung frei über dem Boden schwebte. Sein Beichtvater und erster Biograph schreibt darüber: «Es gibt hier in Rom sehr glaubwürdige Zeugen, welche den Diener Gottes, als er in einer entlegenen Ecke betete, von der Erde erhoben sahen. Denn so sehr er sich auch zu verbergen suchte, so große Gewalt er sich antat, damit sich die innerlichen Wirkungen des Heiligen Geistes nicht äußerlich verrieten, so gelang es ihm doch, weil diese Entzückungen sehr häufig waren, bei aller Behutsamkeit und gewaltsamen Zurückhaltung, nicht immer.» Nach Aubineaus Darstellung wagen es andere Augenzeugen wiederum nicht, sicher zu behaupten, daß sein Körper frei in der Luft geschwebt habe. Wie dem auch sei, es darf den Wundern – man erzählt sich auch von Bilokationen – im Leben Labres kein allzu großes Gewicht beigelegt werden, weil sie ihm persönlich eher peinlich waren. Daß die Tiere ihm zu beiden Seiten auswichen, um ihm den Weg freizugeben, war für ihn lediglich ein Zeichen, das auf Höheres hinwies. Er machte aus allem wunderbaren Geschehen nicht das geringste Aufheben, er bemerkte jeweilen nur: «Es wird von keiner Bedeutung sein, es wird nichts sein.» Natürlich ist es wichtig, daß sich diese Wunder auch ereignet haben und nicht nur erdichtet sind. Denkwürdig bleibt jedoch, daß sie von einem in Lumpen gehüllten Armen und nicht von einem in vollem Ornat daherschreitenden Kirchenmann erzählt wurden. Wenn nichts daran gewesen wäre, so hätte man sie doch nicht gerade von ihm erfunden. Freilich wird seine pilgernde Lebensweise, bei der er unerwartet auftauchte und plötzlich wieder ins Unbekannte verschwand, diese Erzählungen begünstigt haben. Gleichwohl müssen diese Geschehnisse auf einer realen Grundlage beruhen, damit sie überhaupt erzählt werden konnten, da er selbst nichts dazu tat und sie ihm nur lästig waren.

Viel wesentlicher als diese Wundergeschichten ist die unaussprechliche Glückseligkeit dieses Pilgers, nach der er in jungen Jahren so leidenschaftlich gesucht hatte. Sie übertrifft an Unfaßlichkeit noch seine Ekstasen. Der Arme hatte jene Glückseligkeit gefunden, mit deren Lobpreisung Jesu die Bergpredigt beginnt und die in ihrer Paradoxie alles auf den Kopf stellt. Doch ist es schwer, einer unglücklichen Gegenwart davon nur eine kleine Ahnung zu vermitteln. Auch Aubineau ist nach der Schilderung von Labres ärmlichem Aufzug der Ausruf entfahren: «Man errät seinen Mangel, wer aber kann seine Freude erzählen?» Dies scheint beinahe ein unmögliches Unterfangen zu sein. Als bettelnder Pilger war Labre ein verlauster Geselle, und doch war reinste Glückseligkeit in ihm! Wie ist das zugegangen? Woher kam sie? Man wagt es kaum anzudeuten: Er fand sie, weil er völlig arm war! Aus keinem andern Grund. Die religiöse Freude ist in die freiwillige Armut eingewickelt und flieht den Reichtum. Labre macht diese vergessenen Zusammenhänge wieder klar. Der Pilger fand in der Geringschätzung alles Irdischen eine unendlich größere Süßigkeit als in allem Besitz, und daraus ging jene Glückseligkeit hervor, die sich in seiner innern Harmonie, seiner seelischen Zufriedenheit und seiner köstlichen Wunschlosigkeit auswirkte. In all seinen Wanderungen war er «stets freudig und zufrieden, niemals sah man ihn traurig oder niedergeschlagen, sondern immer fröhlich und heiter bis zum letzten Augenblick seines Lebens» (Auer). Das Wesen dieses vom himmlischen Heimweh erfüllten Mannes gründete ganz in der Freude in Gott, die aus seinem betenden Anschauen des sakramentalen Jesus floß und nicht anlagegemäß bedingt war. Diese verborgene Mystik verursachte sein inneres Lächeln, das nur ein anderes Wort ist für die evangelische Glückseligkeit, die von allen Biographen ausdrücklich hervorgehoben wird. «Seine unaussprechliche Heiterkeit inmitten gänzlicher Entblößung war der Reiz, fast möchte man sagen der Heiligenschein des Seligen.» Diese stille Seligkeit inmitten des bettelnden Pilgerlebens widerstreitet allen gewöhnlichen Begriffen. Sie kann nicht logisch erklärt werden und spottet aller Ableitungen. Und doch war sie als Himmelsgabe inmitten aller Anfechtungen vorhanden. Labres Freude leuchtete und strahlte in verhaltener Stärke, die immer wieder bemerkt wurde: «Diese Freudigkeit ist ein Zug des Seligen, der nicht übergangen werden darf. Alle, die Labre kannten, haben ihn bezeugt. Mitten in den lebhaftesten Empfindungen des Schmerzes, in den grausamsten Beängstigungen erscheint an ihm eine Heiterkeit, eine Sanftmut, eine Art Ergötzung und ein Wohlbehagen, die nur von einem übernatürlichen und göttlichen Abglanz herrühren konnte. Die Heiterkeit des Seligen beherrschte und überstrahlte die Bitterkeiten. Er war erfüllt vom Trost und strömte von Freude über inmitten der Leiden.» Der Pilger war der Mensch der inneren Freude, jener echten Gottesfreude, die eines der köstlichsten Attribute der Heiligen ist, ein Zustand, in dem der Mensch nur noch «in Gott fallen kann», was die Quelle seiner unermeßlichen Glückseligkeit war.

Welche Realität gilt nun bei Labre: Lumpen oder Herrlichkeit? Die Frage ist falsch gestellt. Es besteht hierin kein Entweder-Oder. Es waren durchaus beide Wirklichkeiten vorhanden, die ineinander übergingen: Lumpen *und* Herrlichkeit. Labre war die in Lumpen eingekleidete Herrlichkeit und besaß jene Glorie, die nur aus dem tiefsten Elend aufleuchtet. Dieses rätselvolle Ineinandergreifen vom Größten, das sich im Niedrigsten enthüllt, wird nur annähernd verständlich, wenn man das Anliegen des Inkognito beachtet, das Labre existentiell und nicht als theoretisches Problem beschäftigte. Er war vom Bestreben erfüllt, unerkannt durch die Welt zu gehen und seine Glückseligkeit zu verbergen, was ihm weitgehend gelang, wenn es auch dadurch zu der eingangs erwähnten Fama kam. Labre wollte «unbekannt und oft sogar verkannt durch die Mitte des Volkes hindurchgehen». Dies geht auch deutlich aus seiner Antwort hervor, die er stets mit lächelnder Miene denen gab, die ihn fragten, warum er dieses arme Leben führe: «Aus einem gewissen Triebe, in der Welt herumzuschlendern.» Er versteckte damit bewußt den wahren Sachverhalt und glaubte, damit den Verdacht von höheren Beweggründen glücklich abgewehrt zu haben. Es gelang ihm, wenn auch nicht ganz, das Inkognito beinahe sein ganzes Leben lang zu wahren. Labres Leben ist einem abgeschirmten Licht zu vergleichen, dessen Abdichtung doch nicht vollständig funktionierte, so daß einige Lichtstrahlen herausdrangen und seine in Lumpen gehüllte Herrlichkeit verrieten.

Zu dieser sporadischen Wahrnehmung kam es allerdings erst gegen Ende seines Daseins, als Labre von seinen Pilgerfahrten immer häufiger nach Rom zurückkehrte. Der Arme hielt sich zuletzt in der Ewigen Stadt am längsten auf. Nicht daß er sich darin gefeit vorgekommen wäre, sagte er doch einmal zu einem zufälligen Reisegefährten: «Lieber, wir sind zwar in Rom, aber deswegen sind wir nicht sicher.» Er wählte Rom wegen seiner Größe, denn dort konnte man besser unerkannt untertauchen und auch von einer Kirche zur andern gehen, ohne beobachtet zu werden. Es gehörte dies beinahe zum Wesen der päpstlichen Stadt, man sah darin nichts Auffallendes. Kaum war er jeweilen in Rom angekommen, ging er zuerst in die Kirche. Mochte er noch so ermüdet sein von den Anstrengungen seiner Reise, es spielte keine Rolle, sein erster Gang galt dem Grüßen des sakramentalen Jesus, vor dem er gleich niederkniete. In diesem primären Kirchenbesuch bekundet sich die katholische Variation dieses Pilgerlebens. Mit besonderer Vorliebe suchte er verlassene Kirchen auf. Das Loch in der Mauer des Kolosseums, das ihm jahrelang als Schlafstelle diente, ist symptomatisch für das unbemerkte Tun Labres. Eine kleine Höhle war es, die sich eher für ein Tier denn für einen Menschen schickte. Von den prachtvollen Kirchengebäuden und Kirchenmalereien, die in Rom zu sehen sind, nahm Benedikt Labre keine Notiz. Die farbige Seite der kirchlichen Zeremonien spielte bei ihm keine Rolle, auch mit dem Papst betrieb er nicht jenen Sehenswürdigkeitskultus, dem viele Rompilger huldigen. «Haben Sie den Papst gesehen?» wurde er einmal gefragt. «Man muß ihn nicht sehen, sondern für ihn beten», erwiderte Labre, damit wiederum eine Antwort gebend, die in aller Unscheinbarkeit viel aussagt.

In der Ewigen Stadt machte sich bei Labre schließlich die Erschöpfung seiner vielen Pilgerwanderungen geltend, die seinem Leben ein Ende setzte. Doch darf mit der leiblichen Auflösung des Pilgers nicht der Gedanke eines erbaulichen Sterbens verbunden werden. Benedikt Labre kam nicht dazu, um sein Krankenbett noch allerlei Menschen zu versammeln, denen er gute Ermahnungen erteilte und von denen er sich mit segnender Gebärde verabschieden konnte. Eine derart fromme Sterbeszene, wie man sie in andachtsvollen Büchern zu lesen gewohnt ist, ereignete sich beim Bettler nicht. Alles vollzog sich bei ihm in einem unsäglichen Elend und insofern in einer viel größeren Wirklichkeit. Wenn die völlige Heimatlosigkeit, die der Pilger auf sich genommen hatte, allezeit schwer auszuhalten war, so nahm sie eine beinahe unerträgliche Form an, als die Sterbenselendigkeit über ihn kam und er keine Stätte hatte, wo er sein Haupt hinlegen konnte. Zwar beklagte sich Labre auch darüber mit keinem Wörtchen, zumal er gelobt hatte, ein gekreuzigtes Leben zu führen. Gleichwohl muß Labre seine erschrekkende, abgründige Einsamkeit in dieser trostlosen Stunde unsagbar schwer empfunden haben, als er in bitterer Verlassenheit wie ein weggeworfener Gegenstand auf dem Schindanger Gottes lag und in dieser ausgesetzten Situation als nackter Mensch in den Tod einging.

Zunächst wirkte sich Labres Schwäche in Ohnmachten aus, denen er keine weitere Beachtung schenkte. Er schleppte sich im darauffolgenden Winter mit durchnäßten Kleidern, zitternd vor Kälte, weiter, bis zum letzten Tag das Leben eines Pilgers führend. Sein Beichtvater sah ihm einmal nach und dachte bei sich: «Er geht sterben, ein Märtyrer der Buße.» Obschon Labre infolge seiner Unterernährung am Ende seiner Kräfte war, wollte er nichts von Schonung wissen. Bleich, mager, mit tief eingesunkenen Augen, sah er mehr einem Gestorbenen denn einem Lebenden ähnlich. Er bot kaum mehr den Anblick eines Menschen, in seinem ausgemergelten Elend erweckte er den Eindruck eines Totengerippes. Vielleicht war es Benedikt Labres heimliche Absicht, in einer Kirche, im Anblick des sakramentalen Jesus zu sterben, und deswegen wollte er in allem Schwächegefühl die Kirche nicht verlassen. Aber gerade diese Gnade wurde ihm nicht gewährt, weil ihm bestimmt war, wie Christus, ohne menschlichen Trost in der äußersten Entblößung zu sterben. Da er auch von einem Hospital nichts wissen wollte, das aufzusuchen man ihm riet, blieb er zuletzt vor namenloser Erschöpfung auf den Stufen einer Kirche liegen, bis endlich einige Leute ihn aufzuheben kamen und ihm ein Glas Wasser brachten – das berühmte Glas Wasser des Evangeliums, das nicht unbelohnt bleiben soll! Der in der Nähe wohnende Fleischer Zaccarelli anerbot sich, den Sterbenden in seine Wohnung aufzunehmen, und als man ihn in dessen Haus trug, erwies es sich, daß der Pilger nur noch das Gewicht eines Kindes hatte, so leicht war er infolge seiner Abmagerung geworden. Wegen des körperlichen Zerfalles verlor er alsogleich das Bewußtsein, so daß man ihm nicht einmal die letzte Wegzehrung reichen konnte. In diesem röchelnden Zustand hauchte Benedikt Labre am 16. April 1783 in der fremden Stube eines Schlächters seine Seele aus, erst 35 Jahre alt. Die leiseste Abschwächung seines Endes in völliger Hilflosigkeit und größtem körperlichem Elend wäre unrichtig, man muß es in seiner namenlos ergreifenden Düsternis belassen.

In Labres Tod erfuhr die Alexiuslegende, die für sein Leben so bestimmend war, noch einmal eine Verlebendigung. Wie man nach dem unbemerkten Ableben des Alexius in einem Winkel unter dem Treppengeländer einen Zettel in seiner Hand fand, darauf sein Name geschrieben war, und erst jetzt alle innewurden, wie in dem verhöhnten Bettler der unerkannte Sohn des reichen Hauses vor ihnen lag, so trat auch Labre erst nach seinem Hinschied aus seiner Unkenntlichkeit heraus. Im Augenblick seines Hinübergleitens, und keinen Moment früher, lüftete er gleichsam sein Inkognito und formte sich sein ewiges Antlitz, auf das nun die Menschen mit grenzenloser Verehrung blickten. Nun, da ihn kein irdischer Ruhm erreichen konnte, offenbarte Gott sein tiefstes Wesen. Kaum hatten die vor der Türe des Metzgers stehenden Menschen die Stunde des Ablebens des Bettlers erfahren, als die auf der Straße spielenden Kinder plötzlich zu schreien begannen: «Der Heilige ist gestorben, der Heilige ist gestorben!» Nicht auf Veranlassung der kirchlichen Würdenträger wurde er zum Heiligen kreiert, die Unmündigen haben zuerst den Unerkannten erkannt. Aus Kindermund hast du dir dein Lob zubereitet, muß von diesem Vorgang gesagt werden. Die Straßenjungen Roms schrien die lautere Wahrheit. Die Nachricht von Labres Tod durcheilte wie ein Lauffeuer die Stadt. Den Bettler, dem bei Lebzeiten nur wenige Menschen eine kleine Beachtung geschenkt hatten, in seinem Tode wollte jedermann ihn sehen. Ein Strom von Menschen drängte sich in den folgenden Tagen zu dem Sarg, in dem der Pilger lag, den man schnell seiner schmutzigen Lumpen entkleidet und in eine weiße Leinwand gehüllt hatte. «Es waren Leute jeden Ranges, Geistliche, Weltliche, Prälaten, Prinzessinnen, Gesandte, Kardinäle, welche warteten und alle Ungelegenheiten erduldeten, um zu sehen – wen? Nicht einen Großen dieser Welt, nicht einen Gelehrten, nicht einen reichen Kaufmann, sondern den zu sehen und zu verehren, der wenige Tage zuvor als ein armer Mann, als ein Bettler, zerlumpt, verabscheut und von dem, welche ihn wegen seines schmutzigen und elenden Aussehens nicht kannten, nicht eines Blickes gewürdigt durch die Straßen wandelte.» Nun begehrten sie die Hände und Füße des toten Pilgers zu küssen, die weder Kälte noch Erstarrung aufwiesen. Erst jetzt nahm man auch die Auswüchse auf seinen Knien wahr und konnte sich die Schmerzen vorstellen, die der Arme ertrug, wenn er jeweilen stundenlang auf diesen weichen Fleischbeulen betete. Ein Bildhauer nahm von seinem Gesicht einen Gipsabdruck, so daß sich eine Totenmaske erhalten hat. Als der Tote zu Grabe getragen wurde, konnten die aufgebotenen Soldaten nur mit Mühe die Ordnung in der unübersehbaren Menschenmenge aufrechterhalten, und die Prozession glich mehr einem Triumphzug als einem Leichenbegängnis. Seit der Bestattung Philipp Neris hatte man in Rom nichts dergleichen mehr erlebt. Labres Hinschied machte das Bibelwort aufs neue wahr: «Es begab sich aber, daß der Arme starb, und ward getragen von den Engeln in Abrahams Schoß» (Lk. 16,22).

Mit seinem Begräbnis verflog der Eindruck des Wunderbaren nicht. Bald nach seiner Bestattung begann man das Aktenmaterial für seine Kanonisation zu sammeln, die denn auch hundert Jahre später erfolgte. Dem mit Ungeziefer bedeckten Bettler wurde die Ehre der Altäre zuteil, ein unerwarteter Anblick, an den man sich zuerst gewöhnen muß. Der bettelnde Pilger als Heiliger steht in gänzlicher Unansehnlichkeit da und wirkt gerade deswegen so ungeheuer echt. Das in der verachteten Schwachheit verborgene Göttliche nötigt den reflektierenden Menschen, sich über die Sendung dieses einzigartigen Mannes Klarheit zu verschaffen, bei dem zuletzt die Lumpen restlos von der hervorbrechenden Herrlichkeit verzehrt wurden.

DAS NEUE BÜSSERTUM

Es gibt eine imaginäre Szene, die sich näher auszudenken überaus verlokkend ist. In den Jahren, da Labre in Italien von Kirche zu Kirche pilgerte, unternahm auch Lessing eine Reise in den Süden. Wenn es auch keine geschichtlichen Nachrichten gibt, so liegt es gleichwohl nicht außerhalb dem Bereich der Möglichkeit, daß Lessing bei dieser Gelegenheit auch den zerlumpten Labre in einer Kirche betend gesehen hat, die der Verfasser des «Nathan» aus ästhetischen Gründen besuchte, ohne sich dieses unansehnlichen Mannes nur zu achten. Was wäre geschehen, wenn diese beiden Menschen miteinander ins Gespräch gekommen wären? Hätte der dem unablässigen Gebet obliegende Labre die schweren Probleme des «Wolffenbütteler Fragmentisten» lösen können, mit dem sich der edle Lessing herumquälte und mit dessen unheimlichem Manuskript er nicht mehr unter einem Dach allein leben wollte? Sicherlich nicht theoretisch, da er sie kaum begriffen hätte. Und doch hätte Labre auf «das Christentum der Vernunft», mit dem Lessing innerlich nie ganz zurecht kam, eine nachdenkenswerte Erwiderung bereit gehabt. Labre wäre als neuer Alexius imstande gewesen, Lessing zu zeigen, daß den intellektuellen Zweifeln, die das Christentum umspülen, gar nicht jenes Gewicht zukommt, wie er meinte, weil es bereits ein Mißverständnis ist, wenn das Evangelium vorwiegend als eine Angelegenheit des Verstandes aufgefaßt wird. Seinem Wesen nach ist das Christentum eine Mitteilung, die ins Leben eingehen will und auch nur im Zusammenhang mit der Verwirklichung im Dasein richtig verstanden werden kann. Das Evangelium verkündet einen Weg, den der Christ gehen muß, und wenn er dieser Aufforderung mit unendlicher Leidenschaft nachkommt, verlieren alle Verstandesprobleme ihren quälenden Charakter und lösen sich in der religiösen Freude auf. Labre hätte dem geistig schwer ringenden Lessing ohne viele Worte in aller Schlichtheit gesagt, daß die dem Intellekt des Menschen als unlösbar vorkommenden Probleme des Christentums nur praktisch beantwortet werden können. In dieser zerlumpten Gestalt wäre Lessing ein Mensch des christlichen Seins begegnet, und gegen diese Haltung kommt man nicht auf, wenn man noch so viele Einwände formuliert. Es hilft alles nichts, das Sein ist stärker als das Denken, und diese Wahrheit dem über das Christentum räsonierenden Aufklärungszeitalter wieder zum Bewußtsein zu bringen, war eine der Aufgaben Labres. Seine lebende Christentumsverkörperung war der Beweis des Geistes und der Kraft, nach dem der tapfere Lessing immer sehnsüchtig Ausschau gehalten hat und den er bei den allzu vernünftigen Christen seiner Zeit nicht zu sehen bekam.

In Labre tritt uns ein Mensch entgegen, gegen den sich zunächst freilich alle Instinkte sträuben. Zu fremdartig und abstoßend erscheint er dem modernen Menschen, als daß er sich damit befreunden könnte. Labre stört das Weltbild des aufgeklärten Bürgers in einer ärgerlichen Weise. Vom Standpunkt des technischen Zeitalters, das nur auf die Rentabilität eines Unternehmens schaut, scheint Labre eine vergebliche Existenz geführt zu haben. In den Augen der Utilitarier war er der nutzlose Mensch, dessen beständiges Herumwandern lediglich eine unnötige Kräfteverschwendung bedeutete. Der Tätigkeitsmensch mit seiner auf Erwerb gerichteten Wirksamkeit hat kaum eine Möglichkeit, eine solche, nicht am Geld interessierte Gestalt zu begreifen. Sie steht außerhalb seines Verständnisbereiches, weil Labre ein Phänomen darstellt, das mit dem Verstand gar nicht erfaßt werden kann. Der heilige Bettler unterwegs gehört ganz der irrationalen Sphäre an und ist damit der Neuzeit entrückt, deren großes Problem der konsequente Rationalismus und seine Folgen ist. Seine Sendung war, gegen die Aufklärung zu protestieren, die unstreitig ihre bedeutsamen Verdienste hat, aber doch wiederum fehlging, weil sie zu einseitig alles nur auf die Vernunft abstellte. Labre hat durch sein bloßes Dasein den Kampf gegen die Ausschließlichkeit der rationalistischen Lebensgestaltung geführt, den zur gleichen Zeit im hohen Norden der unverstandene Hamann mit seinen skurrilen Schriften auf eine tiefsinnige Weise ausfocht. Labre hat in seiner irrationalen Haltung nicht alle Ausführungen der Bibel neu akzentuiert – bei wem ist dies der Fall? – aber die sich ihm auftaten, lebte er dafür bis zum Äußersten. Diese stille Gestalt, die in ihrer Geräuschlosigkeit kaum einen Lärm machte und fast lautlos über diese Welt schritt, die sich beinahe entschuldigte, daß sie noch immer da ist, wie tief beeindruckt sie doch den sich mit ihr beschäftigenden Menschen. Warum muß man immer wieder an diesen beinahe unbemerkten Pilger denken, der alles ohne Vorbehalt klaglos von Gott entgegennahm? Was zieht den Betrachter zu diesem reinen und kristallklaren Bettler hin, der auf alle Freiheit des Wählens verzichtet hatte, da er vollständig auf Gott ausgerichtet war? Worin besteht der leuchtende Glanz dieses unscheinbaren Mannes, so daß man versucht ist, die Worte Michelangelos über Dante zu wiederholen: Wäre ich wie er! Wie wunderbar, daß es noch inmitten der werdenden Neuzeit solche Menschen gab, die scheinbar nichts taten und doch ganz im göttlichen Sein standen. Auf diesen übervernünftigen Menschen ruht eine der Hoffnungen des Abendlandes und nicht auf der uferlosen Weiterentwicklung der Technik, welche die Menschen immer nur tiefer ins Unglück stürzt.

Das Leben Labres birgt keine beklemmende Dramatik, und trotzdem geht eine Atmosphäre von ihm aus, der man sonst kaum begegnet. Sein Dasein schließt den merkwürdigen Gegensatz zwischen Außen und Innen in sich, der nicht auf einen Nenner zu bringen ist: als zerlumpter Bettler dazustehen und zugleich ein Träger von Charismen zu sein. «Durch diese unaussprechlichen Lumpen und aus der Mitte des Ungeziefers, das man von allen Seiten auf ihm herumlaufen sah, strahlte eine Majestät hervor, von welcher niemand sich Rechenschaft zu geben wußte, von der es jedoch schwer war, nicht betroffen zu sein» (Aubineau). Das Rätsel dieses ins absolute Geheimnis gehobenen Menschen ist kaum lösbar. Labre selbst bot nicht die geringste Handreichung dazu. Er war die verhaltenste Persönlichkeit, die nur von dem einen Bestreben geleitet war, möglichst kein Aufsehen zu machen. Das Entscheidende geschieht bei ihm im Verborgenen. Man ahnt in gewissen Momenten plötzlich den tieferen Sinn seiner unwiedergebbaren Existenz. Doch ist es unmöglich, dieses Bettlerleben, das sich im kurzen Zeitraum von nur dreieinhalb Jahrzehnten abspielte, in irgendein traditionelles Schema einzuordnen. Es scheint, als ob im Sprengen jeglicher Klassifikation die Funktion seines Daseins bestanden hätte. Labre mußte die Menschen auf das aufmerksam machen, was sich nicht ins Verstandesmäßige eingliedern läßt. Was dieses Undefinierbare ist, wird gegen Ende seines Lebens immer deutlicher sichtbar, obschon es auch in jener Phase schwer erkennbar ist. Man findet wenige Analogien in der Geschichte, die zum Verständnis von Labre herangezogen werden könnten. Der Bettler ist das nicht beispielhafte Beispiel, der die Pilgerschaft in der Welt noch einmal in ganz großem Format lebte. Es ist nicht wörtlich nachzuahmen, sowenig wie jene Fußwaschung des Herrn, von der das Johannesevangelium berichtet, obschon sie mit den Worten abgeschlossen wird: «Ein Vorbild habe ich euch gegeben, damit auch ihr tut, wie ich auch getan habe» (Joh. 13, 15). Labres Pilgertum kommt die Bedeutung einer Demonstration zu, die sich in mehrfacher Beziehung auswirkt.

Das Beispiel Labres liegt zunächst in der Art, wie er als Pilger das Leben eines Bettlers führte. Er war kein von südländischer Romantik umhauchter, pittoresker Betteljunge, wie ihn Murillo gemalt hatte. Labre empfand das Betteln als eine Demutsübung, die er mehr stumm als redend betätigte. Der Pilger war darauf angewiesen, bittend die Hand auszustrecken und Almosen entgegenzunehmen. Mit seinem Bettlerdasein verkörperte er jene Haltung, welche die moderne Zeit mit ihrem bureaukratisch aufgezogenen Wohltätigkeitsstaat, der alle eintretenden Möglichkeiten zum voraus versichert, schlechterdings nicht versteht, obschon ihr Léon Bloy die erschrekkenden Worte ins Gesicht geschleudert hat: «Wehe dem, der nie gebettelt hat! Es gibt nichts Größeres als das Betteln. Gott bettelt. Die Engel betteln. Könige, Propheten, Heilige betteln. Auch die Toten betteln. Alles, was in der Glorie und im Lichte ist, bettelt. Wie sollte ich es da nicht als eine Ehre empfinden, auch ein Bettler gewesen zu sein, ja ein ‚undankbarer' Bettler?» Eine Meditation über diese Worte Bloys führt vielleicht zu einem Verstehen von Labres Bettlertum. Seine Armut hat mit dem Pauperismus der modernen Industriestädte nichts zu tun. Sie ist bei ihm überhaupt kein soziales Problem. Labre hätte das Bestreben eines Marx, eine Welt zu schaffen, in der es keine Bettler und keine Arme gibt, nicht unterstützt. Seine Armut war nicht gegen die Reichen gerichtet, die ihr Geld verschwenden und oft gegen den vor ihrer Türe liegenden armen Lazarus von rücksichtsloser Härte sind. Er hat keine Ähnlichkeit mit dem Fäuste machenden Proletarier; das alles interessierte ihn gar nicht. Die Armut dieses Mannes wuchs aus einem ganz andern Boden heraus. Bei einem Pilger, der sich nie verteidigte, der keinem Mißgeschicke Trotz bot und das Entgegennehmen als seine Bestimmung empfand, hatte sie zum voraus einen andern Sinn. Er besaß eine der allerseltensten Erkenntnisse, daß der Christ nichts, aber auch absolut nichts hat, und diese mystische Einsicht führte ihn zu der übernatürlichen Armut, die nur ein Mensch vertreten kann, der sich von Gottes unermeßlichem Reichtum getragen weiß. Labre war der arme Pilger, der das Mysterium der Losschälung lebte, das ihn zu einem der unabhängigsten Menschen machte. Durch seine gänzliche Bedürfnislosigkeit hatte er alle Fesseln durchschnitten und war fortan nicht mehr der Gefangene seiner Wünsche; er vergaß sich selbst, wozu nur wenige Menschen fähig sind. Die Armut hatte Labre zu dem freiesten Menschen der Welt gemacht, nur zu vergleichen mit den Vögeln unter den Himmeln, die das Evangelium erwähnt und die der himmlische Vater doch ernährt. Der Christ allein wird das hierin verborgene Geheimnis ahnen, der dies Los freiwillig auf sich genommen hat und nichts Erniedrigendes darin sieht, weil Jesus diese Armut selig gepriesen hat. In der religiösen Armut liegt eine Tiefe beschlossen, die durch nichts aufgewogen werden kann. Labre war denn auch alles andere als unglücklich in seiner Armut, im Gegenteil, sie trug wesentlich zur Erhöhung seiner Freude bei. Freiwillige Armut und religiöse Freude sind miteinander verbunden, wie das schon Franziskus und alle jene Christen erfahren haben, die den großen Schritt gewagt haben.

Mit der evangelischen Armut hängt Labres übermönchisches Mönchtum zusammen, um diese paradoxe Formulierung zu gebrauchen. Sein heißester Jugendwunsch galt einem Leben im Kloster. Er hat es lange nicht begreifen wollen, warum ihm dieser Weg verwehrt sei. Zwar war auch sein verhältnismäßig kurzer Klosteraufenthalt nicht umsonst. Labre hatte bei dieser Gelegenheit wesentliche Gedanken des abendländischen Mönchtums in sich aufgenommen und war somit auch von der monastischen Tradition genährt; es gibt keine nur aus sich zu erklärende Gestalt. Labre aber mußte das Mönchtum auf eine neue Weise vertreten. Es ist ein unvollkommener Ausdruck, wenn man sagt: Labre verkörperte den Mönch in der Welt; er gehörte dem Kloster außerhalb des Klosters an. Er hatte das Monasterium ganz ins Inwendige hineingenommen, es war bei ihm zu einem Überkloster geworden. Man kann von diesem «Kartäuser in der Welt» mit gewöhnlichen Worten fast nicht reden, ganz neue Begriffe müßte man erfinden, um sein undefinierbares Tun nur annähernd zu erklären und ins richtige Licht zu setzen. Dem armen Pilger war die Welt zum Kloster geworden, ein Vorgang, der in seiner Tragweite gar nicht abzuschätzen ist. Benedikt Labre beschritt mit seinem Kloster außerhalb des Klosters einen Weg, der nach ihm keine Fortsetzung fand. Immerhin sah sich Elisabeth Langgässer genötigt, Labre in ihrem Roman «Das unauslöschliche Siegel» den «Heiligen unserer Tage» zu nennen und darauf hinzuweisen, daß seine «Art von Ernährung die Mahlzeit von morgen ist».

Von diesem pilgernden Kloster aus sind auch einzig die wimmelnden Insekten zu verstehen, deren Anblick dermaßen abstoßend ist. Natürlich kann man gegen die übelriechende «Floh- und Läusekultur» einwenden, sie sei eine Unnatur und mit der primitivsten hygienischen Forderung nicht zu vereinbaren. Dies ist sie auch und muß als ein einmaliges Faktum bewertet werden. Es ist jedoch keine bloße Zufälligkeit, vor der man sich mit der Gebärde «abscheulich» gruselnd abwenden darf. Auch hierin liegt ein verborgener Sinn, der freilich nicht leicht zu erkennen ist. Der Versuch einer Deutung hat dieses Ungeziefer als einen Bußgürtel zu verstehen, wie ihn gewisse Mönche zu tragen pflegen. Freilich ist es ein Cilicium neuer Art, das furchtbarer als alle Bußwerkzeuge ist. Betrachtet man Labres Verhalten in dieser Sicht, so begreift man seine Anhänglichkeit an all diese Insekten, die auf ihm herum wimmelten. Nicht umsonst nahm er sie so sorgfältig zwischen die Finger wenn sie ihm zu entschlüpfen drohten, und setzte sie wieder in seine Ärmel, damit sie ihn aufs neue quälten. Dieses widerliche Ungeziefer war sein lebendiges Bußgewand, das er zur Niederringung seines Körpers gebrauchte. Man versteht Labre nur richtig, wenn man bedenkt, daß er ein Büßer sein wollte. Er verkörpert den Stand der Büßer, der in der modernen Zeit fast völlig aus der Christenheit verschwunden ist und der doch ein sehr wesentliches Anliegen vertritt. Was für Büßer hat einst die Christenheit hervorgebracht, wenn an eine Margareta von Cortona und an einen Abt de Rancé gedacht wird, um nur diese zwei Namen zu nennen, deren Leben man nicht betrachten kann, ohne von ihren Bußleistungen überwältigt zu werden. Zu diesen Büßern ist auch Labre zu zählen, in ihm war ebenfalls ein brennendes Bedürfnis zu sühnen, ewig und unersättlich, überall und in allem. Dieses förmliche Lechzen nach Buße geht wie ein verborgener Strom durch sein Leben. Deswegen trug er ein lebendes Bußgewand voller Ungeziefer, das weniger grillenhaft anmutet, denkt man an die alten Mönchsväter in der Wüste, von denen ähnliches berichtet wird. Für den heutigen Menschen hat dieses Ungeziefer noch eine besondere Funktion. Es ist als Abschreckungsmittel notwendig, damit mit dem heiligen Bettler nicht eine unwahre Schwärmerei getrieben werde, wie es die Ästheten mit dem den Schwalben predigenden Franziskus getan haben. Vor Labres Tierchen weichen alle Unberufenen zurück, die allzu täppisch nach dem Pilger greifen wollen.

Damit dürfte der letzte Sinn dieser Gestalt klargeworden sein. Labre war ein Pilger und er war ein Büßer. Diese beiden Begriffe müssen miteinander verbunden werden, um den inneren Gehalt dieser Variation der zeitlosen Wanderschaft sichtbar zu machen: Der heilige Bettler hat das Pilgertum eindeutig als Bußleistung verstanden. Labre faßte sein Leben als ein beständiges Opfer auf. Sein Pilgertum ist die große Sühne für die andern. Damit hängt nun die Funktion zusammen, die er in der Gegenwart noch auszuüben hat und die in die Nähe der Lösung des geheimnisvollen Rätsels führt. Was schwebt auch dem heutigen Menschen mehr vor als das Seßhaftsein, das Glück, einen Strich Erde sein eigen zu nennen, das Haften an der Scholle und der Besitz eines trauten Heimes. Dieses Verlangen entspricht dem bürgerlichen Lebensgefühl, das sich zu Hause fühlen möchte und das ein tief im Menschen verankertes Bedürfnis ist, endlos und für alle Zeiten. Es ist ein ewiges Prinzip, das alle verstehen und das allen vertraut ist, weil es fast in jedem Wesen vorhanden ist. Also empfanden die Leute vor tausend Jahren in ihren Ritterburgen und werden noch in weiteren tausend Jahren in der Weise empfinden, wenn sie ganz in ihren Kollektivwirtschaften aufgegangen sind. Diese Einstellung kann nicht aussterben, und sie wird nie untergehen. Von Zeit zu Zeit aber wird sie in Frage gestellt, man wird daran erinnert, daß dies noch nicht des Menschen letzte Bestimmung ist. Einer, der dies erkannte, war der Pilger Benedikt Labre, der als Sohn eines Kleinbürgers sicher auch eine Neigung zum seßhaften Besitztum hatte. Ihm ward aufgetragen, die Mahnung auszusprechen, daß der Mensch auf dieser Welt keine bleibende Stätte hat, dieweil er nur eine vorübergehende Zeit hier verweilt. Für alle diejenigen, die das nicht begreifen wollen, hat er mit seinem Pilgertum stellvertretend Buße getan. Endlos ist er herumgewandert, damit ihnen ihre allzugroße Anhänglichkeit an die gemütliche Häuslichkeit nicht angerechnet werde. Sühne für die andern ist der tiefste Sinn dieses einzigartigen Wandersmannes. Sein Pilgerleben steht als flammendes Zeichen am Beginn der Neuzeit. Benedikt Labre war in seiner sühnenden Büßergesinnung von einer symbolischen Vorbildlichkeit: Man muß innerlich so werden, wie er äußerlich war. Natürlich kann seine Lebensform nicht für alle Menschen verbindlich sein. Das ist eine Unmöglichkeit. Im Geiste aber muß man sich wenigstens von Zeit zu Zeit an seine Fußsohlen heften, weil Labre zu jenen Gestalten gehört, die sich opfern für ihre Zeit. Er hat mit stummen Lippen das neue Wort gesprochen, auf das wir warten ...

III. Variation

DIE BOTSCHAFT DES RUSSISCHEN STRANNIK

DAS LAND DER GOTTSUCHER

NACHT über Rußland», mit diesen Worten hat die ethisch hochstehende Terroristin Vera Figner ihre wie eine Beklemmung wirkende Autobiographie überschrieben. Dieser düstere Titel wiedergab vortrefflich die niederdrückenden Zustände im alten Rußland, die oft jeder menschlichen Würde Hohn sprachen. Die Anklageliteratur des 19. Jahrhunderts hat ein unauslöschliches Bild von dem namenlosen Elend dieses geknechteten, erniedrigten und beleidigten Volkes gezeichnet. Dem herzzerreißenden Anblick dieses unermeßlichen Leides, wodurch die allrussische Traurigkeit bedingt war, vermochte man keinen Augenblick zu entgehen. Sie hing wie ein undurchsichtiger Tränenschleier über diesem weiten Land. Das zaristische System mit seiner Unterdrückung aller freiheitlichen Bestrebungen hat sich furchtbarer Vergehen schuldig gemacht, die aller Welt bekannt sind, wenn man heute auch in Gefahr ist, sie wieder zu vergessen. Doch kann nur eine uneinsichtige Rußlandschwärmerei die Unhaltbarkeit der sozialen Verhältnisse im Zarenreich nicht wahr haben wollen. Umsonst ist das schreckliche Gericht, das wie eine elementare Naturkatastrophe den gesamten Adel und das ganze Bürgertum vernichtete, nach dem Ersten Weltkrieg nicht über dieses Land hereingebrochen.

In der nächtlichen Situation des alten Rußlands schimmerten aber doch ewige Sterne. Das östliche Christentum strahlte ein Licht aus, das wundersame Tröstung den «in die Ecke gestellten» Menschen brachte und sie trotz dem unsäglichen Leid zu den Starken im Lande emporhob. Gar lang schätzte man die Ostkirche im Westen gering, man bezeichnete sie aus verkapptem Ressentiment heraus als ein Naturprodukt der Verbindung des bereits orientalisch zersetzten Griechentums mit dem Christentum und klagte sie der Stagnation an, die sie mit einer Mystagogie zu verdecken suche. Alle diese hochmütigen Urteile stammen von außen, sie sind nicht in das Innere der östlichen Frömmigkeit eingedrungen. Gewiß ist es nicht immer leicht, die Eigenart der russischen Frömmigkeit zu erkennen, die unter einer fremdartigen Schönheit einen tief religiösen Gehalt in sich birgt. Wer sich aber von den westlichen, meist auf Unkenntnis beruhenden Vorurteilen befreit hat, weiß, wie die Ostkirche Ältestes mit Treue bewahrt hat und doch gänzlich mit dem Gefühlsleben des russischen Volkes zu verschmelzen vermochte, so daß sie «in gewissem Sinn dem alten, orientalischen Urchristentum am nächsten steht» (E. Seeberg). Das östliche Christentum hat allezeit stärkste christliche Kräfte ausgestrahlt, es entwickelte die überwältigende russische Brüderlichkeit, die nicht zu beleidigen war, weil sie im voraus verzeiht; es entfaltet jenes unersättliche Hingabebedürfnis an den Willen Gottes, das in jedem Unglück sich nur ihm ergeben will, und es brachte vor allem jenen demütigen Menschen hervor, der sich vor jeglichem Leid verneigt. Was immer sich im alten Rußland an Großem und Kleinem vollzog, es geschah für den gläubigen Bauern «in Erinnerung an Gott». Das ganze Leben des einfachen Volkes stand unter dem ständigen Anruf des Kreuzes. Der oft beargwöhnte russische Leichtsinn war in Wirklichkeit das lebendigste Gottvertrauen, das aus der gleichen religiösen Quelle hervorging wie die Einstellung, im Verbrecher vor allem einen Unglücklichen zu sehen, der Mitleid verdiene. Die östliche Frömmigkeit enthüllt den tieferen Sinn der leidgetränkten Geschichte dieses Landes: das Licht scheint in die Finsternis.

Einer der hellsten Lichtstrahlen in dieser dunklen Situation ist das Pilgertum, das im alten Rußland eine unvergängliche Ausprägung erfahren hat. Mit seinen endlosen Steppen und Wäldern, Landstraßen und Seen ist es das klassische Land der Gottsucher, wenn schon die Gottlosenpropaganda des Bolschewismus mehr als nur eine blutige Ironie hiezu bildet. Der Strannik – wie man auf russisch den Pilger nennt – hat immer wieder den unermeßlichen Raum des Landes durchwandert, bis in die neueste Zeit hinein, als im Westen die Gottespilgerschaft bereits im Erlöschen war. «Die Sekte der Strannik und der Läufer verlangt, daß der Gläubige sein ganzes Leben auf einsamen Wanderungen zubringe, sich an keine Gemeinschaft anschließe, dabei auch keine Zugeständnisse zu machen und von seinen Mitmenschen nichts zu erbitten brauche als hie und da ein Nachtlager und ein Stück Brot; ewige Wanderung sei die einzige einem aufrichtigen Christen zukommende Lebensführung. Es ist hier immerhin äußerst bezeichnend für das religiöse Empfinden des Russen, daß sich zur Aufnahme dieser Christusleute sogleich auch schon die Sekte der Christliebenden oder Wandererbeherberger bildete, die in ihren Häusern besondere Geheimgelasse zur Aufnahme der von der Regierung aufs strengste verfolgten ‚Wanderer Christi' hielten» (Nötzel). In diesen Gottsuchern darf man nicht nur den niemals ganz überwundenen «Hang zum Nomadenleben» sehen, dies wäre eine zu platte Auffassung, die das religiöse Motiv des Pilgertums verkennt. Man frägt sich besser, was diese Stranniki für ein Land zu bedeuten haben. Wenn sie auch zerlumpt und voller Staub anzusehen waren, so erwanderten sie doch einen Glauben und eine Hoffnung, die, religiös gesehen, von unschätzbarem Wert sind. Diese unscheinbaren Pilger zogen geistliche Furchen ins Volksleben, streuten den ewigen Samen hinein und übertrugen damit indirekt ihre unstillbare Sehnsucht nach der Wahrheit Christi auf das ganze Volk.

Der religiöse Wanderer ist nach der Äußerung Berdiajews «eine Kategorie des russischen Geistes, der russischen Idee. Der Typus des Wanderers aus dem Volke ist eine äußerst charakteristische russische Erscheinung. Aber Wanderer sind bei uns auch Menschen der höchsten Kulturschicht gewesen, russische Denker, alle die, welche die Wahrheit Gottes gesucht haben. Gogol, Tolstoj, Dostojewskij sind Wanderer ihrem geistigen Typ und ihrem Schicksal nach. Ein Wanderer war auch Wl. Solowjow. Der Dichter der Frühzeit des russischen Symbolismus, A. Dobroljubow, ist auch tatsächlich ein Wanderer gewesen. In jedem charakteristisch russischen Menschen lebt etwas von diesem Geiste des Wandertums. Dieser Geist ist, gleich der russischen Weltabgekehrtheit, der Gegensatz zu allem Spießbürgerlichen. Der russische Mensch ist in seiner Tiefe niemals endgültig an Eigentum, Familie, Staat, Wirtschaft gebunden, er hat das Gefühl für die Vergänglichkeit aller Schätze und Werte dieser Welt. Alles muß einmal ein Ende haben, vergehen, und dann erst wird das wahre Leben beginnen, das Leben des Reiches Gottes.» Im alten Rußland haben sich unzählige Menschen einmal im Jahre oder wenigstens einmal in ihrem Leben auf die Wanderschaft gemacht. Keineswegs war dies nur durch die unglücklichen sozialen Verhältnisse bedingt. Dieser Drang ging aus einem rein christlichen Motiv hervor, das von weittragenden Folgen war. «Solche Pilgerschaften sind in religiöser Hinsicht sehr viel wert», schreibt Iwan Iljin, «der Alltag wird beiseite geschoben, aber nicht um leere Ferien zu begehen und sich im Nichtstun zu erholen, sondern vielmehr um die Hauptsache, dem Heiligtum zu leben, Buße zu tun, die Seele zu läutern, sich im Gebet und in der Wallfahrt zu erneuern ... Solche Pilgerschaften helfen dem Menschen, sich im Leben eine ‚seelenrettende Insel' zu schaffen, sich in die Lebensdimension des Göttlichen zu begeben.» Diese Ausführungen sind als Ausgangspunkt für eine moderne Meditation überaus geeignet, die den Menschen sicher wertvolle Ergebnisse vermittelt. Unter den Wanderern gab es solche, die zum zeitlosen Pilger wurden, sie kehrten nie mehr zur Seßhaftigkeit zurück und führten ein Dasein als Strannik. Dieses Gottsuchertum ist eine der religiösesten Erscheinungen des alten Rußlands. Es war keine amtlich dirigierte und darum auch völlig unkontrollierbare Frömmigkeit, die sich in ihm auslebte, und doch ging von ihm ein wunderbares Fluidum aus, zumal man des Glaubens lebte, daß in diesen Pilgern unerkannt Christus einherschreite. Will man über das östliche Christentum Wesentliches aussagen, so muß man auch diese Stranniki beachten, die zur russischen Religiosität gehören, so gut wie die Raskolniki, die erstmals die gesellschaftlichen Einrichtungen Rußlands radikal kritisierten.

Das gottsuchende Pilgertum widerspiegelt sich in der Literatur Rußlands, die im vergangenen Jahrhundert ihre große Blütezeit erlebte. Von einem ästhetischen Gesichtspunkt aus gewürdigt, weist sie gewiß hervorragende künstlerische Qualitäten auf und ist in psychologischer Beziehung auch für den Westen zu einem großen Lehrmeister geworden. Doch erschöpft diese Betrachtungsweise niemals ihren Gehalt. In der großen russischen Literatur lebt eine elementar wirkende religiöse Kraft, die sie zu einer verantwortungsbewußten metaphysischen Angelegenheit macht. Sie ist ein Ausbruch des prophetischen Geistes, der vor allem nach einer christlichen Deutung verlangt. In der russischen Literatur kommt ein Suchen nach Gott und der Wahrheit zum Ausdruck, wie dies im Abendland nur die Heiligen und Mystiker kannten. Diese Dichtung steht gleich der Bibel im Dienste der Verwirklichung der Gerechtigkeit. Ihre Solidarität mit den Leidenden hat weltanschaulichen Charakter. In ihren großen Vertretern erhebt sich die russische Literatur zu bestürzenden Visionen über das Kommende. Sie trifft den Leser mitten ins Herz. Wer den russischen Roman als religiöses Erzeugnis wachen Geistes in sich aufgenommen hat, dem ist eines der wesentlichsten Erlebnisse widerfahren, das eine tiefgreifende Veränderung in seinem eigenen Seelengewebe bewirkt.

Aus der überreichen Fülle der östlichen Literatur sei nur herausgegriffen, wie Dostojewskij, der sich besonders vom russischen Pilgerwesen stark angezogen fühlte, in seinem Roman «Der Jüngling» den Pilger Makar schildert, der wundervoll andeutet, daß alles im Leben ein Geheimnis Gottes ist und der sich selbst mit den Worten unterbricht: «Ich möchte, wenn's mir besser geht, im Frühling wieder wandern gehen. Und daß die Welt ein Geheimnis ist, das macht sie ja schöner.» Damit sprach er einen Gedanken Dostojewskijs aus, der selbst vorhatte, eine Pilgerfahrt nach dem Athos zu unternehmen. Auch Staretz Sossima, bei dem der Dichter sowohl inhaltlich als stilistisch stark von der «Beschreibung der Pilgerfahrten des Mönches Parfenij» beeinflußt war, bekennt in den «Brüdern Karamasoff»: «In meiner Jugend, es ist schon lange her, vor vierzig Jahren, durchwanderte ich mit dem Pater Anfim ganz Rußland, um für das Kloster Almosen zu sammeln.» Demnach hat Dostojewskij um den russischen Pilger gewußt, nicht weniger als Nikolay Lesskow, der in seinem «Verzauberten Wanderer», wie schon der Titel zeigt, den Strannik sogar zum Thema seiner Erzählung gemacht hat. Wenn es auch eine Lust zum Fabulieren war, die Lesskow Erlebnisse auf Erlebnisse häufen ließ, und die den Sinn seiner Geschichte beinahe überdecken, gleichwohl ist es eine zielgerichtete Pilgerschaft, die den Wanderer durch alle Abenteuer hindurch zum innern Frieden führt, und niemals ist ihr Held ein bloßer Vagabund. Ebenso läßt Gorki in seinem «Nachtasyl» den Pilger Lucka auftreten, der in die von einer trüben Petroleumlampe erhellte Spelunke ein höheres Licht hineinträgt, damit die Funktion des Strannik ausübend. Von allen andern gestrandeten Existenzen des Nachtasyls unterscheidet sich der Pilger Lucka, der nach seinem Weggang denn auch einen unverwischbaren Nachklang hinterläßt. Es ist keine unzulässige Deutung, die ihn zur geheimen Hauptfigur dieses naturalistischen Schauspieles erhöht, das sonst von trostloser Finsternis wäre. Auch durch Josef Kallinikows Roman «Reliquie», der vorwiegend das sich auflösende russische Kloster schildert, schreiten eine Anzahl Pilger, die den ihrer Wanderschaft voranleuchtenden Stern von Bethlehem gesehen haben. In Iwan Schmeljows nachgelassener Erzählung «Die Wallfahrt» wird das Erlebnis und die Empfindung einer ganzen Pilgerschar mit einer anschaulichen Genauigkeit wiedergegeben, die dieser Dichtung einen religionspsychologischen Wert verleiht. Dabei sahen Rußlands Dichter auch die Gefahren des Pilgertums. Leo Tolstoj, der sich schon in der Novelle «Vater Sergius» mit einem Pilger beschäftigt, führt in seiner Volkserzählung «Die beiden Alten» aus, daß es Menschen gebe, die wohl mit den Füßen in Jerusalem waren, nicht aber mit ihrer Seele. Der Künstler läßt den aus dienender Nächstenliebe seine Pilgerfahrt nicht ausführenden Greis sagen: «Sonst gehst du übers Meer, Christus zu suchen, und in dir selber hast du ihn verloren.» Diese wenigen Beispiele sind keine bloß poetischen Schilderungen des Pilgertums. Dichtungen entsprechen einer Wirklichkeit, die in ihren Schöpfern oft viel intensiver lebte als die materialistischen Realitäten in den bloßen Nützlichkeitsmenschen. Alle diese ergreifenden Pilgererzählungen sind nicht frei erfunden, sie wuchsen heraus aus dem unmittelbaren Kontakt mit dem Gottträgervolk; mit seherischen Augen haben seine Dichter die Bewegungen des Volkes erfaßt und niedergeschrieben, womit sie zum getreuen Sprachrohr des alten Rußlands wurden. Gleichwohl darf man nicht allein auf sie abstellen, will man erfahren, wie der russische Christ das Gottsuchertum in seiner Wanderschaft aufgefaßt hat.

Noch eindrucksvoller als diese dichterischen Schilderungen ist das pilgernde Gottsuchertum in seiner geschichtlichen Wirklichkeit. Wohl stöhnte dieses Land unter der Knute, es legte aber auch eine Christlichkeit an den Tag, vor der man stets betroffen stillesteht. Die österliche Auferstehungsfreude verklärte immer wieder die Trostlosigkeit des grauen Alltags. Eine allverzeihende Liebe zum entgleisten Menschen und ein lebendiges Verständnis für das Urbildliche der Christusrealität wohnt in diesem Volk. Konnte doch noch zu Beginn des 20. Jahrhunderts ein von heidnischer Sinnenfreude und christlicher Erlösungssehnsucht zerrissener Mensch wie Rosanow das für alle gottsuchenden Pilger gültige Bekenntnis ablegen: «Jesus ist wirklich schöner als alles in der Welt und sogar schöner als die Welt selbst. Als er erschien, hat er wie die Sonne durch seine Person die Sterne verdunkelt. Die Sterne sind bei Nacht notwendig. Die Sterne – das sind die Künste, die Wissenschaften, die Familie. Es läßt sich nicht bestreiten, daß Christi in den Evangelien gezeichnetes Antlitz – so, wie wir es aufgenommen und wie wir von ihm gelesen haben – ‚süßer', anziehender ist als die Familie, als Königreiche und Macht und Reichtum. Gogol ist Stroh im Vergleich mit nur einem Kapitel des Evangeliums ... Mit Christi Geburt, mit dem Aufleuchten des Evangeliums wurden auf einmal alle irdischen Früchte bitter. In Christus, namentlich infolge seiner Süßigkeiten, wurde die Welt bitter.» Diese Menschen wurden tatsächlich immer wieder von einem verzehrenden Gotteshunger auf den Pilgerweg getrieben, den sie bei aller erdenklichen Mühsal doch als «die Straße der Freude» empfanden. Durch dieses nie zur Ruhe kommende Gottsuchertum entstand die Rede vom heiligen Rußland. Sie besagt nicht, daß das russische Volk an sich heilig gewesen wäre, o nein, es lebte in vielen Sünden, aber in aller Despotie und Trunksucht lechzte es unaufhörlich nach der Heiligkeit, wofür gerade seine unzähligen Pilger Beweise sind.

Im alten Rußland, das man seiner Gläubigkeit wegen das heilige Mütterchen nannte, begegnet man dem Heldenpriester Awwakum, der eine aufschlußreiche Selbstbiographie geschrieben hat und zuletzt für seinen Glauben den Märtyrertod starb (1620–1682). Bei seinen endlosen Wanderungen mit seiner Familie hatte er schwerste Leiden zu bestehen. «Wie lange», fragte ihn einst sein unter den Mühen der langjährigen Pilgerfahrt beinahe zusammenbrechendes Weib, «wird dieses Elend wohl noch dauern?» Darauf antwortete Awwakum: «Mackowna, bis zum Tode ist uns auferlegt zu leiden um unseres Heilandes Jesu Christi willen.» Die Frau tat hierauf einen tiefen Seufzer und sagte: «Nun ja, Petrowitsch, dann wandern wir nur weiter.» Es klingt wie die Melodie des ewigen Pilgerliedes, was dieses erschöpfte Weib auf der russischen Landstraße sagte. Ein in aller Ergebenheit erschütterndes Wort aus dem alten Rußland: «dann wandern wir nur weiter». Zu den Pilgern ist auch Grigorij Skovoroda (1722–1794) zu zählen, der mystische, leider bei uns viel zuwenig bekannte Religionsphilosoph aus der

Ukraine. Lange Zeit war er vom schwarzen Geist der Trübsal umfangen, bis er als Fünfzigjähriger plötzlich von der höheren Hand ergriffen wurde: «Ich stand früh auf und ging im Garten spazieren – die Gedanken und die Gefühle meiner Seele waren entzündet in Ehrfurcht und Dankbarkeit gegen Gott ... Ein Strom von unaussprechlicher Süßigkeit erfüllte plötzlich meine Seele, mein ganzes Inneres entbrannte wie im Feuer, und es schien mir, als ob ein Feuerstrahl in meinen Adern herumkreiste. Ich fing an, nicht zu gehen, sondern zu laufen, wie getragen von einem sonderbaren Entzücken, ohne meine Hände und Füße zu fühlen, als ob ich gänzlich aus Flammensubstanz gebildet wäre, getragen im kreisläufigen Raum.» Von dieser Stunde an wußte Skovoroda von der Hohlheit der leeren Welt, die sich äußerlich betäubt und inwendig doch schluchzt. Die ganze Philosophie des Skovoroda ist nach Arseniew ein «Poem der Sehnsucht», das getragen ist von einer wunderbaren Macht des Hingerissenseins, des Suchens und Erfaßtwerdens, in welchem er fortan alle Dinge in der «Zweiheit» schaute, als Erscheinung und zugleich in ihrem ewigen Urgrund. Um auf den Flügeln der Taube nach dem himmlischen Jerusalem zu gelangen, schälte er sich von allen Dingen los und wanderte über ein Vierteljahrhundert bis zu seinem Tode als armer, obdachloser Pilger durch Rußland, voll Heiterkeit, den Stab in der Hand und die Bibel in der Tasche. Auch Nikolay Gogol, der Dichter des metaphysischen Epos «Tote Seelen», hat sich am Ende seines gequälten Lebens auf die Pilgerfahrt nach Jerusalem begeben. Der Beifallssturm ganz Rußlands über seinen gesellschaftskritischen «Revisor» vermochte nicht die Ewigkeitssehnsucht seines Herzens zu befriedigen. Noch erschütternder greift des greisen Tolstoj Tat ans Herz, der nach jahrelangem innerem Ringen sich aus seiner unerträglich gewordenen Häuslichkeit aufgemacht und in dunkler Nacht seine Pilgerreise angetreten hat. Die heimliche Flucht aus Jasnaja Poljana kann nicht anders als ein Symbol für die Pilgerschaft Christi gewertet werden: Tolstoj verließ in letzter Stunde sein ganzes Gut, alle Äußerlichkeiten fielen von ihm ab, entschieden kehrte er seinen bisherigen Gewohnheiten den Rücken, um als zitternder Greis dem ewigen Leben entgegenzueilen, in das er auf einer einsamen, verschneiten Bahnstation einging. In diesem religiösen Wandertum tritt das wortlose Rußland zum Vorschein, das nicht von sich reden machte und wahrscheinlich das Wertvollste von allem ist. Es ist seiner seelischen Struktur nach gleich weit entfernt vom verderbten Zarismus wie von der unmenschlichen Sklaverei des Bolschewismus und stellt den abendländischen Christen nicht vor jene Unbegreiflichkeiten, für die ihm jegliches Organ fehlt. Echt christlicher Geist wohnt in den östlichen Stranniki, die auf der Straße der Freude zum Ewigen wandern. Die immer wieder auftauchenden Gottespilger haben in aller Unscheinbarkeit eine wesentliche Funktion auch noch für die Gegenwart auszuüben. Ist es doch nach Berdiajew «nicht der russische Kommunist, der sich gegen den Geist der Spießbürgerlichkeit erhebt, sondern der russische Wanderer, der auch in unseren Tagen auf den Märkten die Wahrheit Gottes verkündet und der Lüge der Sowjetidee die Larve der Wahrheit vom Gesicht reißt».

Eine unvergeßliche Verkörperung dieser gottsuchenden Wanderschaft liegt in der «Aufrichtigen Erzählung eines Pilgers» vor. Als Höhepunkt aller Pilgerberichte ist sie im vorliegenden Zusammenhang in die Mitte zu rücken. Es ist zwar nur ein kleines Büchlein, das der Abt Paissij auf Grund von Berichten eines russischen Einsiedlermönchs in einem Kloster des Berges Athos niederschrieb und hernach in Kasan dem Druck übergab. Der Name des Pilgers ist bis zum heutigen Tag unbekannt geblieben. Als Anonymus ist er – wie der zweite Jesaja – in die Geschichte eingegangen. Die Anonymität darf nicht als schriftstellerischer Trick gewertet werden, wie schon westlicher Argwohn ganz unberechtigterweise vermutet hat. Wenn es auch für unser Empfinden seltsam ist, daß man so viele psychologische Einzelheiten über einen Menschen wissen kann, obschon man ihn selbst nicht einmal kennt, so ist diese Namenlosigkeit in der Sache begründet. Verfassereitelkeit spielt in dieser Lebensbeschreibung keine Rolle, dazu ist das Büchlein viel zu stark vom Meer der Ewigkeit umbrandet.

Es gelang bis jetzt nicht, den Namen des Pilgers zu erfahren, und doch handelt es sich um eine wirkliche, vielleicht überarbeitete Autobiographie und nicht um eine literarische Fiktion. Man kam auf den Gedanken, es mit einer Fälschung zu tun zu haben, als man mit wissenschaftlichem Denken diesen aus einer überwissenschaftlichen Welt stammenden Bericht beurteilte, was naturgemäß zu falschen Schlüssen führte. Stilkritische und kompositorische Argumente sind allzu äußerliche Gesichtspunkte für ein Werk, das ganz der innern Realität verhaftet ist. Das russische Pilgerbüchlein ist nicht erfunden, dieweil es von der ersten bis zur letzten Seite den Stempel des Erlebten trägt und in eine christliche Tiefe reicht, die auch der schöpferischsten Phantasie nicht zugänglich ist. «Dieses Buch ist nicht Literatur», schreibt sein erster deutscher Übersetzer Reinhold von Walter, «an vereinzelten Stellen ist hie und da das Traktätchen, der theologische Kothurn, frommer Endämonismus zu spüren, der rührend naiv anmutet, aber keinen Augenblick über die wogende Glut dieser Seele wegtäuscht. Es ist, wenn man so sagen darf, das Werben um den Geist das Auszeichnende dieses Buches.»

Das Büchlein gehört jedoch auch nicht der Welt der Historie im strengen Sinn des Wortes an, in der sich alles nach dem kausalen Schema von Ursache und Wirkung abspielt. Dazu steht es in einem zu geringen Zusammenhang mit dem Geschehen seines Jahrhunderts. Man merkt in ihm nichts von der leidenschaftlichen Diskussion der Intelligenz, die ein Tschaadajew, Herzen usw. zur Erweckung Rußlands geführt haben, noch ist in ihm das Anliegen der Slawophilen zu spüren. Diese Ereignisse sind höchstens ganz im Hintergrund leise erwähnt, treten aber in diesem Büchlein nicht hervor, weil die historische Situation Rußlands den Pilger nicht interessiert. Wer die Publikationen der russischen Intelligenz liest und nachher zum Pilgerbüchlein greift, hat das Gefühl, von einem Planeten zum andern zu schreiten. Sie gehören verschiedenen Jahrhunderten an. Der Pilger lebt in einer völlig andern Welt als all diese redseligen Menschen, das bringt jede Seite seines metahistorischen Berichtes unwiderleglich zum Ausdruck.

Da das Pilgerbüchlein weder Dichtung noch Geschichte ist, muß es einer dritten Gattung zugezählt werden, für die immer noch die Bezeichnung Legende am besten zutrifft. Es bewegt sich in einer legendären Welt, die heute versunken scheint und die doch jeden Augenblick wieder durchbrechen kann. Mit ihrer innern Realität ist sie nicht weniger wirklich als die äußerlich greifbaren Dinge. Der Legende darf man sich selbstverständlich nicht mit rein psychologischen Begriffen nähern, die ihr am wenigsten entsprechen; sie pflegt aus einem pneumatischen Zwischenbereich hervorzugehen, in dem auch das russische Pilgerbüchlein beheimatet ist. Die Legendenwelt ist keineswegs an die frühchristliche und mittelalterliche Christenheit gebunden, sie bildet sich überall da, wo es zu einem aufjauchzenden Hingerissensein über eine christliche Verwirklichung kommt, und sie übertrifft an innerem Wahrheitsgehalt meistens die bloß protokollartige Geschichtsschreibung.

Es wird mit dem zwielichtartigen Charakter dieser schwer faßbaren neuen Legendenwelt zusammenhängen, daß merkwürdigerweise bis dahin noch wenig über den Gehalt und die Bedeutung dieses kostbaren Pilgerbüchleins geschrieben wurde. Einzig Nikolaus von Arseniew hat gelegentlich auf die «ungewöhnliche Wucht der religiösen Erfahrung, die ganz unerwarteten, ja staunenerregenden Tiefen des religiösen Lebens» hingewiesen, die darin enthalten sind. Sie stammt ganz aus jener eigenartigen Atmosphäre der russischen Frömmigkeit, die den Menschen in aller Erdgebundenheit unmittelbar von Gott umgeben sein läßt. Heute scheint dieses östliche Christentum, in dem die russischen Menschen noch alles mit den brennenden Augen des Glaubens betrachteten, unter einer tiefen Schneedecke begraben zu sein. Sie kann aber jederzeit schmelzen, und dann spürt auch der russische Christ wieder den Weg zum Göttlichen durch das Pilgerbüchlein, wenn er seinen verlockenden Spuren nachgeht.

Der Pilger bringt in seinem Dasein nicht die ganze Fülle der russischen Religiosität zum Erklingen. Die dramatisch bewegte Liturgie mit ihrer bedeutungsschweren Symbolsprache, das Klimmende der spekulativen Religionsphilosophie und noch vieles andere bleiben unerwähnt. Nur eine Seite der östlichen Frömmigkeit lebt sich in ihm aus, in diesem Teil aber ist gleichwohl das Ganze enthalten. Die Quintessenz dieser Lebensbeichte ist mit einem Wort Leo Schestows umschrieben: «Es gibt eine gewisse Grenze, jenseits welcher der Mensch nicht mehr von den allgemeinen Regeln der Logik, sondern von etwas anderem gelenkt wird, wofür die Menschen noch keinen entsprechenden Namen gefunden haben und wahrscheinlich niemals finden werden.» Durch diese Sichtung des Unnennbaren wird die geistige Aufmerksamkeit des Lesers ausschließlich auf das Aufspüren jener religiösen Kräfte des Gottsuchertums gelenkt, welche die Fähigkeit haben, auf die heimliche Frage des modernen Menschen nach einem wiederum sinnerfüllten Leben die wegweisende Antwort des Christentums zu geben.

GESPRÄCHE MIT STARZEN

Wie die ganze Geschichte Rußlands eine Kette von Leiden ist, die immer wieder katastrophenartig über dieses Volk hereingebrochen sind, so beginnt auch das Leben des Pilgers mit einem Vorspiel, durch das er schon früh die Traurigkeit des Daseins erfuhr. Der aus dem Gouvernement Orel stammende Anonymus verlor im dritten Lebensjahr seine Eltern und wuchs ohne mütterliche Lebenswärme auf. Sein Großvater nahm ihn mit seinem älteren Bruder zusammen zu sich. Um nicht zu frieren, schliefen die beiden Knaben im Winter, gemäß der russischen Bauernsitte, miteinander auf dem Ofen. In einer Nacht stieß ihn sein Bruder vom Ofen herunter, der Anonymus fiel auf den Boden und verletzte sich einen Arm dermaßen schwer, daß er fortan völlig gebrauchsunfähig war. Dieses Unglück machte ihn zu einem Krüppel, einem jener bedauernswerten Geschöpfe, die infolge ihrer Invalidität in ihrem Fortkommen sehr gehemmt sind. Ungeachtet dieses körperlichen Nachteils wurde er jedoch gar nicht verbittert, er blieb völlig frei von jeglichem neidischen Gefühl gegenüber gesunden Menschen. Kein quälendes Minderwertigkeitsgefühl vergiftete sein Seelenleben. Sein lahmer Arm rückt ihn unter jenen radikalen Ausspruch Jesu, den man sonst kaum begreift und der nun plötzlich in neuer Beleuchtung dasteht: «Ärgert dich deine rechte Hand, so haue sie ab und wirf sie von dir. Es ist dir besser, daß eines deiner Glieder verderbe, und nicht der ganze Leib in die Hölle geworfen werde» (Mt. 5, 30). Der Anonymus hat sich zwar nicht über seinen Arm geärgert; er wurde ihm durch einen höheren Schicksalsschlag genommen, was aber nichts an der Tatsache ändert, daß er als Einarmiger in das Reich Gottes eingegangen ist, und das ist tausendmal besser denn als zweiarmiger Mensch dem Verderben zu verfallen.

Infolge seiner körperlichen Behinderung taugte der Jüngling nicht für die Feldarbeit, und der Großvater lehrte ihn lesen und schreiben, wodurch er schon früh mit der Bibel vertraut wurde. Als er herangewachsen war, verheiratete sein Großvater ihn ebenfalls, und da sein älterer Bruder auf Abwege geraten war, vermachte er ihm auch seine freilich recht bescheidene Habe, nicht ohne ihn zu ermahnen, stets eine offene Hand für die Bettler zu haben. Der mißratene Bruder zündete aus Zorn über diese Bevorzugung in einer Nacht das Haus an, aus dessen Flammen Anonymus nichts als das nackte Leben und die großväterliche Bibel zu retten vermochte. Nach diesem Unglück lebte er in einer Hütte in dürftiger Armseligkeit mit seiner Frau zusammen, die mit Weben und Nähen den kärglichen Lebensunterhalt aufbrachte, da er mit seinem verkrüppelten Arm nicht einmal Bastschuhe flechten konnte. Nach zwei Jahren erkrankte seine Lebensgefährtin plötzlich an einem Fieber, starb nach neun Tagen und ließ ihn mutterseelenallein in seiner Hütte zurück. Ob diesem Hinschied sank der Krüppel vor Schmerz zermalmt zu Boden und weinte bitterlich in seiner Hilflosigkeit. Eine grenzenlose Verlassenheit bemächtigte sich seiner. Die zahlreichen Prüfungen verdichteten sich zu jenem dunklen Schatten, den man gerade bei der späteren, aufbrechenden Lichtfülle nicht abschwächen darf, weil er den Wirklichkeitscharakter dieses Lebens dokumentiert.

Wegen des gebrauchsunfähigen Armes, des vom Feuer zerstörten Hauses und des frühen Verlustes seiner Frau bezeichnete man den Anonymus schon als eine christliche Hiobsgestalt. Einzig um der Häufung der Heimsuchungen willen, die über ihn hereingebrochen waren, konnte man ihm diesen Namen geben. In der seelischen Einstellung zum Unglück dagegen stimmte er mit dem sich auflehnenden Manne aus dem Lande Uz nicht überein. Der schwer geprüfte Anonymus stieß nicht wie Hiob einen metaphysischen Anklageschrei aus und geriet in keine religiöse Rebellion gegen den Schöpfer aller Dinge. Ihm lag die Einstellung des Bauern näher, der auf die Frage, ob es während der Hungerjahre nicht zu Aufständen gekommen sei, die für die russische Ergebung ins Unglück bezeichnende und schöne Antwort gab: «Wie hätten wir uns denn da auch noch versündigen sollen, wo uns doch Gott so schon so offensichtlich gestraft hatte.» Wohl stand auch der Anonymus zunächst fassungslos vor dem Urproblem, das dem Menschen sich immer wieder aufdrängt: wie werde ich mit dem Leiden in meinem armen Leben fertig? Das Unglück tritt in beständig sich verändernder Form an den Christen heran, es ist aus keinem Dasein wegzudenken, und auch der Anonymus erfuhr es in seiner ganzen grausamen Härte. Die Schicksalsschläge prasselten in atemberaubender Dichte auf ihn nieder und drückten ihn mit betäubender Wucht in den Staub. Trotzdem wurde er dadurch nicht an der göttlichen Vorsehung irre, denn er wußte: im tiefsten Abgrund leuchtet Gott. Wenn er es auch nicht verbal ausdrücken konnte, so fühlte er doch die Wahrheit der Worte eines russischen Denkers: «Nur den Tränen ist Er offenbar. Wer niemals weint – wird niemals Christus schauen. Aber wer weint – wird ihn ganz sicher schauen. Christus, das sind die Tränen der Menschheit.» Der Anonymus betrachtete die Heimsuchung als eine himmlische Unterweisung, die ihm zu seiner Läuterung gesandt sei. Für ihn gab es kein sinnloses Leiden, das völlig umsonst ist, wie der nihilistische Mensch der Gegenwart in seinem Zynismus es sich vorstellt und sich damit noch völlig unglücklich macht. Alles Leiden, mag es noch so unsagbar bitter schmecken und mit seinem wütenden Zugriff den Menschen die Kehle zuschnüren, hat dem Betroffenen stets ein gewichtiges Wort zu sagen, wenn man auch manchmal im ersten Augenblick gar nicht fähig ist, diese göttliche Mitteilung entgegenzunehmen. Der Schmerz wird im russischen Christentum wesentlich anders verstanden als im modernen Denken, das beständig den unmöglichen Versuch unternimmt, ihn zu eliminieren. Das Leiden wird nicht als bloße Strafe aufgefaßt, die lediglich der Züchtigung dient. Für den östlichen Christen hat es eine viel weiter reichende Bedeutung. Er erkennt ihm eine geradezu heilschaffende Funktion zu und wertet alle Heimsuchung positiv. Das von Gott gesandte Leiden bringt den Menschen auf den einzigartigen Weg, den Christus längst vor ihm gegangen ist. Auch der Anonymus trug sein Leid vorbildlich. Zwar vermochte er zunächst den schwarzen Gram in seiner bisherigen Umgebung nicht mehr zu ertragen, wo ihn jeder unbedeutende Gegenstand an seine treue Verstorbene erinnerte. Die sich häufenden Unglücksfälle verarbeitete der Krüppel als eine Mahnung des Himmels, dem Allmächtigen entgegenzuschreiten. Kurz entschlossen verkaufte er seine armselige Hütte für zwanzig Rubel, verschenkte seine wenigen Habseligkeiten und machte sich auf den zeitlosen Pilgerweg. Mit dem Aufbruch schließt das Vorspiel seines Lebens ab. Das Leiden hatte diesen Menschen geformt, er brauchte die Trübsal, um aus der Dumpfheit seines Daseins aufgeschreckt zu werden. Ohne Leiden gibt es keine zeitlose Wanderschaft und keinen Weg zu Gott. Der Schmerz vor allem stachelt den Menschen an, nicht im Endlichen zu versinken. Man muß den Zusammenhang von Leiden und Pilgertum sehen, das eine ist die Bedingung zur Erfassung des andern.

Der Anonymus nahm das Leben eines Strannik auf sich und ordnete sich damit unter die Gottsucher ein. In völliger Wehrlosigkeit wanderte der Krüppel fortan durch die Welt. Er spürte, wie ihm das Entscheidende fehlte, das zu suchen er mit der ganzen Leidenschaft seiner Seele sich bestrebte. Der Pilger ist zunächst der reine Gottsucher, der von einem Hunger und Durst nach dem Ewigen verzehrt wird. Er empfand es als die Aufgabe des noch nicht gotterfüllten Menschen, zu suchen, immer aufs neue und unermüdlich zu suchen, bis sein leiderfülltes Dasein endlich eine Antwort fände. Dazu fordert ihn auch die Heilige Schrift mit den Worten auf, die sie selbst als Stacheln bezeichnet: das Antlitz Gottes allewege zu suchen (Ps. 105,4). Dieses hungernde Suchen nach Gott schließt eine große Verheißung in sich. Ihm wohnt bei allem Lechzen nach Gotterfüllung jene verborgene Seligkeit inne, die bereits das Suchen als ein vorläufiges Finden erlebt. Erst als der Anonymus mit der Welt des Starzentums in Beruhrung kam, fand sein unstillbarer Gottesdurst die große Antwort seines Lebens, was freilich zunächst eine Unterbrechung der Schilderung des weiteren Schicksals des Pilgers notwendig macht.

Das Starzentum gehört zu den immer noch viel zuwenig bekannten Erscheinungen der Ostkirche. Der westliche Mensch hatte bis zum Ersten Weltkrieg von ihm kaum eine nähere Kenntnis. Sogar die meisten Russen wußten vom Starzentum nur sehr wenig. Dostojewskij bricht einmal in die bewegte Klage aus, die er wie ein Senkblei in die Seele des Lesers hineinwirft: «Gibt es denn viele, die etwas vom Starez Tichon von Sadonsk wissen? Warum weiß wohl gar niemand etwas von ihm, und warum hat man sich geradezu das Wort gegeben, nichts über ihn zu lesen? Fehlt es etwa an Zeit hiezu? Glauben Sie mir, meine Herrschaften, Sie würden da zu Ihrem Erstaunen ganz herrliche Dinge erfahren ... Wer kann es sagen, vielleicht stellt gerade Tichon den positiven russischen Typus dar, den unsere Literatur erwartet.» Diese wenig bekannten Worte Dostojewskijs, der nach eigenem Geständnis Tichon «schon längst mit Wonne in sein Herz geschlossen hatte» und deswegen auch das wundervolle Buch «vom russischen Mönch» in den «Brüdern Karamasoff» schreiben konnte, enthalten eine bittere

Wahrheit, die noch heute nicht weniger Gültigkeit besitzt als damals. Die Frage, warum die Menschen scheinbar die Abmachung getroffen haben, über die Starzen nichts zu lesen, und dafür jedem nichtigen Sensatiönchen nachjagen, weist auf eine der unbegreiflichsten Torheiten des modernen Lebens hin. Es läßt sich höchstens daraus erklären, daß die Welt der Starzen den heutigen Menschen zunächst fremd anmutet, sie ist als eine in sich geschlossene religiöse Wirklichkeit ihm auch nicht ohne weiteres zugänglich. Doch grenzt es an Versündigung, wenn man die allertiefsten Schätze auf christlicher Seite einfach brachliegen läßt und sich vielfach lediglich damit begnügt, gegen die Hohlheit der sich auflösenden Neuzeit einige ironische Bemerkungen zu machen, anstatt die realen Kräfte des Christentums zu aktivieren. Zur Entschuldigung für die Unkenntnis dieser Welt der russischen Starzen kann allerdings die äußerst mangelhafte Überlieferung geltend gemacht werden. Nur ein schmales Bächlein dieser großen Wasserfülle ist durch Igor Smolitschs Buch «Leben und Lehre der Starzen» zu uns gedrungen, und dies wenige genügte bereits, um den einen Wunsch zu hegen, noch viel, viel mehr von diesen geistlichen Männern zu erfahren, weil man bei ihnen gemäß Dostojewskijs Worten zu seinem größten «Erstaunen ganz herrliche Dinge erfährt», die dem Menschen in religiös-seelischer Beziehung eine äußerst wertvolle Hilfe bedeuten.

Freilich ist es ein unmögliches Unternehmen, auf dem Papier eine nur annähernd richtige Anschauung vom russischen Starzentum zu vermitteln. Ehe man die Feder zum ersten Wort ansetzt, erhebt sich die Frage: Wer ist innerlich dazu berechtigt, über die Welt der Starzen zu schreiben, die einer andern Seinsordnung angehören als derjenigen, in der man sich selbst bewegt? Das Starzentum ist auf keiner intellektuellen, wissenschaftlichen Ebene beheimatet, weshalb es auch gar nicht auf begrifflichem Weg erkannt werden kann. Haben doch die Starzen «einen neuen Namen» erhalten, den nach der Offenbarung Johannes «niemand kennt, außer dem, der ihn empfing» (2,17). Was wollen diese geheimnisvollen Worte anderes besagen, als daß sie letztlich unbeschreiblich sind, weil sie aus einer übergeschichtlichen Welt stammen. Sie stehen in einem Sein, an das keine historische Neugierde auch nur herankommt. Die Gespräche und Ratschläge der Starzen lassen sich losgelöst von der konkreten Situation nur höchst fragmentarisch wiedergeben. Dazu kommt nach Berdiajew hinzu, daß «die große geistige Erfahrung der russischen Starzen so gut wie gar keinen Ausdruck in Wort und Gedanken gefunden hat, sich so gut wie nirgends in einem Werk niedergeschlagen hat. Hierin liegt ein tiefer Unterschied zwischen der russischen und der westlichen Welt, die reich ist an literarischen Werken ihrer großen Heiligen und Mystiker. Wenn sich der russische Mensch von der Welt abwandte, um den schweren Weg des Heils zu gehen, so konnte er schon nicht mehr schreiben, konnte keine Werke schaffen, in denen sich eine geistige Erfahrung objektivierte.» Das Starzentum war eine lebendige, ganz dem religiösen Bereich verhaftete Einrichtung, eine pneumatische Institution, die höchstens mit dem religiösen Gefühl ein wenig erahnt werden kann. Man muß bereit sein, aus seiner gewohnten Vorstellungswelt herauszugehen, und ein überrationales Sein in sich aufnehmen, wenn man sich ihr nähern will. Das Starzentum ist aus dem Herzen der russischen Religiosität hervorgegangen und kann auch nur mit dem religiösen Herzen erfaßt werden. Diese Männer vertraten keine bestimmte Lehre, die es gilt, mit dem Verstand zu begreifen; sie lebten aus der Wirklichkeit Gottes heraus, und wer in ihre Nähe kam, der wurde einfach von diesem unbeschreiblichen Fluidum ergriffen, das sich ihm mitteilte und dem man sich nicht entziehen konnte.

Das Starzentum ist eine kostbare Frucht am Baume des russischen Mönchtums. Nun genießt das östliche Kloster im allgemeinen kein hohes Ansehen; die mit langen, fetten Haarsträhnen versehenen und begehrlich dreinblikkenden Mönche erwecken unbehagliche Gefühle von nicht erster Sauberkeit. Gewiß wird kein Einsichtiger bestreiten, daß das kontemplative Leben in den Jahren vor dem Ersten Weltkrieg vielfach zum Müßiggang abgesunken war und der «Rost der Untätigkeit das Klosterleben zernagt hat». Doch dürfen diese gelegentlichen Verfallserscheinungen nicht verallgemeinert werden, ansonst sie zu einer Ungerechtigkeit und einer Verkennung des russischen Klosters überhaupt führen, das für die Christianisierung des Landes Unermeßliches geleistet und in allen Jahrhunderten geistesgewaltige Gestalten hervorgebracht hat. Das russische Mönchtum lebt wie jedes monastische Dasein aus ganz anderen Voraussetzungen heraus als denjenigen der bloß rational denkenden Menschen. Wenn der Metropolit Gavriil

Petrow einem Abte die Worte schrieb: «Ich habe genug Klugköpfe, schikken Sie mir einen Dummkopf», so beleuchtet dieser eine, alle Menschenauswahl umwerfende Satz blitzartig die völlig irrationale Sphäre des östlichen Mönchtums. Nicht scharfsinnige Intelligenz gab ihm den Ausschlag, bezeichnend war für ihn die immerwährende Gottverbundenheit, die in einer vor der Welt als Dummerchen gering geachteten Seele viel intensiver vorhanden sein kann als in einem allzu schlauen Klügling. Ohne das orthodoxe Mönchtum ist auch das Starzentum nicht zu verstehen. Man kann nicht dieses bejahen und jenes ablehnen, denn das Starzentum gehört unauflöslich mit dem Mönchtum zusammen. Es kann für den heutigen Menschen einer der Anlässe werden, seine aus der Unwissenheit hervorgegangenen Vorurteile über das echte Mönchtum zu revidieren, das eine christliche Welt voll Zucht und Licht ist. Im Starzentum ist das Weizenkorn, das im russischen Mönchtum in die Erde gelegt wurde, gestorben und aus diesem Grund fruchtbar geworden. Obschon im Kloster geboren, überschritt es in heiliger Kühnheit dessen Mauern, indem es Einfluß auf die zu ihm wallfahrenden Laien gewann und dadurch eine Bedeutung für das ganze Volk erhielt. Dieses Hinausgehen aus der Klosterpforte in die Welt ist eine der wesentlichsten Eigentümlichkeiten des Starzentums, die man in ihrer ganzen Ungewöhnlichkeit sehen muß. Keineswegs wurde es dadurch dem tiefsten Gedanken des Monasteriums untreu, dieweil «unsere früheren Mönche sogar fast auf den Marktplätzen lebten» (Dostojewskij), eine Tatsache, die die seelischen Berührungspunkte zwischen Kloster und Welt als ursprünglich legitimiert erweist. Durch diesen beinahe überheiligen Schritt, der gleichwohl nichts vom Heiligtum preisgab, wuchs sich die gotterfüllte Weltentsagung auf eine einzigartige Weise zum hingebungsvollen Dienst an der Welt aus.

Seinem Ursprung nach geht das Starzentum auf die weltlose Mönchsrepublik Athos zurück, und von dort aus wurde es in das russische Kloster verpflanzt. Noch ist die Geschichte des Starzentums vielfach unerforscht, doch steht das eine fest, daß es in Rußland die segensreichste Entwicklung erfahren hat. Seine Einrichtung läßt sich bis ins altrussische Mönchtum zurück verfolgen. Im 17. Jahrhundert geriet es vorübergehend in Vergessenheit, um dann im 18. Jahrhundert wieder zu neuem Leben zu erwachen. Merkwürdigerweise hat das Starzentum seine höchste Blütezeit im vielgeschmähten 19. Jahrhundert erlebt, über dessen religiöse Dürftigkeit man nicht schelten sollte, ohne wenigstens doch diese russische Institution ausdrücklich zu erwähnen. In einer Zeit, da die atheistischen Gedanken von Stirner und Feuerbach, Marx und Nietzsche zu einem reißenden Strom anschwollen und die russische Intelligenz überfluteten, wurde das Kloster Optina Pustin zu einem lichtvollen, weithin ausstrahlenden Zentrum des russischen Starzentums, als riefe die Gefahr das Rettende auf den Plan. Auch in den scheinbar ungünstigsten Zeitverhältnissen gibt es viel mehr verborgene Volksheiligtümer, die dem Menschen den Weg zu Gott weisen, als gemeinhin angenommen wird.

Aus der Fülle von Gestalten ragt der Staretz Tichon von Sadonsks heraus, der schon «der russische Franz von Sales» genannt wurde, obgleich das Wesen der christlichen Sanftmut sich ihm nicht ohne weiteres erschloß. Er gelangte erst nach einem langen Kampf gegen den Geist des Stolzes und der Weltverachtung zur demütigen Liebe, um sie nachher allerdings mit einer desto helleren Heiligkeit erglänzen zu lassen. Tichon konnte seinen Gesprächsstoff in harmloser Weise einem Grashalm entnehmen, um unmerklich von der Ewigkeit zu reden, und diese Dialogführung ist eine ganz seltene Begnadigung. Wenig später machte der Staretz Seraphim von Sarow viel von sich reden, seine Heiligkeit war so groß, daß er nach Florenskijs Äußerung beinahe «schon kein Mönch mehr» war, ja kaum noch Mensch genannt werden konnte. Er enthüllte als den wahren Sinn unseres christlichen Lebens die Erlangung des Heiligen Geistes. Der Staretz Leonid stand im irrtümlichen Ruf eines Schwachkopfes, weil er sich oft als «Narr in Christo» aufführte, eine Maske, hinter der sich seine tiefsinnige christliche Haltung verbarg. Was er den Menschen bedeutete, stand auf seinem Grabstein geschrieben: «Sein Andenken blieb in den Herzen vieler, die bei ihrem Kommen bei Ihm Trost fanden.» Im Staretz Markarij wohnte eine künstlerische Seele; seine große Belesenheit gestattete ihm, mit den Menschen über alle Probleme des Lebens zu reden. Sein Nachfolger, Staretz Ambrosij, besaß ein liebendes Herz, dem eine tiefe Lebensweisheit entquoll und der mit seiner hellseherischen Begabung bereits im Gesicht eines Besuchers ablesen konnte, was ihn zu ihm führte. Bis ins 20. Jahrhundert erstreckte sich die Wirksamkeit der Starzen, deren letzte Vertreter in der bolschewistischen Revolution den Märtyrertod fanden. Von diesen Starzen war einer prachtvoller als der andere, und sie alle zusammen waren ein starkes, christliches Bollwerk gegen die nihilistische Zersetzung des vergangenen Jahrhunderts.

Um über das Wesen der Starzen klarzuwerden, gilt es die mühsame Anstrengung wahrzunehmen, die sie zur Erreichung ihres Zieles auf sich nahmen. Bevor sie ein einziges Wort sprachen, sind sie einen langen, asketischen Weg gegangen, der durch Gebet und Schweigen zur Glut und Inbrunst führte. Diese schwere Vorschule darf man keinen Augenblick außer acht lassen, will man ihr Innerstes nicht verfehlen. In einem langsamen, organischen Prozeß sind sie aus der Mystik der Ostkirche, ihrem eigentlichen Nährboden, herausgewachsen.

Die Starzen haben sich ein ganzes Leben lang unablässig Gott genähert und erreichten erst dann eine Seelengröße, die sich in einer Ausgeglichenheit des Charakters und einer oft heiter zu nennenden Stimmung auswirkte. Alle Starzen kannten das unbedingt Feststehende im Leben, das sie mit einer innern Schönheit erfüllte. Der Grund hiefür lag einzig und allein in ihrer geistigen Einigung mit Gott. Dieser Einklang mit dem Höchsten schuf die gleichmütige Seelenruhe und die verklärte Sanftmut, die wie ein berückender Duft von ihnen ausströmte. Auch an ihnen bewahrheitete sich die alte Weisheit: Um andere retten zu können, muß man selbst gerettet sein. Die Starzen konnten so gut beraten, weil sie selbst Entsagende waren und vom Leben nichts verlangten. Tatsächlich war der Staretz nur durch seinen Verzicht auf sich selber und durch sein Verweilen bei Christus das, was er war. Um dieser ausschließlichen Gottverbundenheit willen sind die Starzen ihrer seelischen Verfassung nach das Gegenteil von Dostojewskijs Menschen, die in ihrer Kompliziertheit chaotisch sind und viele unglücklich machende Elemente in sich haben. Die Starzen dagegen sind ihrer geistigen Beschaffenheit nach schlicht, sogar ungeheuer schlicht gebaut, aber es ist die kristallklare Einfachheit des Evangeliums, die nichts Besonderes sein will und darum so unendlich viel ist. Diese kindliche Aufrichtigkeit, in der Gott den Menschen ursprünglich gemacht hat, leuchtete wieder aus ihren Augen. Die Starzen schöpften denn auch ihre Weisheit immer aus der Heiligen Schrift und nicht aus sich selbst.

Bei aller Gottzugewandtheit waren die Starzen von einer flutenden Liebe zu den Menschen durchdrungen, die in all ihren Worten und Taten zum Ausdruck kam. Sie waren ihren Mitmenschen gegenüber stets voll milder Verzeihung, die nichts mit Schwäche zu tun hatte. Sie übten dieses wundervolle Allverzeihen nicht von Anfang an aus. Der Staretz Ambrosij tadelte sich selbst einmal in seinen alten Tagen: «Die erste Zeit meines Starzentums war ich zu streng, jetzt aber bin ich barmherziger geworden. Die Menschen haben so viel Leid.» Je mehr die Starzen das schmerzerfüllte Leben der Menschen in sich aufnahmen, um so fremder wurde ihnen auch das leiseste Verurteilen. Die Liebe Christi drängte sie zu einer neuen Erfassung ihrer Mitmenschen. Staretz Feofan deutete sie in einem Briefe an: «Überhaupt kommt mir in den Sinn, daß die Menschen nur so, aus Versehen, nicht ganz gut sind, in Wahrheit aber sind sie gut. Darum ist es besser und richtiger, alle für Heilige zu halten. Letzteres kann man selbst einer richtigen Verurteilung vorziehen. Es liegt darin eine rühmliche Tat, und sie ist nicht vergeblich. Damit wird die Regel erfüllt: Das Antlitz des Nächsten immer rein zu schauen. Wir haben ein Sprichwort: das unsrige ist auch ungewaschen weiß. Das ist sündhaft. Im Gegenteil: das unsrige ist auch gewaschen schwarz, das Fremde aber ungewaschen weiß.» In den Starzen lebte eine evangelische Menschenliebe, die nicht von den unberechenbaren Sympathie- und Antipathiegefühlen abhängig war und zu der sie sich bewußt erzogen hatten. Man spürte sie schon aus dem herzlichen Gruß, mit dem ein Seraphim von Sarow alle Menschen bei sich willkommen hieß: Du meine Freude!

Diese Doppelliebe zu Gott und den Menschen diktierte das Verhalten der Starzen. Weder gingen sie zu den Leuten, noch drängten sie ihnen ihre christliche Weisheit auf. Bemerkenswert ist das Fehlen jeglichen hitzigen Bekehrungseifers. Bedurfte man aber ihrer, so stellten sie sich allen hilfesuchenden Menschen jederzeit unentgeltlich zur Verfügung. «Ich rufe niemanden herbei», sagte Staretz Leonid, «wer aber selbst zu mir kommt, den mag ich nicht hinausweisen. Viele, besonders aus dem niederen Volk, gehen aus Unverstand zugrunde und brauchen geistige Hilfe. Wie sollte ich mich ihrer himmelschreienden Not nicht erbarmen?» Das Starzentum hat das zu Gott rufende Elend der verwirrten Menschenkinder gehört, und es hielt dafür, daß man sich den tröstliche Belehrungen suchenden Menschen niemals entziehen dürfe. Sie erachteten es als ihre Pflicht, in einer Zeit der Ratlosigkeit seelischen Beistand zu leisten, soviel in ihren Kräften stand. Für Reiche und Arme, Gebildete und Ungebildete, Gesunde und Kranke waren sie da, keinem verweigerten sie sich, der ihre Wegweisung begehrte. Ob es nun ein Professor oder ein einfaches Bauernweib war, sie alle waren in ihren Augen arme, orientierungslose Menschen, die der Aufmunterung und der Leitung bedurften. Für jeden fanden sie das seiner individuellen Situation angepaßte, richtige Wort und den besten Ausweg aus der jeweiligen schwierigen Lage.

Aber auch über die Menschen, die bei den Starzen ihre Zuflucht nahmen, muß man Bescheid wissen. Natürlich gingen nicht jene selbstsichern Leute zu ihnen, die von der Tadellosigkeit ihres Lebensweges felsenfest überzeugt waren. Diese Eingebildeten bedurften der Starzen nicht, und solche eitle Weltkinder machten sich sogar oft mit zynischem Lachen über sie lustig, wie die Lebensgeschichte Tichons von Sadonsks erschütternd zeigt. Wohl aber eilten Menschen zu den Starzen, die in ihrer seelischen Not nicht mehr wußten, wohin sie sich wenden sollten, und die in Gefahr waren, vom dunklen Chaos in ihrem Innern verschlungen zu werden. Menschen mit verborgenen Krankheiten der Seele und furchtbaren Schuldgefühlen suchten die Starzen auf. «Wer zu ihnen kommt, den treibt eine Verzweiflung, mit der die eigene Seele nicht mehr kämpfen kann», schrieb einmal Dostojewskij in seiner Zeitschrift «Tagebuch eines Schriftstellers». In der Tat kamen die Besucher von allen Seiten, oft tausend Werst zu Fuß zurücklegend, aus den fernsten Gegenden, sogar aus Sibirien und aus dem Kaukasus.

Gleichsam an der Grenze zwischen Kloster und Welt standen in der von einem hölzernen Zaun umgebenen Einsiedelei kleine Häuschen, in denen die Starzen ihre Besucher empfingen. Gewöhnlich lagen diese Behausungen im Wald versteckt und waren nicht leicht zu finden. Aus inneren Gründen, und nicht nur, um das Lokalkolorit zu treffen, muß man die Starzen in ihren Zellen aufsuchen. «Mit Ehrfurcht, unbedeckten Hauptes, öffnet der Pilger die stille Pforte und betritt die heilige Schwelle der Einsiedelei, diese Stätte des Gebetes und der tiefen Andacht» (Smolitsch). Die sauberen Zellen mit den hellen Fenstern waren manchmal mit Büchern und andern Gegenständen angefüllt, standen aber Tag und Nacht für alle Menschen offen. Man hüte sich vor romantischen Vorstellungen über diese Mönche mit der Kamilawcha auf dem Haupte; solche Äußerlichkeiten lenken nur von der Hauptsache ab. Es gab unter ihnen ganz einfache, aus dem Bauernstand hervorgegangene Mönche und wiederum solche, die sehr kränklich waren, wie der Staretz Ambrosij, der seine Besucher oft an seinem Krankenlager empfangen mußte. Bei aller Schlichtheit stand der hilfesuchende Mensch vor einer Persönlichkeit, wie sie ihm kaum je begegnet war. «Ich kann Euch nicht anblicken, Vater, aus Euren Augen leuchten Blitze, Euer Gesicht ist heller als die Sonne geworden, und meine Augen brennen vor Schmerz», gestand einst ein Besucher zu Seraphim von Sarow. In dieser Äußerung wird die übermächtige Heiligkeit der Starzen deutlich spürbar, vor der zahlreiche Pilger unwillkürlich zurückwichen. Von der überwältigenden Wirkung der Starzen auf die Menschen zeugt auch die Anekdote, nach der einmal eine Frau zum Staretz Leonid sagte: «Seid mir nicht böse, Väterchen, zuweilen sehe ich Euch für einen Heiligen an, zuweilen aber habe ich das Gefühl, Ihr seid ein Zauberer.» Weit entfernt, beleidigt zu sein, antwortete ihr der Staretz Leonid mit überlegenem Lächeln: «Es ist wohl von beidem ein bißchen da.» Heiligen gleich, die zu zaubern verstehen, wurden sie vom Volke angestaunt, womit der Eindruck der Starzen vielleicht am zutreffendsten wiedergegeben wird. Ungeachtet der hohen Ehrfurcht, mit der die Besucher sich den Starzen näherten, blickten sie doch mit einem grenzenlosen Vertrauen zu ihnen auf und hatten ihnen gegenüber nur das eine Gefühl: diese Menschen verlassen uns in keiner Situation, sie verurteilen niemanden und segnen die Welt mit all ihren Sünden und ihrem Leid. Das Unbehagen, die knappe Zeit des arbeitsüberlasteten Seelsorgers in Anspruch zu nehmen, von dem man den Eindruck hat, er warte ungeduldig auf das Ende der Geständnisse, kannten diese Menschen ihren geistlichen Vätern gegenüber nicht, und ebensowenig beherrschte sie die heimliche Angst vor der großen Rechnung, die eine psychiatrische Sprechstunde in der Regel zur Folge hat. Solche Gedanken waren angesichts des weißen Glanzes, der von den Starzen ausstrahlte, nicht möglich.

Wer nur ein wenig um die oft undurchdringliche Dunkelheit Bescheid weiß, die in einer Seele lastet, und zugleich von der geistigen Kraft eines

Starzen eine Ahnung hat, kann einem Menschen nur den Rat Kyrill Turonskijs wiederholen: «Du, Bruder, solltest darum Sorge tragen, einen Menschen zu finden, der den Geist Christi in sich hat und mit allen Tugenden geschmückt ist, der in Demut durch sein Leben schritt, der vor allem von Liebe zum Herrn und von Gehorsam gegen den Abt erfüllt und den Besuchern gegenüber frei von allen Bosheiten ist; der auch ein Verstehen der göttlichen Schriften besitzt und damit diejenigen zu Gott hinleitet, die den Himmel suchen. Diesem übergib dich, wie einst Kaleb dem Josua, indem du dein ganzes Wollen von dir abtrennst.» Damit drängte der alte Mönch niemandem eine Belehrung auf, um die er gar nicht gefragt wurde. Wohl aber ist es eine vortreffliche Anweisung, von der man sagen kann, daß es keine bessere gebe. Alle Menschen bedürfen eines gotterfüllten Staretz als Berater, die Gesunden nicht weniger als die vom Leid Zermalmten. Nie kann man sich genügend bemühen, einen Menschen zu suchen, der in vorbildlicher Weise seinen Lebensweg zu Gott gegangen ist und der die Fähigkeit der seelischen Beratung besitzt. Dieses Wissen um einen Menschen, an den man sich in jeder Situation wenden kann, gehört zum Allertröstlichsten im Leben, weshalb auch heute noch der immer gültige Ratschlag gilt: Du aber, Bruder, solltest Sorge tragen, einen Menschen zu finden ...

Die Hauptsache bildet das Verhältnis zwischen Staretz und Besucher, das sich aus dieser Begegnung am Rande des Klosters ergab. Zum Verständnis dieser Beziehung sei erwähnt, daß das Starzentum eine charismatische Erscheinung und keine rechtliche Institution war. Das Wort Staretz bedeutet keine kirchliche Würde wie Abt, Priester; heißt es doch wörtlich übersetzt lediglich «ehrwürdiger Greis». Der Altvater übt innerhalb des Klosters keine administrative Funktionen aus, er wurde auch nicht vom Vorsteher zu seinem Amte bestimmt. Zum Staretz wird ein in geistigen Dingen erfahrener Mönch unmittelbar vom Volk erkoren, das seine gnadenhafte Beschaffenheit spürt und deswegen zu ihm Vertrauen faßt. Es ist ein spontaner Akt aus der Tiefe der Volksseele ohne Beteiligung eines kirchlichen Oberen. Wenn einmal in der Geschichte das Sprichwort «Volkesstimme ist Gottesstimme» wahr ist, dann gewiß bei der Erkürung eines Starzen durch das Volk.

Von der Unterredung zwischen Staretz und den ihn aufsuchenden Menschen sind alle Vorstellungen eines Beichtsakramentes fernzuhalten. Zur

Beichtabnahme waren die Starzen gar nicht berechtigt, da sie manchmal nicht einmal dem Priesterstand angehörten. Infolgedessen wurde auch keine Absolution erteilt, und niemals haben sie die Beichte leichtfertig profaniert. Jeder Versuch, eine Seele in den Griff zu bekommen und sie nicht mehr loszulassen, lag ihnen fern. Ihnen galt die Seele als ein Heiligtum, das in letzter Hinsicht Gott gehört und nicht den Menschen. Von allem Willen zur Machtausübung waren sie frei und betrachteten den Gehorsam nur als ein Mittel der Erziehung. «Der Glaube an den Starzen ist ein Glaube an ganz besondere geistige, vom Volk erratene Gaben, und die Bereitschaft, seinen Willen dem Starzen hinzugeben, ist keine Unterordnung unter eine legitime, objektiv-normierte Autorität, sondern ein freies Sichhingeben an eine gnadenreiche Macht, ein Sichanvertrauen der göttlichen Führung, die durch den Starzen wirksam wird» (Berdiajew). Es bestand keine autoritative Nötigung, ihnen zu gehorchen, und das Verhältnis sollte frei bleiben, worauf sie größtes Gewicht legten. Dieses beachtenswerte Element ist für den neuzeitlichen Menschen eine Voraussetzung aller seelsorgerlichen Gespräche, die zugleich zeigt, wie das Freiheitliche in der christlichen Beziehung nicht notwendig zu einer Entleerung führen muß. Die Starzen nahmen sich die Freiheit, aus Liebe zu den Menschen sich auch über gewisse strenge Vorschriften des mönchischen Lebens hinwegzusetzen – «die Liebe geht über das Fasten», sagte Tichon – was engherzigen Geistern innerhalb der Klostermauern oft ein schweres Ärgernis bereitete.

Bei aller freiheitlichen Gestaltung des Verhältnisses zwischen Staretz und Besucher faßten sie ihre Tätigkeit doch nicht nur im Anhören der mannigfachen Kümmernisse der bedrückten Menschen auf. Das Aussprechenkönnen der seelischen Not erleichtert sicher den Menschen, aber es genügt nicht. Die Starzen ließen auch nie das Gespräch in einer bloßen Diskussion enden, die gerne im Uferlosen verschäumt. Der Staretz war ein Pater spiritualis, dem Leitung, Führung und Therapie wichtig waren. Um das Chaos in der Seele der Menschen zu ordnen und Licht in das Dunkel zu bringen, betätigten die Starzen eine überlegene Seelenführung, die als ein Charisma nicht erlernt werden kann. Bei ihnen steht man vor einer seelischen Betreuung im Vollzug, die sie mit einer wirklich führenden Hand betätigten. Sie besaßen die Fähigkeit, in einen andern Menschen einzugehen, seine Hüllen zu durchbrechen und die verschüttete Seele zu wecken. Was therapeutische Seelenführung im wahren Sinn des Wortes ist, das haben wenige Christen so gut verstanden wie sie. Die Starzen erkannten mit hellseherischer Begabung den seelischen Zustand der Hilfesuchenden, nur zu oft konnten sie vom Gesichtsausdruck die Krankheit einer Seele ablesen.

Die Voraussetzung ihrer begnadeten Seelsorge war, daß man ihnen mit völliger Aufrichtigkeit entgegenkam. Man mußte ihnen die geheimsten Gedanken offenbaren. Die Seelennöte wurden nicht mit einigen Sätzen schnell beantwortet, da der Staretz jede Angelegenheit eingehend untersuchte und es ihm um eine Gewissensöffnung zu tun war. Sie verfolgten nicht den Grundsatz, den Hilfesuchenden seelisch keinen Widerstand zu leisten und ihrem Verlangen immer zu entsprechen, wie es viele Vertreter der modernen Tiefenpsychologie tun. Die Starzen konnten auch schwere Bußleistungen auferlegen, wenn es zur Sühne notwendig war und damit die Ruhe der Seele wiederhergestellt wurde. Dabei versetzten sie sich ganz in den gequälten Menschen hinein und hörten sich dessen Erzählung von oft aussichtslosem, unstillbarem Leid mit hingebender Geduld an. Mit seiner ganzen Persönlichkeit ging der Staretz in das Innere seines geistlichen Kindes über und nahm dessen Willen gleichsam in seinen eigenen auf. Die Starzen verlangten auch von den Leuten die Bereitschaft, ihre Anweisungen zu befolgen. Sie durften erst wieder vorsprechen, wenn sie ihren Ratschlägen nachgekommen waren. Ohne diese Bedingung bleibt alle Seelenberatung ein unernstes Spiel ohne viel Wert. Wer nur aus Neugierde hinging, um zu schauen, was der Staretz diesmal wieder sagte – was natürlich auch vorkam – der betrieb lediglich ein Amüsement, und dafür hatten sie weder Zeit noch Interesse.

Die seelenführenden Gespräche der Starzen mit ihren Besuchern vollzogen sich in der konkreten Situation des Daseins. Eine lebensnahe Einstellung ergab sich daraus, so daß die Menschen mit allen ihren Anliegen zu ihnen kamen. Eine Bäuerin bat einst unter Tränen Staretz Ambrosij, sie doch zu belehren, was zu tun sei, damit ihr die Truthühner nicht eingingen. Welch banale Frage, möchte man enttäuscht ausrufen, wo man die Lösung der höchsten Seelenprobleme erwartet. Dem Staretz allerdings war diese Hühnerstall-Angelegenheit keineswegs zu geringfügig; eingehend unterhielt er sich mit der Bäuerin über den bis anhin eingeschlagenen Weg und gab ihr alsdann mit Sachkenntnis entsprechende Anweisungen. Die Antwort des Staretz beweist, wie sehr er sich dem Konkreten stellte, keiner Frage des Lebens auswich und ganz in die Wirklichkeit eintauchte. Er nahm die kleinste Situation ernst und speiste niemand mit allgemeinen Redensarten ab, die nichts taugen. Die Echtheit ihrer therapeutischen Seelenführung zeigt sich vorbildlich in diesem vorbehaltlosen Eingehen auf die realen Lebensnöte. Die klösterliche Umgebung des Staretz hielt sich freilich darüber auf, daß der Staretz mit einer solch nichtigen Frage so viel wertvolle Zeit verliere. Ambrosij erwiderte jedoch auf diese Vorhaltungen nur: «Meine Lieben, könnt ihr nicht verstehen, daß ihr ganzes Leben mit diesen Truthennen verbunden ist? Ihre Seelenruhe aber hat den gleichen Wert wie die von Leuten mit oft sehr hohen Ansprüchen.» Ja der Staretz fügte die gar nicht ernst genug zu nehmende Äußerung hinzu: «Wer weiß, ob die Frage der Truthennenfütterung vor dem Angesicht Gottes nicht viel wichtiger ist als alle unsere philosophischen Plaudereien, die doch gewöhnlich nur ein versteckter Sport sind.» Ambrosijs Bemerkung entlarvt den intellektuellen Dünkel, der den geistreichen Diskussionen eine so viel größere Bedeutung einräumen will als einer einfachen Angelegenheit, von der die ganze Existenz eines Menschen abhängt. In den Augen des Staretz haben ein sieben Pud schweres Bauernweib und ein berühmter Schriftsteller das gleiche Anrecht auf eine teilnehmende Seelenberatung.

Um eine richtige Vorstellung von der Spannweite der Seelenführung der Starzen zu bekommen, ist es nötig, als Gegenpol zu dieser Truthennen-Anekdote darauf hinzuweisen, wie ihre Beratung unter Umständen auch das Schicksal des Einzelmenschen bei weitem übersteigen konnte. Die Starzen taten in ihren Gesprächen gelegentlich auch überindividuelle Äußerungen, die das Wohl und Wehe der gesamten Christenheit betrafen. Sie sahen mit ihrem geistig geschärften Blick, daß die orthodoxe Kirche nicht allseitig ihrer Pflicht nachkam. Natürlich übten sie ihren Besuchern gegenüber keine Kirchenkritik, dieweil es ihre Aufgabe war, aufzubauen und nicht niederzureißen. Sie täuschten sich aber nicht über den krisenhaften Zustand der Kirche. Sie waren oft bestürzt über die Untätigkeit der geistlichen Behörden, die die Dinge einfach treiben ließen, wie sie liefen, und gar nicht sehen wollten, wohin der Strom des modernen Lebens floß. «Überall schlafen die Popen», seufzte ein Staretz und schrieb in einen Seelsorgerbrief die unendlich traurig klingenden Worte: «Ich schließe daraus, daß nach einer, im günstigsten Falle nach zwei Generationen unsere Rechtgläubigkeit versiegen wird.» Diese Äußerung aus der zweiten Hälfte des 19. Jahrhunderts ist eine unheimlich wahre Prophezeiung, die bereits ihre schreckliche Erfüllung gefunden hat. Die orthodoxe Kirche versuchte nicht, die Zeichen der Zeit zu deuten, sie stützte sich viel zu stark auf die Zarenhilfe und wurde deswegen mit diesem morschen Gebilde in den Abgrund gerissen. Sie war nicht bereit, auf die Starzen zu hören, die manchmal von den Bischöfen als gefährliche Neuerer beargwöhnt und als unerwünschte «Sektierer» geradezu verfolgt wurden. In Wirklichkeit war in diesen als unbequeme Störer der kirchlichen Ordnung verdächtigten Starzen wieder ein Element des Urchristentums aufgewacht, das ebenfalls ganz pneumatisch eingestellt und gar nicht rechtlich normiert war.

Ob es sich nun um eine Truthennen-Angelegenheit oder um die prophetische Sicht der Ostkirche handelte, beidemal erwiesen sich die Starzen nicht als weltfremde Mönche, denen es an den nötigen Erfahrungen mit den realen Schwierigkeiten des Lebens fehlte. Die meisten von ihnen waren zuerst in der Welt draußen gewesen und erst dann Mönche geworden. Als Menschen des Klosters besaßen sie jedoch jene überlegene Distanz zum weltlichen Leben und konnten deswegen viel besser die Dinge mit der nötigen Objektivität beurteilen, als der in seiner Leidenschaft verstrickte Mensch es zu tun vermag. Zugleich gehörten sie zu jenen Mönchen, deren Geist über die Klosterpforte hinausgeblickt hatte und nicht in sie eingemauert war. Die Starzen besaßen diese freie und weite Überlegenheit, weil sie den Schritt vom Kloster in die Welt hinaus getan hatten, ohne wieder in deren Schlamm zu versinken. Sie wollten durchaus den Mann der Frau und die Frau dem Manne erhalten und begehrten niemanden seiner Umwelt zu entziehen. Sie bestätigten das Ewigmenschliche in der Beziehung der Geschlechter und waren nicht darauf aus, die Laienwelt in ein Kloster zu verwandeln. Sie lehnten die Welt nicht ab, begehrten aber, diese zu läutern, was eines der anziehendsten Merkmale der Ostkirche ist. Sie übten eine christliche Weltverklärung aus, von der mit wenigen Worten keine richtige

Vorstellung vermittelt werden kann. Die östliche Weltdurchlichtung hat mit einer optimistischen Lebensanschauung, die immer den Dingen die beste Seite abzugewinnen sucht, natürlich nicht das geringste zu tun. Dafür hatten die Starzen zu tief in das Meer des menschlichen Kummers hineingeblickt. Vielmehr war ihre wunderbare Weltverklärung eine vom Taborlicht erhellte Schau der verhängten Menschenschicksale, die nur dem gotterfüllten Christen geschenkt wird. Sie ist eine erstaunliche Begnadigung, aus der sich auch allein die unversiegliche Lebensfreude erklären läßt, welche die Gespräche der Starzen begleiteten. Frei von aller beklemmenden Düsternis kannten die Starzen die so überaus selten anzutreffende geistige Freude, die sie mit einer strahlenden Heiterkeit umgab, die keineswegs einer individuellen Veranlagung entsprang. Man findet bei ihnen allen die Erscheinungsform der Weltallfreude. Bildete doch die das All umfassende Freude am lebendigen Leben den Inhalt der begeisterten Erzählungen Tichons von Sadonsks, der im winzigsten Teil der Schöpfung einen Hinweis auf die unendliche Güte Gottes sah. Ebenso war Ambrosij, der mit seiner östlichen Weltverklärung das Ewige in allen Erscheinungen des Lebens wahrnahm, von einer unverwüstlichen, liebevollen Gottesfreude erfüllt.

Es hängt mit dieser von stummem Jubel getragenen Einstellung zusammen, die die Starzen befähigte, in allem verwickelten Geschehen den inneren Sinn zu finden. Nie rätselten sie mit den Leuten über des Lebens Unbegreiflichkeiten, sie hoben jede Schwierigkeit zum göttlichen Licht hinauf und bemühten sich um eine Durchleuchtung des Daseins, indem sie unablässig alle Dinge sub specie aeternitatis betrachteten. Unter den Gesichtspunkt der Ewigkeit gerückt, entwirrt sich das Durcheinander des Lebens auf der Stelle; Verkrampfung und Finsternis verflüchtigen sich wie Gewölk vor der Sonne, und der Mensch wird von seiner unglückseligen Ichbezogenheit erlöst. Die Geltendmachung des göttlichen Aspektes ist das Entscheidende aller echt seelsorgerlichen Gespräche, die mehr als eine unverbindliche Unterhaltung sein wollen. Sie allein verlieh den Starzen die Kraft, den Menschen heilende Richtlinien aufzuzeigen und sie vor ihrem Versinken ins Endliche zu bewahren. «Wir müssen so auf der Erde leben, wie ein Rad sich bewegt; nur ein Punkt berührt die Erde, und alle andern streben nach oben», sagte ein Staretz zu einem Besucher und brachte damit zugleich die tiefste

Pilgerweisheit aller Zeiten auf eine kurze Formel. Der Hinweis auf die Ewigkeit führte den Menschen über sich selbst hinaus, die Starzen zeigten ihm das endgültige Ziel, auch wenn es im Augenblick noch unerreichbar schien. Aus dieser Einstellung konnten die Starzen sagen: «Natürlich ist die Liebe das Höchste. Wenn du aber fühlst, daß du keine Liebe besitzest, jedoch nach ihr trachtest, so tue Werke der Liebe. Gott wird deinen guten Willen und deine Mühe sehen und wird dir die Liebe ins Herz hineinlegen.»

Allezeit hatten die Starzen mit ihrer Seelenführung nur das eine Ziel der geistigen Erneuerung der Seele im Auge und die sittliche Auferstehung des Menschen von der Sklaverei zur Freiheit. Zu diesem Zweck führten sie die Menschen allmählich von Stufe zu Stufe, paßten ihre Weisungen genau der jeweiligen Bewußtseinslage des vor ihnen befindlichen Besuchers an und legten ihm niemals religiöse Lasten auf, die er nicht zu tragen fähig war. Sie übermittelten ihm eine Nachricht, die dem subjektiven Gespräch die Wendung ins Objektive gab und dem bloßen Herzausschütten des Besuchers ein Ende machte. Die Starzen predigten die Menschen nicht an, und doch rieten sie ihnen, das Echte vom Falschen zu unterscheiden und sowohl die Bedingtheit als die Herrlichkeit der menschlichen Lebensbeziehungen zu sehen. In ihren Ausführungen war durchaus ein lehrhaftes Element enthalten, das den Ratsuchenden freilich auf fast unmerkliche Weise nahegebracht wurde. In ihrer Wegweisung, wie das Heil zu finden sei, machten sie darauf aufmerksam, daß der Mensch nicht aus eigener Kraft sein Ziel erreiche. Er bedarf der Hilfe von oben, doch das Göttliche wird ihm nicht gewährt ohne eigene Anstrengung. Das Haupthindernis auf diesem Wege ist nach der Auffassung der Starzen «das Mitleid mit sich selbst». Dieser selten geäußerte Gedanke verrät ein tiefes Wissen um die Eigenart der menschlichen Psyche. Ein Mensch, der sich immer wieder selbst bedauert, kommt innerlich nicht weiter. Es sind dies völlig wertlose Seelenergüsse, die ihm nichts helfen. Sie entsprechen zudem nicht der Wahrheit. Der Christ soll mit-leiden mit den andern, aber nicht sich selbst bemitleiden, wie schwer er es auch habe und wie verkannt er doch immer wieder in seinen guten Absichten werde. Sobald man sich in solchen rührseligen Betrachtungen ergeht, faßt sich der Mensch nicht mehr scharf an und unternimmt keine ernsthaften Anstrengungen mehr. Die Starzen vertraten die

Auffassung: «Man muß sich Zwang antun, man muß sein eigensüchtiges Ich zurückdrängen, man muß sich Mühe geben, um zur Selbstverleugnung zu gelangen, man muß unablässig kämpfen. Auch in den kleinsten Einzelheiten des Lebens muß man versuchen, sich treu zu erweisen, auch seinen Alltag gilt es in den Dienst des Herrn zu stellen.» Aus der Strenge mit sich selbst geht eine innere Sammlung hervor, und an Stelle des sentimentalen Erbarmens mit dem eigenen Ich rieten die Starzen zu den «gnadenreichen Tränen», die eine eigenartige Veränderung im Herzen bewirken. Ihnen waren die Tränen ein Zeichen, daß das Herz im Feuer des Gottesgerichtes brennt. Sie bewerten sie als eine Waschung der Seele und eine Reinigung des Herzens. Wunderbarerweise kannten sie auch «ein Weinen des Herzens ohne Tränen», das die unablässige Arbeit an sich selbst begleiten muß, die den Menschen allein vorwärtsbringt. Wer nicht beständig mit sich selbst kämpft, ist zum voraus verloren. «Eindringlich und unermüdlich haben die Starzen den ihrer geistlichen Leitung Anvertrauten und allen, mit denen sie in Berührung kamen, eingeschärft, daß das wahre Ziel des geistigen Lebens nicht in dessen Werken, sondern im ‚geistigen Tun', in der Gemeinschaft der Seele mit Gott, in der ‚unabläßlichen' Achtsamkeit auf sich selbst, im Kampf mit den sündhaften Neigungen und in der Heiligung und Erleuchtung des Herzens bestehe.»

Den Höhepunkt ihrer religiösen Seelenführung bildeten ihre Ausführungen über das Stehen des Menschen vor Gott. Immer kamen sie wieder auf dieses eine Anliegen zurück, das bei ihnen im Mittelpunkt stand. Man wagt es kaum, mit profanen Worten über dieses Mysterium zu reden, und doch kulminiert in ihm ihre ganze Seelenberatung. Nur mit entblößtem Haupte kann man von diesem Heiligtum sprechen, das ein Geheimnis in sich birgt, das sich einzig dem meditativen Nachdenken erschließt und den Menschen vor das Allerletzte führt. Nach der Auffassung des Starzen Feofan ist «das Wesen der Sache: das geistige Stehen vor dem Antlitz des Herrn mit Furcht und Zittern, dauernd, unausgesetzt, von Herzenswärme begleitet, die alle Gedanken, Gefühle und Stimmungen in eins zusammenzieht». Das Stehen vor Gott stellt die innerste und zentralste Intention der Starzen dar, die in eine unauslotbare Tiefe hinabreicht. Sie wollten den Menschen förmlich vor Gott stellen, damit er vor ihm durchsichtig werde und durch diese tägliche Bemühung zu einem direkten Gottesverhältnis gelange. Die meisten Menschen haben trotz ihrer Kirchlichkeit nur ein Gottesverhältnis zweiter Hand, das sich auf die Dauer als unbefriedigend auswirkt. Zwischen ihnen und Gott steht oft eine fremde, trennende Vermittlungsinstanz. Die Starzen versuchen dagegen, mit ihrer Anweisung des Stehens vor Gott, den Menschen wieder in eine unmittelbare Gottesbeziehung zu bringen, welches die seligste und zugleich die anstrengendste religiöse Arbeit ist, die ein Christ auf sich nehmen kann. Das direkte Gottesverhältnis verlangt vom Menschen ein intensives Denken an das Ewige, das ihn Tag und Nacht nicht mehr losläßt und das alle andern Interessen zum Verblassen bringt. Die Formulierung «das Stehen vor Gott» ist östliche Ausdrucksweise, die die Lohe des Gebetes bis zur Glut und Inbrunst treibt. Mit diesem Leitmotiv ihrer Seelenführung erklommen die Starzen die höchste Spitze der christlichen Anstrengung, und zugleich gaben sie dem Religiösen den unbedingten Vorrang über alle andern Fragen, eine Wahrheit, die der heutige Mensch hartnäckig zu seinem eigenen Schaden verkennt. Durch diese Anweisung des Stehens vor Gott dokumentierten diese Seelsorger eindeutig, daß ihre Worte nie aus bloß moralischen Ermahnungen bestanden, sie tendierten stets zum innersten Gemach der Seele hin, in der die Berührung zwischen Gott und Mensch Unaussprechliches auslöst.

Nach einem solch rein religiösen Bekenntnis empfindet man es unwillkürlich als deplaziert, zum Starzentum noch ausdrücklich Stellung zu beziehen. Schließlich verlangt eine christliche Seelenführung noch eine andere Antwort als diejenige einer kritischen Beurteilung, die mit kühler Unbeteiligung das Pro und Kontra abwägt. Liegt doch das Schwergewicht des Starzen nicht in einer gedanklichen Problematik, so daß man sich fast damit begnügen kann, es selbst darzustellen. In ihm erwachte wieder das echt christliche Leben, über das es sowenig zu diskutieren gibt wie über die Klarheit des Quellwassers.

Obschon im Starzentum ein evangelischer Lichtstrahl aufleuchtete, wie er in der Neuzeit wenig in Erscheinung trat, so mußte sich auch diese Einrichtung Kritik gefallen lassen. Es wurde der Ungebildetheit und des Aberglaubens bezichtigt und demzufolge als unerfreuliche Institution abgelehnt. Westliche Beurteiler schämten sich nicht, vor dem Ersten Weltkrieg zu behaupten, daß aus seinen «Ermahnungen etwas unsäglich Fremdartiges und Abstoßendes, gleichsam der Moderduft eines Mumiengrabes».hervorgehe. Allein, in diesen hämischen Worten ertönt allzu offenkundig persönliches Ressentiment gegen die russische Religiosität an sich, die beweist, wie der Geist der Verneinung mit einer rasenden Schmähsucht alles anzugreifen wagt. Gewiß wurde auch das Starzentum mißbraucht. Rasputin ist ein Beispiel dafür, der ebenfalls als Staretz betrachtet wurde und mit seiner Pseudoseelsorge doch nichts anderes als eine abstoßende Sumpfpflanze war, die den Untergang des despotischen Zarismus noch beschleunigte. Niemals darf gegen das Starzentum der Einwand erhoben werden, es habe den Ausbruch der bolschewistischen Revolution und das damit verbundene Absinken des russischen Volkes in den materialistischen Atheismus doch nicht verhindern können. Ganz abgesehen davon, daß es dafür viel zuwenig Starzenzellen gab, hat die Christenheit keine Verheißung, diese Erde zu erobern, sondern allezeit kann sie nur durch Unterliegen siegen. Man darf vom Starzentum keine Leistung verlangen, die außerhalb seiner Sendung liegt.

Wenn ihm glücklicherweise der «Erfolg» in der großen Welt versagt blieb, sind im alten Rußland doch zahlreiche führende Männer zu den Starzen gepilgert. Kirejewskij und Leontjew, Gogol und Dostojewskij, Solojew und Rosanow und noch viele andere sind zu ihnen gegangen und haben entscheidende Eindrücke ihres Lebens von dort mitgenommen. Was anders konnte aus dieser Begegnung hervorgehen als eine Versöhnung zwischen dem Christentum und der russischen Intelligenz, die im 19. Jahrhundert ungläubig geworden war. Denn in diesen Starzen begegneten den Gebildeten nicht gescheite Theologen, die über die Religion als eine intellektuelle Sache in kluger Weise zu reden wußten, sondern endlich wieder einmal wirkliche Christen, die sich selbst im «Stehen vor Gott» bemühten. Nach Christen, die das Evangelium als tägliche Lebenshaltung verkörpern, verlangen die Menschen in erster Linie, weil von ihnen allein eine alle innere Widerstände überwältigende Kraft ausgeht. Die Starzen waren befähigt, die neue Verständigung zwischen Christentum und den Gebildeten herbeizuführen, wozu sie den größten Beitrag geleistet haben, denn von den oberen Schichten ist der Unglaube in das Volk gedrungen und hat es mit seiner Gottlosigkeit vergiftet. Von diesen schlichten Mönchen ist eine enorm christliche Beeinflussung ausgegangen. Kirejewskij, der in lebhaftem Verkehr mit den Starzen stand, sagte einmal: «Wesentlicher als alle Bücher und jegliches Denken ist es, einen heiligen orthodoxen Staretz zu finden, der dein Führer sein kann, dem du jeden deiner Gedanken mitteilen darfst und von dem du nicht seine eigene mehr oder weniger vernünftige Meinung hören mußt, sondern das Urteil der heiligen Väter. Solche Starzen – Gott sei Dank – gibt es noch in Rußland.»

Über die segensreiche Ausstrahlung des Starzentums im alten Rußland gibt es zahlreiche anerkennende Urteile, die von den verschiedenartigsten Persönlichkeiten stammen. Doch das Wesentlichste darüber hat Leo Tolstoj gesagt, den gewiß niemand eines Vorurteils gegenüber der Ostkirche beschuldigen wird. Dieser Dichter hat die Ostkirche mit seinen kleinen Äuglein ebenso scharf beobachtet wie auch nachher bis zur Ungerechtigkeit kritisiert. Gleichwohl ist der kirchenfeindliche Tolstoj mehrmals in seinem Leben als Bauer verkleidet zu einem Staretz gegangen und hat noch auf seiner letzten Flucht an die Klosterpforte von Optina Pustin angeklopft. Aus dem Munde dieses unbestechlichen Mannes stammt der Ausspruch, das russische Volk verdanke es einzig den Starzen, wenn es in seinem Herzen ein zuverlässiges Bild Christi bewahrt habe. Das ist bereits ein gewichtiges Urteil, das dem Starzentum ein glänzendes Zeugnis ausstellt, denn die Verlebendigung des Bildes Christi unter den Menschen ist allezeit eine dringliche Aufgabe. Aber nicht genug damit. Der mit geistigen Narben bedeckte Taglöhner Christi von Jasnaja Poljana hat zuletzt noch offen gestanden: «Ja, der Staretz Ambrosij ist ein ganz und gar heiliger Mensch. Ich habe mit ihm gesprochen, und so licht und erfreulich wurde mir in der Seele. Wenn du dich mit einem solchen Menschen unterhältst, dann fühlst du die Nähe Gottes.» Das ist das höchste Lob, das über einen religiösen Menschen ausgesprochen werden kann. Mehr zu sagen ist unmöglich. Das Starzentum vermittelt die Nähe Gottes. Darauf kommt es einzig an. Die Anwesenheit Gottes allein vermag die Finsternis des Lebens zu erhellen. Es bedarf nichts anderes. Der religiös suchende Mensch hungert nach der fühlbaren Gegenwart Gottes, und in den unscheinbaren Holzhäuschen der Starzen wurde ihm diese Erfüllung zuteil.

Um dieser vorweggenommenen Seligkeit willen kann das Starzentum an lichtvoller Beschwingtheit und an religiösem Tiefgang nur mit dem Chassidismus verglichen werden. An die mystische Erneuerung des östlichen Judentums, das vom wundertätigen Baal-Schem ausgegangen ist, wird man bei den Starzen Schritt auf Tritt erinnert. Wenn auch zwischen Starzentum und Chassidismus begreifliche Verschiedenheiten bestehen, so ist doch eine unverkennbare Ähnlichkeit vorhanden, obgleich nicht die geringste gegenseitige Abhängigkeit vorliegt. Die jüdische und die christliche Bewegung werden kaum voneinander gewußt haben, da die Konfessionen im alten Rußland viel zu abgeschlossen lebten. Das Verbindende liegt im gleichen Untergrund der östlichen Atmosphäre, aus der sie beide hervorgegangen sind. Hier wie dort ist die zu Gott brennende Sehnsucht wahrzunehmen, bemühte man sich um eine neue Heiligung des Natürlichen und gelangte zu der paradieseswürdigen Erkenntnis, daß man Gott durch Freude dienen kann. Wie beglückend, daß bei den echten religiösen Bewegungen das Gemeinsame zuletzt so viel größer wird als das Trennende, so daß das johanneische Wort, daß alle in Gott eins sind, lebendig wird. Als einen christlichen Chassidismus könnte man das Starzentum bezeichnen, das zu den bedeutsamsten religiösen Offenbarungen der Neuzeit gehört.

Das Starzentum bedeutet auch Wegweisung für die westliche Christenheit. Sein Verhalten lenkt die Schritte auf die Bahn, die aus unserer dunklen Gegenwart herausführt. Nach dem Vorbild der Starzen dürfen sich die Christen nicht in einer Abwehrstellung gegen den modernen Nihilismus erschöpfen, sich auch nicht im dialektischen Spiel von Ja und Nein gefallen, sie haben das große Ja zu verkünden, das in Christus aufgeleuchtet ist (2. Kor. 1, 19). Ihnen ist die Verpflichtung aufgetragen, solche Brennpunkte des innern Lebens zu schaffen, die ein Christentum pflegen, das nicht mehr ausschließlich auf Predigt und Liturgie eingestellt ist, sondern ein viel menschlicheres Verhältnis anbahnt, das im wesentlichen auf seelsorgerliche Gespräche begründet ist, die sich unmittelbar von Seele zu Seele auswirken. In aller Schlichtheit erinnern die Starzen die Menschen daran, daß es nicht darum geht, neue Systeme und tiefsinnige Lehren aufzustellen, wohl aber die Strukturwandlung der Neuzeit nicht zu übersehen und das soziale Problem nicht aus den Augen zu verlieren, weil nur ein aufgeschlossenes Christentum in einer vertechnisierten Welt noch die Menschen anspricht. In diesen kleinen Starzenhäuschen wurde grundsätzlich niemand verdammt, da sie die Atmosphäre der Nähe Gottes ausstrahlten. Allerdings können solche religiöse Bollwerke in der Sturmflut unserer Zeit nicht künstlich gemacht, sondern nur erbeten werden. Doch merkt man es jedem Menschen an, ob er sich je in einem innern Gespräch mit dem Starzentum befunden hat, weil dies nicht geschehen kann, ohne daß in seiner Seele etwas Neues geboren wird, wie dies auch der Anonymus des Pilgerbüchleins an sich erfahren hat.

DAS INNERE GEBET

Der zum Gottespilger gewordene Krüppel kam mit einer ganz bestimmten Frage zu einem Starzen. In einer Kirche hatte er einst die Worte aus der Bibel vernommen: Betet ohne Unterlaß (1. Thess. 5, 17). Das Wort schlug bei ihm wie ein Blitz ein und entzündete seine Seele gerade deshalb, weil er es nicht zu verstehen vermochte. Er ahnte nur das unaussprechliche Geheimnis dieses Apostelwortes, das auf seinen suchenden Geist eine unwiderstehliche Anziehungskraft ausübte. Mit erneutem Eifer durchwanderte er die Gegend, überall fragend, was der Apostel mit dieser beinahe unmöglich anmutenden Aufforderung wohl gemeint habe. Allein, so oft er auch bei den Menschen anklopfte, um so eifriger er sich bemühte, darüber Näheres zu erfahren, die erhoffte Belehrung bekam er nicht zu hören, bis er endlich einem Staretz begegnete.

Der Pilger bat auch ihn um Aufschluß über das Apostelwort, das sein Gemüt quälte: Betet ohne Unterlaß. Als ein geistig erfahrener Mönch konnte er ihm endlich die ersehnte Antwort erteilen, die er so unablässig suchte, eine Antwort, die nicht bloß im Bereich der theoretischen Erörterung verblieb. In ihm begegnete er dem Menschen, der ihn zur entscheidenden Erfüllung führte. Es war die große Stunde im Leben des Pilgers, als ihm der Staretz eine praktisch anwendbare Anweisung vermittelte, indem er ihn mit einer neuen Welt des Gebetes bekannt machte. Was der Strannik von seinem Seelenberater in bezug auf das Gebet erlernte, war nicht ein neues Fündlein, das der Staretz selbst ausgeheckt hatte und womit dem nach Gott hungernden Pilger auch nicht geholfen gewesen wäre. Er gab Anleitung zum Gebete, das «nicht durch die Weisheit dieser Welt und auch nicht durch äußeren Wissensdurst erlangt werden kann, sondern im Gegenteil: welches wird erworben durch die Armut des Geistes und durch die tätige Erfahrung in der Einfalt des Herzens». Durch sie gelangte der Pilger in jene höhere Bewußtseinslage, in der der Christ «mit dem Gebet verwachsen» kann.

Der Staretz forderte ihn auf, das Zöllnergebet «Herr Jesus Christus, erbarme dich meiner» zu sprechen. Dieser einfache Stoßseufzer gehört trotz seiner Kürze zu den Gebeten, die der Mensch oft in einer verzweifelten Lage allein noch mit seiner letzten seelischen Kraft zum Himmel senden kann. Doch nicht nur gelegentlich soll der Pilger um Erbarmung beten, der Staretz wies ihn an, das Zöllnergebet täglich dreitausendmal zu beten. Als er dies getreulich einige Zeit ausgeführt hatte, kehrte er zum Staretz zurück, um weiter belehrt zu werden. Der Staretz steigerte hierauf die Zahl dieses Gebetes auf sechstausend und schließlich auf zwölftausend im Tage. Einer solchen Anweisung kann doch kein vernünftiger Christ nachkommen, möchte man im ersten Moment unwillig dagegen einwenden. Man steht kopfschüttelnd vor dieser großen Zahl und empfindet sie als eine unmögliche Zumutung. Namentlich der moderne Mensch kann darin nichts anderes als einen Mechanismus sehen, zu dem das Gebet bedauerlicherweise unter allen Zonen des Himmels immer wieder entartet ist, wodurch es in das Gegenteil seiner ursprünglichen Bestimmung verkehrt wurde. Er fühlt sich in unangenehmer Weise an die indische Yoga-Praxis erinnert und ist geneigt, in der «Erzählung eines Pilgers» höchstens ein fragwürdiges Zwischenglied von Asien und Europa zu sehen. Diese Annahme trifft jedoch beim Pilger nicht zu. Es ist Vorsicht geboten, alsogleich abschätzend von Gebetstechnik zu reden, nur weil man es mit seinem aufgeklärten Verstand nicht versteht. Auch der Staretz wußte als geistlicher Mönch besser als der moderne Mensch, daß das wahre Gebet mit Mechanismus nichts zu tun hat. Gehört es doch zum Charakteristikum dieses Pilgerbüchleins, daß es keine nähere Berührung mit dem reichhaltigen Zeremoniendienst der Ostkirche hat, der unter Umständen das christliche Leben auch ersticken kann. Das sechstausend- und schließlich sogar zwölftausendmalige Hersagen des Zöllnergebetes ist zunächst lediglich eine äußere Anleitung, die zu einer inneren Haltung führen soll, eine unumgänglich notwendige Übung zur Erlernung der seelischen Konzentration. Denn auch das Beten will geübt sein. Die beängstigend hohe Zahl der Wiederholung der gleichen Formel verrät freilich, daß der Staretz mit seiner Seelenführung noch ganz der magischen Weltauffassung verhaftet ist, die jedoch nicht kurzerhand als untergeistig bewertet werden darf. Name war weder für den Staretz noch für den Pilger bloß Schall und Rauch, sondern «ebenbildliche Wirklichkeit, ja geradezu Kraftinbegriff».

Das zahlreiche Aussprechen des demütigen Zöllnergebetes, «Herr Jesus Christus, erbarme dich meiner» dient dazu, den Menschen wirklich in die Gebetswelt einzuführen, denn durch das viele Wiederholen der gleichen Worte senkt sich schließlich das Gebet ganz von selbst ins Herz hinein. Wenn nach einiger Zeit dieses Eintauchen geschehen ist, dann kann die Gebetsschnur beiseite gelegt werden, nun beginnt das Beten mit dem Herzen. Die in das Herzensgebet übergeführte Zöllnerbitte macht zuletzt alles mündliche Hersagen einer Gebetsformel und alle Benützung eines Gebetsbuches überflüssig. Der zunächst anstößige Mechanismus hat in Tat und Wirklichkeit zur Beseitigung aller äußerlichen Hilfsmittel geführt und enthüllt sich als Weg zu einem der höchsten Triumphe des Geistes, dem immerwährenden, inneren Gebet. Mit der Erlernung des Jesusgebetes begann ein neuer Abschnitt im Leben des Pilgers, es geschah etwas völlig Unerwartetes, das ans Wunderbare grenzt. «Nun hörte ich auf, das Gebet mit den Lippen zu sprechen, und horchte aufmerksam hin, wie das Herz es sprach», gesteht der Strannik selbst. Er hatte das geheime Gebet im Menschen erlernt, das allein von der Seele verrichtet wird. Das Herz war ihm im Beten warm geworden, und hinfort bedurfte er keiner Worte mehr. Damit wurde dem Pilger überraschenderweise das Gebet ohne Worte geschenkt, das sonst nur die begnadeten Mystiker ausübten. Das Herzensgebet, das nur auf seiner höchsten Stufe erreicht wird, gehört zu den unbeschreiblichen Geheimnissen des Christentums.

Die Mystik nennt das wortlose Beten mit dem Herzen, das der Pilger vom Staretz erlernt hatte, das innere Gebet. Es darf niemals zur einzigen Regel für alle Menschen gemacht werden. Alles Schwere und Träge, Langweilige und Schläfrige im Menschen ist für die Erlernung dieses Gebetes hinderlich. Der Mensch muß jede Störung endgültig ausschalten, er wäre verloren, gäbe er der geringsten Ablenkung Einlaß. Zur Erfassung dieses Gebetes bedarf es einer geistigen Sammlung, wie sie nur wenige Christen haben. Bei aller Beobachtung dieser Vorbedingungen kann es letztlich doch nicht erzwungen werden. Es wird dem Menschen von Gott geschenkt, sagte der Pilger voll überströmender Glückseligkeit: «Das größte Licht aber verleiht meiner Torheit das innere Gebet, und dieses habe ich nicht aus eigener Kraft erworben, sondern es wurde mir ins Herz gesenkt durch die Gnade Gottes.» Die göttliche Huld bringt das Herz in einer glühenden Wallung zum Brennen, als wollte es sich in Gott förmlich auflösen. Im wortlosen Gebet ist viel mehr verborgen, als in Worten ausgedrückt werden kann, es ist deshalb unmöglich, dasselbe begrifflich verständlich zu machen. Beim inneren Gebet des Pilgers hat man denn auch nicht das bemühende Gefühl, einer wissenschaftlich-theoretischen Erörterung über ein an sich unfaßliches Tun der Seele beiwohnen zu müssen, was dem innern Gebet in keiner Weise entspricht. Es wurde dem Pilger unerwarteterweise wieder zur unaussprechlichen Lebenskraft, durch die der Mensch die unmittelbare Verbindung mit Gott erlangt. Das immerwährende Stehen des Menschen vor dem Antlitz Gottes, um das sich die Starzen bemühten, geht zuletzt in das Gebet ohne Worte über. Das innere Gebet ist das Ziel, zu dem der Christ in seinem Gespräch mit Gott kommen muß; es ist die kostbare Perle des Evangeliums. Um sie «zu erwecken, darf und soll man alles Nicht-Innerliche verkaufen, das heißt innerlich auf alles verzichten, was zerstreut und was ein Hindernis ist auf dem Wege zur Vertiefung der Seele und zum Eingehen in die Gemeinschaft mit Gott». Dabei vermeidet das unablässige Beten jedes ehrfurchtlose, familiäre Umgehen mit Gott. Bei aller Herzenswärme findet keine unangebrachte Vertraulichkeit mit dem Ewigen statt. Die gebotene Distanz wird nie respektlos überschritten.

Durch das innere Gebet aber wurde der Strannik «allezeit in die Gegenwart Gottes gestellt», wie er selbst ausführt. In dieser beständigen Anwesenheit Gottes liegt das Große an dem ungewöhnlichen Lebenslauf dieses sonst gewöhnlichen Menschen. Es ist jene köstliche Geborgenheit in Gott, das spürbare Sein in Gott, das wirkliche Geführtwerden von Gott, das allein den Strannik auch befähigt, die Einsamkeit auf seinen endlosen Wanderungen durch das weite Rußland auszuhalten. Mag er sich in den dichtesten Wäldern und ödesten Steppen aufhalten, nie ist er allein, weil der Ewige immer bei ihm weilt. Der Pilger lebte täglich und stündlich in der Gegenwart Gottes, die ihn wie ein unsichtbarer Schutzwall umgab und die er beständig wie die Luft einatmete. Die fortwährende Anwesenheit Gottes ist der undefinierbare Lichtglanz, der von diesem russischen Lebensbericht ausgeht. Der Pilger strömt den Gottesschimmer wie einen himmlischen Duft aus, den man nicht genug in sich hineintrinken kann. Dank des inneren Gebetes, das der Pilger allem andern voranstellte, hat er auch wirklich den Weg zu Gott gefunden. Was Beten heißt, hat dieser Mensch gewußt, wie es auch ein Symeon der Neue Theologe in seinen Hymnen als die unumgängliche Vorbedingung jedes geistigen Aufstieges erkannt hat. Dem rationalistisch denkenden Menschen ist diese Innenwelt des Gebetes kaum zugänglich, da sie mit dem Verstande unfaßbar ist und ihm deswegen als ein törichtes Selbstgespräch erscheint. Der Gotteswanderer dagegen erlebt in dieser Ausübung des wortlosen Gebetes die ununterbrochene Gegenwart Gottes, die das einzige Licht in diesem von der Finsternis eingehüllten Leben ist.

Das innere Gebet ist eine alte Geisteserfahrung, die vom Pilger wiederentdeckt wurde. Der Staretz vermittelte ihm die beglückende Antwort auf seine Frage und gab ihm Anleitung zum immerwährenden Gebete, einem Gebet, das auf eine jahrhundertealte Tradition innerhalb des östlichen Christentums zurückweist. Schon Nikola-Sojatosa hat bereits im 12. Jahrhundert das Zöllnergebet beständig auf seinen Lippen gehabt. Aus dieser heiligen Überlieferung hat der Strannik die Gebetsmystik übernommen. Er ist ganz in dieser östlichen Tradition eingebettet, in der noch zahlreiche verborgene Schätze schlummern, aus deren Kenntnis dem Menschen große innere Bereicherung zufließen würde. Das immerwährende Gebet war den östlichen Kirchenvätern und Mönchen als ein mystisches Tun durchaus vertraut. Auch Nilus Sinoita kannte diese wortlose Gebetsverzückung: «Das Beten der Vollkommenen ist eine gewisse Verzückung des Geistes, seine völlige Lossagung von allem Sinnlichen, wenn es Gott in wortlosem Flehen naht. Gott sieht das Bereitsein des Herzens, das wie ein vollgeschriebenes Buch aufgeschlagen daliegt und ohne Worte seinen Willen kundgibt.» Cassianus berichtet in seiner Schrift über die ägyptischen Mönche von einer unsagbaren Gebetsglut, die nur ganz wenige durch Erfahrung kennen und die man durch die ständige Wiederholung des Psalmverses erwerbe: «Gott, achte auf meine Hilfe, Herr, eile mir zu helfen.» Der bedeutsame Mittelsmann zwischen östlichem und westlichem monastischem Leben legt bei dieser Gelegenheit einem Mönch die Worte in den Mund: «Der Schlaf soll dich befallen, während du über diesen Vers nachdenkst; indem du ihn unablässig wiederholst, sollst du dich daran gewöhnen, ihn sogar im Schlafe zu singen.» Das geistige Gebet, das in Verzückung des Herzens und in völliger Befreiung von allen irdischen Banden besteht, bildet das Zentrum der östlichen Mystik, von der sich das wortlose Flehen nicht wegdenken läßt. Der Hesychasmus ist vollständig diesem inneren Gebet verpflichtet, das den Menschen zu jener unerschütterlichen Seelenruhe und zu einer unbeschreiblichen Gottesschau führt. Zwar wurde der Hesychasmus in der Ostkirche auch angefeindet, glücklicherweise erfuhr er aber nicht die Verurteilung wie der ihm geistesverwandte, allerdings mit ihm nicht völlig identische Quietismus im Westen. Die östlichen Mönche wußten um das Geheimnis des unablässig-schauenden Gebetes, das sie ein himmlisches Licht nannten, ein in ihren Klöstern bewußt gepflegtes Mysterium, wie wir es heute noch auf dem Athosberg vorfinden. Von dieser heiligen Stätte ist dieses gesteigerte Gebetsleben zu den russischen Starzen gekommen, wo ein Seraphim von Sarow lehrte: «Darin muß deine ganze Wachsamkeit bestehen, beim Gehen und Sitzen, bei der Arbeit, in der Kirche, von dem Anfang des Gottesdienstes bewahre dieses Gebet in der Seele und im Herzen! Im Anrufen des Namens Gottes findest du Ruhe, Reinigung von Seele und Leib, und der Heilige Geist, die Quelle alles Heils, wird auf dir ruhen und dich in Gottesfurcht und Reinheit erhalten.» Von den Starzen hat es der Pilger übernommen, damit beweisend, daß auch ein gänzlich ungebildeter Mensch aus den untersten Volksschichten das wortlose Gebet ausüben kann, da die Erlernung eine Sache des Herzens und nicht des Verstandes ist. Man hüte sich, aus einer eingebildeten Aufgeklärtheit die russische Volksmystik hochmütig abzuurteilen, denn sie wußte noch um die echt christliche Pflicht, für die ganze Welt ununterbrochen zu beten.

Der Pilger wurde von der östlichen Tradition getragen, und er hat dies auch ausdrücklich bezeugt. Er empfand eine kindliche Freude an seiner «Tugendliebe», die er stets bei sich hatte. Der deutsche Name «Tugendliebe» ist irreführend, da der Inhalt dieses Buches nichts mit Moralität zu tun hat. Das Wort Tugend hat bei dem Pilger noch den ursprünglichen religiösen Sinn von Kraft. Es handelt sich bei jenem Buch um eine von Nikodemus Hagiorit aus den Vätersprüchen zusammengestelle Ausgabe für die Anleitung zum inneren Gebet, wobei die Hesychasten besonders berücksichtigt wurden. Das Buch wurde unter dem Titel «Philokalia» Ende des 18. Jahrhunderts in Venedig gedruckt. Nachdem dieses Werk ein Jahrzehnt später ins Kirchenslawische übersetzt wurde, fand es in Rußland eine starke Verbreitung und kam auch in die Hände des Pilgers, der damit ganz in der Kontinuität mit der östlichen Tradition steht. Der volle Titel des Buches ist mit den Worten «Die Liebe der heilig Nüchternen zur geistigen Schönheit» wiederzugeben. Die «Philokalia» ist ein mystisches Handbuch, das durch wertvolle Zitate die östliche Mystik für das Frömmigkeitsleben des einfachen Menschen fruchtbar machte, eine Vermittlung, die von unschätzbarem Wert ist. Wer um die geistigen Schatzkammern der «Philokalia» weiß, wird nicht mehr von einer naiven Schwärmerei reden, die der Strannik mit diesem Buch getrieben habe. Es ist nur zu begreiflich, daß er diese Fundgrube mystischer Weisheit über alle Maßen geliebt hat und sie bei jeder Gelegenheit und Ungelegenheit den Menschen nahebringen wollte.

Durch die Erlernung des wortlosen Gebetes hatte das Pilgertum für den Anonymus einen völlig neuen Sinn bekommen, es unterschied sich wesentlich von seiner ersten Phase. Der Strannik wanderte fortan nicht mehr über die russische Ebene als Sucher nach der Lösung seines quälenden Lebensrätsels. Diese Periode hatte in seinem Dasein ihre Zeit gehabt, die nun endgültig vorbei war. Sein Suchen ward durch ein Finden belohnt, auf seine brennende Frage hatte der Staretz ihm die erhellende Antwort gegeben. Dies beendigte allerdings seine Wanderschaft nicht, im Gegenteil, sie erhielt einen ungeheuren Auftrieb. Während er zuerst aus einem hungernden Gottsuchertum heraus pilgerte, wuchs sich nun sein Wandern zu einer neuen Aufgabe aus: er ward zum Verkünder. Damit kam ein ganz neuer, bis dahin nicht vernommener Ton in das Pilgertum. Nicht zur Rettung der eigenen Seele galt die Pilgerfahrt, und keine sühnende Bußleistung war ihre Ursache, die östliche Variation dieses Themas besteht im Pilgertum als Verkündigung einer frohen Botschaft. Auf seiner Wanderschaft von Ort zu Ort, von Kirche zu Kirche, durch ungezählte Felder und Steppen wurde der Krüppel zum evangelischen Botschafter. Er fühlte einen förmlichen Missionstrieb in sich, die Gottesgegenwart weiterzutragen und sie nicht ichsüchtig nur für sich zu behalten. Der unausgeschöpfte Reichtum mystischer Erfahrung, der in der «Philokalia» eingeschlossen ist, öffnete sich aufs neue im Dasein des Pilgers und ergoß sich gleich köstlichem Balsam nach allen Seiten, wie das Nardengefäß der großen Sünderin zu den Füßen Jesu. Das reale Erleben der Gottesgegenwart veranlaßte den Pilger, die frohe Botschaft allen Leuten zu verkünden. Von unwiderstehlichem Drang getrieben, begehrte er auch den andern Menschen jene Seligkeit zu vermitteln, von der er selbst bis zum Bersten erfüllt war. Ohne besonderes Gewand, nicht im Sold einer Missionsgesellschaft stehend, wanderte er als ein Verkünder über die russische Erde, nicht anders als es die Apostel zu Beginn unserer Zeitrechnung getan haben. Ein deutlich wahrnehmbarer apostolischer Zug begann in ihm zu erwachen, indem er auf seinen Wanderwegen durch das weite Rußland nur darauf bedacht war, von der durch das innere Gebet vermittelten Gottesgegenwart zu erzählen. Wo es ihm nur geeignet erschien, knüpfte er darüber ein Gespräch an, und kam die Aussprache nicht zustande, wanderte er weiter, nie müde werdend, er ging, ohne es zu spüren, oft tagelang allein durch die sibirischen Wälder und durch die baumlosen Ebenen, er fühlte bloß, wie er betete. Bei allem Verkündigungsdrang war er auf seinen jahrelangen Wanderungen nie von einer atemraubenden Hetze angetrieben. Der Teufel hat keine Zeit, heißt es in der Offenbarung Johannes (12, 12), aber das Göttliche ist voll köstlicher Muße. Der russische Pilger war in seiner Botschaftertätigkeit gleich weit entfernt von der Lethargie des auf dem Diwan sich rekelnden Oblomow wie von der nervenruinierenden Stachanow-Schinderei.

Der Pilger war dazu berufen, die frohe Botschaft zu verbreiten, kundzutun, wie das innere Gebet im Menschen eine ungeheure Freude auslöst, die bei ihm selbst immer wieder durchbrach. Obschon er schwere Hiobsbotschaften in seinem Leben empfangen hatte, ihm Weib und Haus verlorengegangen waren und er mit seiner verdorrten Hand als arbeitsunfähiger Mensch dastand, verspürte man bei ihm nicht die geringste Niedergeschlagenheit. Das Depressive, das zu der verbreitetsten Krankheit der modernen Zeit angewachsen ist, hat der Pilger grundsätzlich überwunden. Er betrachtete seine gewiß nicht leichten Erlebnisse in der Weise, «als wären sie einem andern zugestoßen, ich aber hätte nur zugeschaut». Was die psychiatrische Behandlung selten erreicht, dem Strannik ist es gelungen: Er hat über allen Trübsinn triumphiert. Immer wieder schlagen die Flammen der Freude über ihm zusammen, er ist von einem aufjauchzenden Jubel erfüllt, der ihn leicht und froh im Herzen macht, ein Jubilieren geht von diesem Menschen aus, das wie Lerchengesang im Frühlingsmorgen klingt. Oft genug verkündete er in der Übermacht seiner Freude: «Also verbrachte ich den ganzen Tag in großer Freude, und mir war, als hätte ich mich von allen äußern Dingen losgelöst und schwebte in einer andern Welt.»

Offenbar liegt nach diesen aufschlußreichen Geständnissen die wahre Freude nicht im Besitz möglichst vieler Dinge, sondern in der innern Loslösung von der Außenwelt. Derjenige, der sich von den Gegenständen innerlich befreit, beginnt zu schweben, wie der Strannik sagt, und dieses innere Schweben über dem leidgequälten Erdenleben ist die unfaßliche Überwirklichkeit dieses Pilgerbüchleins, das den Leser nicht aus dem Staunen kommen läßt. Die schwebende Freude erhält ihren echten Klang durch den Umstand, daß sie ein körperlich schwer behinderter Mensch und nicht ein lustiger, zu allerlei fidelen Streichen aufgelegter Geselle erlebt. Durch diese Tatsache macht die christliche Freude offenbar, welches unendliche Schwergewicht sie zuletzt zu überwinden vermag. Freude ist das Wort, das in diesem wundersam zarten Büchlein am häufigsten wiederkehrt, und mit seinem innern Jauchzen gibt der Pilger zu erkennen, daß er das tiefste Wesen des Evangeliums erfaßt hat, das in der Frohbotschaft besteht. Der Strannik war eigens dazu geboren worden, mit seinem Leben zu zeigen, daß man Gott durch Freude und in Freude dienen könne und daß ihm alle Trübsalbläserei gar abträglich sei. Woher aber floß dem Pilger diese Freude zu, die seinen Ausführungen Beschwingtheit und Frische verliehen und die selbst das eingetrocknetste Gemüt ergriff? Das innere Gebet allein vermittelte ihm das freudige Jubilieren, das dem Menschen dieses schönste Charisma schenkt. Nach den Erfahrungen des Pilgers sind Herzensgebet und Freude verschwistert und gehen ineinander über.

Der Strannik verbringt seine Tage in unaussprechlicher Freude, in seinem Herzen wallen beseligende Wogen, die ihn in tröstliches Entzücken versetzen. Eine derart nie versiegende Freude wehrt sich gegen jeglichen negativen Asketismus, der den Menschen gerne ausdörrt und ihn der Schöpfungsbestimmung entfremdet. Wie Jesus durch seine Anwesenheit auf der Hochzeit zu Kana die natürliche, menschliche Freude geheiligt hat, so findet auch bei diesem einarmigen Menschen eine Weihe der irdischen Freude statt, wie sie nicht strahlender und göttlicher sein könnte. In dieser Verklärung des Lebens macht der Pilger die Tradition der ostkirchlichen Frömmigkeit geltend, die im Leib nicht mehr den Kerker der Seele, sondern einen Tempel des Heiligen Geistes sieht und damit, wie sich Arseniew ausdrückte, zu einer «Rehabilitierung der Materie und des Fleisches» gelangt, deren die Christenheit dringend bedarf, nachdem sie so viele Jahrhunderte lang den Leib geschmäht hat. Die geheiligte Freude des Pilgers ist überquellend, dermaßen überbordend, daß sie sich in ihrem Strahlenglanz dem Leser noch durch seine Schilderungen hindurch mitteilt.

Es ist nicht gleichgültig, ob ein Christ diese Freude auszustrahlen vermag oder nicht. Sie allein wirbt für das Evangelium und ist im Laufe der christlichen Geschichte doch viel zu kurz gekommen. Es hängt für die moderne Christenheit unendlich viel daran, ob sie diese unermeßliche Freude, die nach der Weihnachtsbotschaft «allem Volke widerfahren ist», nicht nur als Forderung aufstellt, sondern wieder leibhaftig zu verkörpern fähig ist, so daß sie die Menschen auch sehen und schmecken. Die gelebte, die erfüllte und die anwesende Freude allein singt vom Göttlichen in der ihm gebührenden Tonart, gegen die alles andere verblaßt. Im Pilger blühte sie wie eine jungfräuliche Rose auf, sie ergoß sich wie ein Springbrunnen über sein Leben. Er gesteht, «Tränen der Freude» zu vergießen; «zuweilen verspürte ich im Herzen eine solche Seligkeit, wie ich sie gar nicht zu schildern vermag. Es kam mitunter vor, daß ich drei Tage lang keiner menschlichen Wohnstätte nahte und in der Verzückung zu fühlen glaubte, ich wäre ganz allein auf der Welt, ich, der elende Sünder, allein vor dem Antlitz des gnädigen, menschenfreundlichen Gottes.» Diese unbeschreibliche Glückseligkeit des Evangeliums vermochte er mit seiner Botschaftertätigkeit den andern Menschen mitzuteilen, er strahlte sie fortwährend aus, so daß man von ihrem Strome mitgerissen wurde. Die durch das Leid hindurchgegangene Fröhlichkeit steht in unlösbarem Zusammenhang mit dem inneren Gebet, sie gehört in den Bereich des Johannesevangeliums: «Solches rede ich zu euch, auf daß meine Freude in euch bleibe und eure Freude vollkommen werde» (Joh. 15, 11).

Eine überraschende Frucht dieser Botschaft der Freude ist die ganz neue Naturverbundenheit, die daraus wuchs. Früher hatte der Pilger keinen Blick für die Schöpfung gehabt, betrachtete er doch, wie die ganze morgenländische Kirche, die Tiere als von der Erlösung ausgeschlossene Wesen. Nachdem ihm die Freude zuteil geworden war, ist sie ihm in ihrer ganzen Herrlichkeit aufgegangen. Jetzt konnte er nicht genug staunen über die Gottesweisheit, die in aller Kreatur verborgen licgt, und die gesamte Natur erschien ihm nun als ein einziges Wunder. Ganz ungebräuchliche Worte sind diesem einfachen Menschen über die Lippen gekommen: «Wenn ich dabei mit dem Herzen zu beten begann, dann zeigte sich mir alles, was mich umgab, in entzückender Gestalt: die Bäume, die Gräser, die Vögel, die Erde, die Luft, das Licht – alles schien mir gleichsam zu sagen, daß es für den Menschen da sei, als Zeichen der Liebe Gottes zum Menschen; alles war voller Lobpreisungen Gottes. Und da erfaßte ich, was in der ‚Tugendliebe' mit dem Wort ‚die Sprache der Kreatur verstehen' gemeint ist, und mir wurde klar, wie es möglich ist, Zwiesprache zu halten mit den Geschöpfen Gottes.» Man wagt es kaum, diese vor Freude leuchtenden Äußerungen zu kommentieren, dieweil man fürchtet, mit allen Erklärungen ihnen nur Abbruch zu tun. Und doch sind sie von solch religiöser Tragweite, daß man unmöglich stillschweigend an ihnen vorbeigehen darf. Der Pilger hatte wieder gelernt, mit den Geschöpfen Gottes zu reden, was der Mensch seit seiner Austreibung aus dem Paradiese nicht mehr konnte. Nur von wenigen Heiligen heißt es, «er aber redete mit den Tieren». Den übrigen Menschen ist diese Zwiesprache mit der Kreatur versagt. Sie verstehen deren Worte nicht. Dem Pilger war es gegeben, sich mit der Tierwelt wieder zu unterhalten und ihre andersartige Sprache auch zu verstehen, genau wie es in den alten Legenden berichtet wird, die nur blinde Herzensträgheit als bloße Phantasieprodukte bewerten kann. Die Freundschaften der alten Einsiedler mit den Tieren sind keine frommen Erdichtungen, sie besitzen eine Wirklichkeit, die nicht weniger wahr ist als die grausamen Abschlachtungen der Gotteskreatur. Die ausstrahlende Herzensgüte eines Gottesmenschen, die nichts mit Sentimentalität zu tun hat, wirkt auf die Tierwelt so anziehend, daß sie ihre vererbte Furcht verliert. Daraus geht jene Zwiesprache mit den Geschöpfen Gottes hervor, die auch Dostojewskij in seinem Buch «Der russische Mönch» schildert: «Mein Bruder bat die Vöglein um Verzeihung. Das scheint einem sinnlos, und doch tat er recht, denn alles ist wie ein Ozean, alles fließt und berührt sich. An einem Ende der Welt verursacht der eine Bewegung, und am andern Ende der Welt hallt sie wider. Mag es sinnlos sein, die Vöglein um Verzeihung zu bitten, doch den Vögeln, den Kindern, ja allen Tieren wäre es leichter in deiner Nähe, wenn du selbst besser und begeisterter wärest, und wenn auch nur ein wenig mehr als sonst. Alles ist wie ein Ozean, sage ich auch. Wärest du besser, so würdest du auch zu den Vögeln beten, in Begeisterung und Verzückung, gequält von deiner allumfassenden Liebe, und du würdest bitten, daß sie dir deine Sünde verzeihen.» Man muß in der Christenheit weit zurückgehen, bis zu Rosa von Lima und Franz von Assisi und noch weiter bis zu Paulus' Ausführungen über «das ängstliche Harren der Kreatur», die da «wartet auf die Offenbarung der Kinder Gottes» (Röm. 8, 19), bis man die Sprache vernimmt, die sich wieder ihrer «ins Grenzenlose erweiterten Verantwortung gegen alles, was lebt» (Albert Schweitzer) bewußt geworden ist.

Offensichtlich gehört das geöffnete Verbundensein mit der Kreatur zum östlichen Starzentum, von dem der Pilger ausgegangen ist. Dem mit einem verdorrten Arm einhergehenden, aber vom Glanz Gottes umstrahlten Pilger war die Fähigkeit wiedergegeben, das «geheimnisvolle Seufzen der Kreatur» mit seinem Herzen zu vernehmen. Ihm ward das «Verständnis für die Sprache der Schöpfung» geschenkt, das zum Größten gehört, was es gibt. Keine intellektuellen Bedenken gaben dem Pilger den Argwohn ein, daß er dadurch die unüberbrückbare Kluft zwischen Mensch und Tier verwischen könnte. Mit solchen unangebrachten Befürchtungen gewinnt man gar nichts und balgt sich lediglich mit eingebildeten Schwierigkeiten herum. Dem Strannik war das Buch der Natur geöffnet, er hatte wieder die wunderbare «Zentralschau» der Dinge bekommen, die einen Jakob Böhme die Gegenwart Gottes in aller Kreatur, in den Pflanzen und Tieren wahrnehmen ließ. Wie dem Görlitzer Schuster war es auch dem Pilger vergönnt, dank seinem beständigen, wortlosen Beten ins Innere der Natur zu dringen, was sonst nach Goethes Behauptung kein erschaffener Geist vermag. Durch die Ströme der überwältigenden Freude, die er empfand, gewann er das hindurchblickende Verständnis für die Worte der Kreatur, wie sie auch der Baal-Schem besaß, bei dem sich die gleiche Zwiesprache mit der verklärten Natur vollzog. Der Pilger kam sich durch diese Begnadigung überglücklich vor, und er küßte nach eigenem Geständnis den Flecken Erde, auf dem sie ihm zuteil geworden war. «Diese Seligkeit verklärte nicht nur meine Seele – auch die ganze Außenwelt erschien mir in wunderbarer Herrlichkeit, und alles lockte zur Liebe und zum Dank gegen Gott: die Menschen, die Bäume, die Pflanzen und Tiere – alles wurde mir unaussprechlich vertraut, in allem fand ich das Abbild des Namens Jesu Christi. Manchmal empfand ich eine solche Leichtigkeit in mir, als wäre ich überhaupt ohne Körper, und alsdann war mir, als ginge ich nicht, sondern schwebte in seliger Ergriffenheit durch die Luft.» Wiederum legte sich dem Pilger das Wort «schweben» auf die Lippen, das er bereits bei der Schilderung seiner unbeschreiblichen Freude gebrauchte. Es gibt das mystische Erlebnis am besten wieder, indem der Strannik tatsächlich wie mit Flügeln über die weiten Gefilde Rußlands schwebte, wie es in unserer Zeit in der russischen Kunst eines Marc Chagall angedeutet ist. Der Gedanke drängt sich auf, die neue Vertrautheit mit der Kreatur als jene Naturfrömmigkeit zu bezeichnen, die der moderne Mensch mit seinem In-die-Natur-Hinaus-Stürmen gesucht – und nicht gefunden hat. Er konnte sie nicht finden, weil sie ihm als Ersatz für seine verlorengegangene Gläubigkeit dienen sollte, was sie ihrem Wesen nach nie vermag, während sie beim Pilger seligster Ausdruck für das fortwährende Stehen in der Gegenwart Gottes war. Er ist nicht zu der Natur als dem Kleide Gottes hingestrebt, um sich in dasselbe schutzsuchend einzuhüllen, sondern umgekehrt, er ist von ihr ausgegangen, hat von Gott aus auch die Schöpfung in einem neuen Licht gesehen, sie war in seinem mystischen Erleben eingeschlossen. Diese Andersartigkeit zeigt, wie beim Strannik noch mehr als nur eine beispiellose Naturinnigkeit vorliegt, die aus dem Überschwang seines liebenden Herzens floß. Seelische Schöpfungsverbundenheit ist köstlich, erschöpft aber den wunderbaren Tatbestand dieser Naturdurchlichtung noch nicht. Beim Pilger geht es um eine viel tiefere Angelegenheit, die ins Letzte vorstößt. Nichts Geringeres hat bei ihm begonnen als eine Heimholung der Kreaturen in die Paradieseswirklichkeit, aus welcher der Mensch herausgefallen ist, und zu der dieser Krüppel so lange zurückpilgerte, bis er sich wieder zu ihr heimgefunden hatte.

Bei seiner evangeliumsgemäßen Botschaftertätigkeit kehrte er auch von Zeit zu Zeit bei Menschen ein, um über das zu reden, von dem ihm das Herz bis zum Überfließen voll war. Im Unterschied zum heiligen Bettler unterwegs suchte der russische Pilger den Anschluß an die Menschen, um ihnen die Freudenbotschaft vom innern Gebet zu bringen. Mit Bauern und Gutsbesitzern, Kleinbürgern und Popen, Lehrern und Mägden wurde der Strannik auf seiner Pilgerschaft zusammengeführt, dabei immer wieder andere Erlebnisse machend, wie sie sich im unerschöpflichen Strom des Lebens von selbst ergeben. Trotz der Buntheit mannigfaltigster Lebensschicksale und ungeachtet der oft auch bitteren Erfahrung, die er machen mußte, geriet er nie in eine ausweglose Situation, dieweil das ewige Licht ihm in alle Fragen des Daseins hineinleuchtete.

Die Gegenwart des Göttlichen schloß jedoch nicht aus, daß der Strannik bei seinen unzähligen Begegnungen auch düstere Eindrücke empfing, die sich ihm auf die Seele legten. Sein Pilgerleben spielte sich nicht in einer imaginären Welt ab, die in gar keinem Zusammenhang mit der Wirklichkeit stand. Diese leidvollen Erfahrungen bezeugen indirekt die Echtheit seiner ganzen Erzählung. Sie bilden den unvermeidlichen Schatten, dem nach Rembrandts Kunst die Funktion zukommt, das Licht um so eindrucksvoller erscheinen zu lassen. Trotz allem inneren Jubel dringt auch der Zweifel in die lichte Gebetswelt des Pilgers ein. Einem finsteren Dämon gleich nagt der entsetzliche Zweifel im Herzen der Menschen. Immer wieder begegnet der Strannik diesem Unglauben, lebte er doch in jener Zeit, in der die östliche Frömmigkeit bei den Gebildeten bereits sich zu zersetzen und der Atheismus das russische Volk zu überfluten begannen. Im Rußland des 19. Jahrhunderts nahm die Diskussion zwischen Glaube und Unglaube eine mächtige Ausdehnung an, und es hätte mehr als sonderbar zugehen müssen, wenn der Pilger von ihr gänzlich unberührt geblieben wäre.

So kam es, daß er eines Tages einem Bauern begegnete, der, aufgeschreckt durch eine dramatische Schilderung des Jüngsten Gerichtes, sich dazu entschlossen hatte, ein Büßerleben zu beginnen, und es auch über zehn Jahre durchführte, als ihn plötzlich Zweifel ob seiner kasteienden Lebensführung heimsuchten. Der vom Unglauben bedrohte Mann sprach zum Strannik: «Und dann denke ich auch, ob es wahr ist, was in jenem Buch geschrieben stand. Wie ist es denn möglich, daß ein Mensch auferstehe? So mancher ist schon vor hundert Jahren oder vor noch längerer Zeit gestorben, und nicht einmal Staub ist von ihm übriggeblieben. Und wer weiß, ob es eine Hölle gibt oder nicht? Es ist ja noch keiner aus jener Welt zurückgekommen; mich dünkt, sobald der Mensch stirbt und in Verwesung übergeht, ist er auch spurlos verschwunden. Am Ende haben die Popen und die Beamten jenes Buch selber geschrieben, um uns Narren Angst einzujagen, damit wir in um so größerer Unterwürfigkeit leben. So fristet man sein Leben auf dieser Erde, kennt nichts als Müh' und Qual und findet keinen Trost; und auch in jener Welt wird es nichts anderes geben. Also welchen Sinn hat denn dies alles? Wäre es da nicht besser, hier auf dieser Erde etwas bequemer und lustiger zu leben?» Dergleichen gequälte und unerlöste Worte sprach der an seiner Lebensführung irregewordene Büßer, der vom Moloch des finsteren Nihilismus verschlungen zu werden drohte, einem Ungetüm, das zu allen Zeiten und nicht nur in der Neuzeit seine Gefräßigkeit erwiesen hat. Der Strannik empfand brennendes Mitleid mit dem von der Einflüsterung des Teufels heimgesuchten Bauern und war weit davon entfernt, ihm deswegen scheltende Vorwürfe zu machen. Bei sich selbst dachte freilich der Pilger: «Da sagt man, nur die gelehrten und verstandesklugen Menschen werden Freidenker und glauben an nichts; hier aber ist einer aus unseren Reihen, ein einfacher Bauer, und welch einen Unglauben hat der sich zusammengedacht! Es scheint doch, daß es dem Reiche der Finsternis erlaubt ist, sich bei allen Zutritt zu verschaffen; und vielleicht überfällt es den schlichten Mann noch ungestörter und müheloser.»

Der Pilger, unangefochten durch diese Zweifelsäußerung, war gegen die materialistische Denkweise, die speziell der Verneinung des Unsterblichkeitsglaubens zugrunde liegt, durch sein persönliches Erleben der göttlichen Wirklichkeit gefeit, die sich in ihm zu einer unumstößlichen Gewißheit verdichtet hatte. Er empfand es aber als seine Aufgabe, dem volklichen

Unglauben entgegenzutreten, denn er war befähigt, das Vorbild Christi «der weltlichen, zusammenstürzenden Wahrheit entgegenzustellen», da er durch das innere Gebet bereits ein neuer Mensch geworden war, der das Leben mit ganz anderen Augen betrachtete. In ihm wohnten göttliche Kräfte, mit deren Hilfe er diesen Geist der Auflösung und der Schwere, der den Menschen immer wieder unterminiert und herabzieht, zu besiegen vermochte. Der Pilger zeigte dem vom Unglauben Angefochtenen, daß er nicht gut daran getan habe, aus bloßer Furcht vor der Hölle und nicht aus Liebe zu Gott der Sünde zu entsagen. Das von der Höllenangst diktierte Verhalten entspreche einer knechtischen Gesinnung, während der Mensch als freier Sohn zu Gott kommen müsse. Voll heiliger Liebe hält er dem vom Zweifel geschüttelten Bauern die ewige Wahrheit entgegen: «Du magst dich noch so sehr im Gebet erschöpfen, du magst die schwersten körperlichen Mühen und Opfer auf dich nehmen, wenn du Gott nicht im Geiste und das unablässige Jesusgebet im Herzen hast, so wirst du niemals Ruhe finden vor dem feindlichen Gedanken und stets der Sünde zuneigen, selbst beim geringsten Anlaß. Mach dich daher bereit, Bruder, ohne Unterlaß das Jesusgebet zu sprechen – du kannst es hier in dieser Einsamkeit ja so bequem verrichten – und du wirst dich bald von seinem Nutzen überzeugen. Dann setzen dir auch die gottlosen Gedanken nicht mehr zu, und der Glaube sowie die Liebe zu Jesus Christus werden sich dir erschließen. Du wirst erfahren, wie die Toten auferstehen und das Jüngste Gericht erblicken, wie es in Wirklichkeit sein wird. Im Herzen aber wirst du durch das Gebet eine solche Leichtigkeit und Freude verspüren, daß du staunst, und wirst nicht mehr niedergeschlagen sein und nicht mehr zweifeln, ob dein bußfertiges Leben Sinn hat.» Diese erhellenden Worte widerlegen offensichtlich die Meinung, wonach die «Furcht die Grundlage der wahren Religion sei», einen Anwurf, den die östliche Frömmigkeit immer wieder über sich ergehen lassen mußte. Beim Pilger steht jedenfalls das Motiv der Liebe im Mittelpunkt, das auch allein der beständigen Gegenwart Gottes entspricht.

Dem Pilger waren auch überaus erfreuliche, herzerquickende Begegnungen beschieden. Das innere Gebet, das den Strannik erfüllte, warf auch einen Lichtschimmer auf die Menschen, mit denen er es zu tun bekam. Der Strannik war von einer großen Nächstenliebe erfüllt, und «alle Menschen ohne

Ausnahme waren ihm so lieb und nahe, als wären sie seine Verwandten». Er fühlte sich gar nicht von ihnen getrennt, im Gegenteil, es zog ihn immer wieder zu ihnen hin, ohne alle Unterschiede. Das Wort aus der «Philokalia» hatte er sich fest eingeprägt: «Wer das wahre Gebet und die echte Liebe erlangt hat, der scheidet die Dinge nicht mehr, er trennt auch nicht mehr den Gerechten vom Sünder, sondern umschlingt alle mit gleicher Liebe und verurteilt niemanden.» Einmal kam der Strannik zu einer frommen Herrschaft, die ein Pilgerheim unterhielt. Bei dieser Gelegenheit erkundigte er sich, ob sie damit nicht viel Verdruß erlebten, weil es auch immer wieder Menschen gebe, die aus bloßer Arbeitsscheu und nicht aus religiösen Gründen ein Wanderleben führten. Aber er erhielt darauf die Antwort: «Wir hatten nicht viele solche Fälle; in der Mehrzahl sind es wirkliche Pilger, die zu uns kommen, indessen pflegen wir gerade die Schelmen mit besonderer Freundlichkeit aufzunehmen und sie zu überreden, bei uns zu bleiben. Und wenn sie dann eine Weile mit unsern frommen Brüdern Christi zusammengelebt haben, dann gehen sie in sich und verlassen das Heim als demütige, sanfte Menschen.» Wo anders als im alten Rußland könnte man einer solch köstlichen Antwort begegnen? Sie zeugt nicht nur von einem russischen Charme, sie ist vor allem von echter Christlichkeit erfüllt. Es ist das große, christliche Rußland, das in dieser evangelischen Weise redet, in einer alle nationalen Grenzen überschreitenden Sprache, die auch der westliche Mensch ohne weiteres versteht.

Der Bericht des russischen Pilgerlebens ist ohne Schluß. Der Tod des Strannik wird nicht mitgeteilt, dieweil die Biographie plötzlich abbricht. Das unabgeschlossene Ende dieser Erzählung gibt zu mannigfachen Reflexionen Anlaß. Es kann in der Zufälligkeit begründet sein, daß der Tod unerwarteterweise dem Autor die Feder aus der Hand genommen hat. Doch ist dies eine zu äußerliche Erklärung, als daß sie zu befriedigen vermöchte. Religiös betrachtet, ist die unvollendete Pilgererzählung nur aus dem rätselvollen Bibelwort zu verstehen: «Dieweil Henoch ein göttlich Leben führte, nahm ihn Gott hinweg und ward nicht mehr gesehen» (1. Mos. 5,24). Als ein christlicher Henoch ist der Pilger zu bezeichnen, der wie durch eine Entrückung von der Welt genommen wurde. Des Pilgers Erzählung konnte zu keinem Abschluß geführt werden, denn ein solches Leben ist ohne Ende, weil es aus der Ewigkeit kommt und in die Ewigkeit hinüberreicht. Wenn der Pilger auch gestorben ist, so schreitet er in anderer Gestalt wieder über die russische Erde und wird es bis ans Ende der Welt tun. Und die Menschen, die ihm begegnen, werden ihn nie ganz in ihre Vorstellungswelt einordnen können und ihn immer wieder eindringlich fragen: «Wer bist du eigentlich? Sicher entstammst du einem vornehmen Geschlecht und gibst dich bloß so bäurisch einfältig wie ein Gottesnarr.»

DER MENSCH DES HERZENS

Das russische Pilgerbüchlein ist ohne lange Einleitung verständlich. Es bedarf keines erläuternden Kommentars, der dem Leser den Inhalt nahebringt. Die Wahrheit seiner Aussage ist so leuchtend klar, daß sie durch sich selbst spricht, und damit erübrigen sich alle Erläuterungen. Trotzdem sei auf eine Wesenseigentümlichkeit dieser dritten Variation des Homo viator kurz hingewiesen.

Die Pilgererzählung gehört zu den wenigen Äußerungen russischer Frömmigkeit, die unmittelbar aus dem Volke hervorgegangen sind. Hierin unterscheidet sie sich von den literarischen Schöpfungen der russischen Literatur. Man rechnet sie zu der gleichen Gattung, zu der auch das unter dem Titel «Ein Schicksal» von Leo Tolstoj herausgegebene Leben einer einfachen russischen Bäuerin gehört. Ein Namenloser redet aus diesem Bericht ohne Gelehrsamkeit, aber dafür mit einer um so glühenderen Liebe zum Göttlichen. Er läßt den Leser einen seltenen Blick in die Tiefe der östlichen Volksseele tun, die sonst unter einem Schleier verborgen ist. Es ist das einfache Volk, das sich darin zu Worte meldet und das mit der Welt der Intellektuellen gar nichts zu tun hat. Seine Religiosität stammt aus einer viel tieferen, von keiner Bildung jemals ganz erfaßten Schicht. Niemals darf die Schätzung dieses Pilgerbüchleins als folkloristische Schwärmerei für den unwissenden Muschik gewertet werden, der noch in einer dumpfen, halb heidnischen Religiosität befangen ist. Bei dem Hinweis auf den Strannik handelt es sich um eine viel ernstere Angelegenheit. Carlyle hat einmal gesagt, dem russischen Volk komme vorläufig keine Bedeutung zu, weil es noch immer stumm sei. In der Geschichte des Pilgers hat jedoch das russische Volk zu reden begonnen, das seit Jahrhunderten unsägliches Leid in stiller Ergebung erduldet hatte. Und wie spricht es? Eine religiöse Urtümlichkeit von geistiger Gewalt tritt zutage, wie sie einzig den gotterfüllten Gestalten eigen ist. Eine christliche Kraft von einmaliger Intensität spricht aus dem Pilgerbericht, mit dem sich im 19. Jahrhundert an religiöser Substanz nur wenige Erscheinungen vergleichen lassen. Man begreift plötzlich, daß ein Dostojewskij und ein Tolstoj durch die Berührung mit diesem einfachen Volk ihre aufgeklärte Überheblichkeit wie ein fadenscheiniges Kleid von sich geworfen haben und unter inneren Kämpfen wieder zu dem Glauben der Väter zurückgekehrt sind.

Was in diesem geplagten Volk in religiöser Beziehung für unerschöpfliche Kräfte schlummern, hat kaum jemand besser als Bernanos in seinem «Tagebuch eines Landpfarrers» ausgeführt: «Ich stelle mir vor, daß das russische Volk ein elendes Volk ist, ein Volk von Elenden gewesen ist, daß es die Trunkenheit des Elendes und dessen Besessenheit kennengelernt hat. Wenn die Kirche ein Volk auf die Altäre erheben könnte, und wenn sie gerade dieses Volk dazu ausersehen hätte, dann hätte sie aus ihm den Schutzheiligen des Elends gemacht, den besondern Fürsprecher der Elenden ... Es genügt, einmal die Klage eines Volkes gehört zu haben oder zu glauben, man hätte sie gehört, eine Klage, die der keines andern Volkes gleicht, nicht einmal der des jüdischen, das in seinem Stolz einbalsamiert ist wie ein Toter in seinen Wohlgerüchen. Es ist übrigens keine Klage, es ist ein Gesang, ein Hymnus! O ich weiß wohl, es ist kein Kirchenhymnus, man kann es kein Gebet nennen. Es ist alles darin, wie man so sagt. Das Jammern des Muschik unter der Knute, der Schrei der geprügelten Frau, das Aufstoßen des Trunkenboldes und dieses Grölen wilder Freude, dies Brüllen der Eingeweide, denn das Elend und die Üppigkeit suchen ja leider einander und rufen einander zu in der Finsternis wie zwei hungrige Tiere. Das müßte mir wirklich Schauer erregen. Dennoch glaube ich, ein solches Elend, das sogar seinen Namen vergessen hat, das nicht mehr sucht und nicht mehr überlegt, das sein verstörtes Antlitz auf gut Glück niederlegt, wird eines Tages an der Schulter Jesu Christi erwachen.» Bernanos' Worte sind nicht nur dichterisch schön; sie sind vor allem religiös wahr. Er hat sie im Blick auf die Zukunft geschrieben, aber sie ereignen sich fortwährend. Dieses Erwachen hat stattgefunden, als das russische Volk einst das Vorbild Christi annahm, es hat sich wiederholt, als es seine Starzen aufzusuchen begann, im Leben des Pilgers ist es in individueller Weise vor sich gegangen, und es wird in der Zukunft noch einmal geschehen, wenn der böse Traum der Gottlosigkeit ausgeträumt sein wird und die russische Seele wieder dem Ewigen entgegen brennt. Es lebt eine urwüchsige Frömmigkeit in diesem Volk, dessen Religiosität sich auch nicht aus ihrer griechischen Herkunft ableiten läßt, eine Erklärung, gegen die schon der tief ins russische Leben eingedrungene Dichter Lesskow protestiert hat: «Da mögen uns die Herren Byzantiner noch so viel vorschwätzen und noch so viel beweisen, wir seien ihnen dafür verpflichtet, daß wir durch sie Gott kennengelernt hätten – sie haben Ihn uns nicht geoffenbart. Wir haben Ihn nicht in ihrem prunkenden Byzantinismus noch im Weihrauchdunst entdeckt, sondern Er ist bei uns selbst heimisch und geht einfach überall durch unser Land, dringt ohne Weihrauch im Wehen eines feinen Hauches unter die Badebank und kuschelt sich als Taube unters warme Brusttuch.»

Doch was ist aus dieses Volkes Frömmigkeit geworden, die einst Belinskij in Zweifel zu ziehen wagte und deren messianische Bedeutung Dostojewskij mit prophetischen Worten hervorhob? Die Situation hat sich ins grauenhafte Gegenteil verkehrt, da nach der Oktoberrevolution jede religiöse Regung in wilden Wutausbrüchen zerstampft wurde. Eine unübersehbare Umwälzung hat sich vollzogen, welche die Wahrheit in Lüge verwandelte. Mit Bestürzung verfolgt man das religiöse Schicksal Rußlands, das die furchtbarste Katastrophe der Neuzeit in sich schließt, obwohl sie unter einer gleißnerischen Oberfläche verdeckt wird. Noch immer macht sich die abendländische Christenheit viel zuwenig die Folgen dieses unfaßlichen Verhängnisses klar, zu dessen Deutung nur apokalyptische Gesichtspunkte ausreichend sind.

Ein sowjetrussischer Propagandafilm zeigte einmal, wie der russische Muschik seinen Holzpflug früher noch selbst gezogen hatte, weil er sich in seiner Armut kein Pferdchen leisten konnte. Er schritt mit seinem Kaftan angetan auf das Feld, bekreuzigte sich zuerst und verneigte sich dann mit seinem bärtigen Gesicht nach allen Himmelsrichtungen tief zur Erde, um hierauf mit seinem primitiven Gerät seine mühsame Arbeit zu beginnen, eine Arbeit von geringem Erfolg, denn nie erreichte er tiefe Furchen, die Saat blieb an der Oberfläche, und dementsprechend kärglich fiel auch die Ernte aus. Im schärfsten Kontrast dagegen ließ der Film einen modernen Traktor aus einem heutigen Kolchosenbetrieb ausfahren, geführt von einem jungen, glattrasierten Manne, der dabei lachend eine Zigarette rauchte und in kürzester Zeit mit seiner Maschine das größte Feld umgepflügt hatte. Die beiden Vorgänge sind äußerst geschickt nebeneinandergestellt, um den unleugbaren Fortschritt handgreiflich zu machen, der durch die moderne Technik erreicht wurde, eine Tatsache, auf die die heutigen Russen so maßlos stolz sind, und der sie sich auch so unbedenklich verschrieben haben. Nur Blindheit könnte den gewaltigen Unterschied zwischen einst und jetzt leugnen, der durch hundert Bilder den Menschen immer aufs neue vor Augen geführt wird und gerade in diesem Propagandawerk so überaus eindrücklich zur Anschauung gelangt.

Gleichwohl kann man sich diesen Film nur mit einer innern Beklommenheit ansehen. Statt über die große Errungenschaft froh zu werden, legt sich das glänzende Bild wie ein drückender Alb auf das Gemüt und läßt den nachsinnenden Menschen das Schlimmste befürchten. Der im Schweiße seines Angesichts seinen Holzpflug ziehende Mensch hat in all seiner erbarmungswürdigen Dürftigkeit etwas gehabt, was der elegant vorfahrende Traktorenführer einfach nicht mehr besitzt. Etwas ganz Ungreifbares, etwas, das gar nicht leicht auszudrücken ist und das doch nicht bestritten werden kann: in ihm lebte noch eine Seele. In der demütigen Verneigung vor der schweigenden Erde tritt sie überwältigend hervor. Diese Seele ist jedoch dem heutigen Traktorenmenschen in seinem Rausch für die Technisierung des Lebens unmerklich abhanden gekommen, ein schwerwiegender Verlust, der durch keine maschinelle Verbesserung wettgemacht werden kann. Wo die Seele sich verflüchtigt hat und das Herz gestorben ist, da fehlt aber die entscheidende Substanz, und das Leben löst sich auf, mag das neueste Traktorenmodell noch so leistungsfähig sein. Es handelt sich gewiß nicht darum, zum Holzpflug zurückzukehren, über diese Unmöglichkeit ist kein Wort zu verlieren. Die gegenwärtige Stunde stellt aber den heutigen Menschen mit einer Dringlichkeit wie noch nie vor die Pflicht, nachzusehen, warum er an seiner Seele diesen unheilbaren Schaden genommen hat. Die Rettung der preisgegebenen Seele ist das zentralste Gebot der Jetztzeit, nicht nur für den Russen, auch für den westlichen Menschen, die beide, vom Taumel der Technik fortgewirbelt, ihr wahres Selbst verloren haben und dadurch in den finstersten Abgrund gestürzt sind.

Gegen diesen seelenmörderischen Prozeß erhebt der unscheinbare Pilger seine mahnende Stimme. Er verfaßte keine Protestresolutionen, die doch nichts nützen, aber mit seiner ganzen Haltung verkörpert er den seelenrettenden Weg. Sein Dasein ist eine letzte Warnung vor der endgültigen Abwürgung der Seele. In aller Schlichtheit hat er eine gottgewollte Funktion zu erfüllen: der Gegenwart noch einmal den Menschen des reinen Herzens vor Augen zu führen. Diese aus der Bergpredigt entnommene Bezeichnung allein kann auf den Strannik angewendet werden, welcher die einzigartige Persönlichkeit in aller Einfachheit wiedergibt. In ihm tritt noch einmal jener Mensch auf, der «ohne Falsch wie die Taube» ist und der in dieser völlig arglosen, ungeschützten Haltung doch in der Geborgenheit Gottes steht. Die Reinheit des Herzens besteht nach einer tiefen Beichtrede Sören Kierkegaards in dem Bestreben, nur eines zu wollen und in seiner Bemühung nicht von der geringsten Zwiespältigkeit geteilt zu sein. Beim Pilger geht wirklich alles Interesse in einer einzigen Richtung, gegen die nichts aufkommt und von der er sich nicht ablenken läßt. Zwar besaß auch er einst ein Häuschen und hatte eine treue Lebensgefährtin an seiner Seite. Jetzt aber ist dies alles dahinten, es gibt nur noch den himmlischen Eros, der diesen Menschen des reinen Herzens verzehrt. Dieser eine Impuls nimmt beim Pilger die Form der höchsten Einfalt an, der man nur ganz ausnahmsweise begegnet. Ganz bescheiden sagt er: «Ich bin im Geiste seltsam einfältig geworden, ich kenne keine Sorgen mehr; es gibt nichts, das mich fesselt, kein eitel Ding hält meinen Blick gefangen, meine verlangende Seele lechzt nach der Einsamkeit.» Bei dieser lodernden Sehnsucht macht es ihm gar nichts, wenn er ob dieser Torheit als ein «heiliger Hohlkopf» verlacht und für einen Menschen gehalten wird, der sich «um den Verstand gelesen habe», weil ihm nur noch die gotthungrige Seele wichtig ist. Der Pilger diskutiert nicht darüber, ob er Christus begriffen habe oder nicht, ob es eine unsterbliche Seele gebe und was noch mehr dergleichen Fragen sind, sondern er lebt einfach mit dem Ewigen in einer seelischen Gemeinschaft, die erst das Leben lebenswert macht. Was die einfältige Reinheit des Herzens ist, das versteht man erst richtig, wenn man die Autobiographie des Pilgers mit innerer Anteilnahme gelesen hat und es einen plötzlich mit unwiderstehlicher Klarheit überfällt: nicht von den technischen Errungenschaften und nicht vom irdischen Besitz, nicht von politischen Rechten und nicht von modischen Neuheiten lebt der Mensch; das alles sind mehr als schnell vorübergehende Dinge, die eine Zeitlang blühen und doch bald verwelkt sind. Es bedarf dazu anderer Kräfte, und einzig das Evangelium kann den Ewigkeitshunger der menschlichen Seele stillen. Die nicht mit scholastischer Gelehrsamkeit und nicht mit kirchenpolitischer Herrschaft zu verwechselnde Gottesfreude vermittelt der Seele die unerschütterliche, alle Wandlungen überdauernde Verwurzelung im Unvergänglichen.

Als Mensch des Herzens kannte der Pilger auch ein anderes Denken, eine wahre Sonderbotschaft für den heutigen Christen. Das gewöhnliche Denken geschieht mit dem Verstande. Es sei dahingestellt, ob man von einer neutestamentlichen Geringschätzung des verstandesmäßigen Denkens reden kann, wie schon behauptet wurde. Aber dies ist sicher: der «euklidische Verstand», wie Iwan Karamasoff ihn einmal gegenüber seinem Bruder Aljoscha nennt, ist in religiöser Hinsicht kurzsichtig, er gebiert nur den Zweifel und übt deswegen mit seiner analysierenden Funktion eine zerstörende Wirkung aus. Das rein verstandesmäßige Denken ist immer auch ein abgesondertes, unerschüttertes Denken, das zur bloßen Abstraktion gelangt, die zuletzt einen Zerfall zur Folge hat. Der Mangelhaftigkeit einer ausschließlich logizistischen Erkenntnis steht die Notwendigkeit des geistigen Schauens gegenüber, das der Pilger ausübt, dem sich die einfache und doch stets wieder übersehene Einsicht enthüllt hat, daß «Herz und Verstand nicht ein und dasselbe sind». Aus dieser Unterscheidung ist ihm das Denken des Herzens aufgegangen, das mit seinen zeugenden und gebärenden Kräften auch den Alogismus überwunden hat. Er führt es nicht nur unbewußt aus, sondern fordert direkt zu diesem Denken auf. Vom Staretz hat er die Anleitung empfangen, daß das Wesentliche im Herzen vorgeht, zumal das innere Gebet ausschließlich mit dem Herzen verrichtet wird. Nun gilt es, daraus die Konsequenz zu ziehen, die darin besteht, das Denken aus dem

Kopf ins Herz zu verlegen. Das Herabsteigen aus dem Kopf in das Herz ist das Entscheidende, ein Vorgang, der nicht genug betont werden kann. Ganz buchstäblich ist dieses Herabsteigen aus dem Kopf in das Herz zu verstehen, indem der Pilger die Augen schließt, mit dem Geist ins Herz hineinblickt und sich vorzustellen versucht, wie das Herz da in der linken Seite eingebettet ist und schlägt, so daß er dessen Wärme spürt. Wenn er auf diese Weise den Geist ins Herz versenkt hatte, «lichtete sich mein sonst so dumpfer Verstand, und ich vermochte mühelos Dinge zu erfassen und zu ergründen, an die ich zuvor niemals hatte denken können. Und dann überströmte mich auch zuweilen überaus mächtig süße Herzenswärme, und ich verspürte voll Rührung in mir die Gegenwart Gottes.» Der Pilger hatte das Mittel entdeckt, wie man mit dem Geist das Herz auffinden kann, und was er darüber berichtet, sind ebenso bedeutsame wie unbekannte Einsichten. Zuweilen schien es ihm, «wenn er sich in sein Herz versenkte, als leuchte die starke Flamme einer brennenden Kerze unsagbar selig in seinem Herzen auf, dringe durch den Mund heraus und umstrahle seine ganze Gestalt». Das war nicht nur eine subjektive Täuschung; infolge des Aufwallens des Herzens geht von seiner Person ein wahrnehmbarer Glanz aus, der den einarmigen Menschen in einen Lichtschimmer einhüllt, vor dem man unwillkürlich in heiliger Erschrockenheit zurückfährt.

Das Denken des Herzens ist eine außerordentlich wichtige Angelegenheit. Albert Schweitzer macht für den Verfall der modernen Kultur die Preisgabe des Denkens verantwortlich und ruft zu «einem neuen, unerbittlich wahrhaftigen, rücksichtslos mutigen Denken» auf. Er will die Menschen wieder «durch Denken religiös» machen und sucht nach einem leistungsfähigen Denken. Damit hat Albert Schweitzer eines der aktuellsten Themen zur Diskussion gestellt, denn das Christentum erstrebt nie und nimmer einen Obskurantismus. Dem falschen, gottlosen Wissen kann man nicht durch eine gedankenlose Unwissenheit begegnen, sondern nur durch ein wahres, gotterfülltes Denken, das wieder um die vom Logos erleuchtete Vernunft weiß. Es kann an dieser Stelle nicht untersucht werden, wie weit der verehrungswürdige Urwalddoktor diesem Postulat, nicht in seinem außer jeder Diskussion stehenden Leben, wohl aber in seinen Schriften selbst nachkam und ob er wirklich alle Fehler des alten, historischen Rationalismus, dessen Denken der Abstraktion verfiel und dessen Ergebnisse deswegen so überaus unbefriedigend waren, auch zu vermeiden vermochte. Denn von einem wirklich neuen Denken kann nur da im Ernste gesprochen werden, wo das voraussetzungslose, im Banne der Aufklärung verharrende Verstandesdenken in seiner Einseitigkeit erkannt ist. Wonach der große Mann von Lambarene tastend seine Fühler ausstreckte, beim russischen Pilger ist seine bedeutsame Forderung bereits greifbare Wirklichkeit geworden! Er tätigt ein wundervolles Denken des Herzens, das sich in seiner Wärme und Tiefe direkt am Logos entzündet hat und das kartesianische Zweifelsprinzip völlig überwand. Dieser einfältige Krüppel verfügte kraft seines Herzensgebetes über das neue Denken, das auch Symbole und Mythen wieder real und nicht bloß psychologisch versteht und deswegen allein religiös schöpferisch zu werden vermag. Er hat den Verstand aus dem Kopf ins Herz hinuntergeführt und ihn dort bewußt festgehalten und ist dadurch endlich wieder zu der Gott liebenden Vernunft gekommen, die sich darüber klargeworden ist, daß der Mensch in religiöser Beziehung die Wahrheit nur so weit zu erkennen fähig ist, als er sie selbst in seinem Leben verwirklicht. Der Mensch muß, wie der vom Starzen beeinflußte Kirejewskij sagte, «in die Wahrheit hineinwachsen, um sie zu erkennen. Die Erkenntnis der Wahrheit ist ein schöpferisch-dynamischer Akt ... Wir erkennen, weil wir schon erkannt worden sind.» Ohne innere Heiligung gibt es keine wahre christliche Erkenntnis, das ist eine der Voraussetzungen des Denkens mit dem Herzen, das in der Logos-Mystik verwurzelt ist. Der Pilger lebte fortan im Zeichen seines Herzens, und dadurch wurden die schauenden Kräfte bei ihm entbunden. Dieses Herzdenken ist das schmerzlich gesuchte neue Denken, das Iwan Iljin kommentierte: «Das Denken ist in der Religion nicht primär; primär ist es nur in der Logik. In der Religion ist es vielmehr bloß tertiär, denn als theologisches Denken hat es erst nach der Herzensschau und nach dem handelnden Willen einzusetzen. Das Denken ohne Herzensschau ist nicht viel mehr als bodenloses Konstruieren; ersinnen kann man vieles, aber alles auf die Weise Ersonnene bleibt leer und tot, hypothetischer Denkinhalt, Luftschloßabstraktion. Es gibt allerdings eine Vernunft, wo das Denken zu schauen beginnt und sich nach der geistigen Erfahrung richtet. Es gibt auch eine christliche Vernunft, und sie ist etwas wirklich Herrliches; aber ihre Geburtsstätte ist das christliche Herz. Also: zuerst lieben, dann mit der Liebe zusammen und aus der Liebe schauen; dann willensmäßig und entsprechend handeln, und dann erst das Geliebte, Erfahrene, Erlebte vernünftig denken.» Das schauende Herz vertritt gegenüber dem rationalen Denken das eigentlich religiöse Denken, wie dies auch Pascal betont hat. Entweder gewinnt die Christenheit dieses Denken des Herzens zurück, oder sie verfällt immer mehr der geistigen Unfruchtbarkeit. In aller scheinbaren Naivität hat der russische Pilger mit einer Kraft und Anschaulichkeit dieses neue Herzensdenken vorgelebt, das sich dem aufgeschlossenen Leser unvergeßlich einprägt. Darin liegt eine seiner bedeutsamsten Funktionen, die weder an Ort noch an Zeit gebunden ist, und die den Weg aufzeigt, den der abendländische Mensch im heutigen Zeitenumbruch zu gehen hat, will er seine allseitig bedrohte Seele in letzter Stunde noch retten.

Walter Nigg im Diogenes Verlag

»Es ist in der theologischen, vor allem in der historisch-biographischen Literatur heutzutage selten geworden, daß einem Autor noch ein wirklicher Fund gelingt. Bei Nigg begegnet man solchem auf Schritt und Tritt, das ist das Große an seinen Büchern.«
Süddeutscher Rundfunk, Stuttgart

»Die nüchtern-klare Diktion Niggs rückt die mystischen Gestalten der Heiligen in die geistige Reichweite des modernen Menschen.«
Die Zeit, Hamburg

Große Heilige
Von Franz von Assisi bis Therese von Lisieux

Das Buch der Ketzer
Von Simon Magus bis Leo Tolstoi

Vom Geheimnis der Mönche
Von Bernhard von Clairvaux bis Teresa von Avila

Des Pilgers Wiederkehr
Drei Variationen über ein Thema

Buch der Büßer
Neun Lebensbilder

Friedrich Nietzsche
Mit einem Nachwort von Max Schoch

Große Unheilige
Von König Saul bis Friedrich Nietzsche

Teresa von Avila
Eine leidenschaftliche Seele

Das ewige Reich
Geschichte einer Hoffnung

Der Teufel und seine Knechte

Franz von Assisi
Denken mit dem Herzen

Sören Kierkegaard
Dichter, Büßer und Denker

Vincent van Gogh
Der Blick in die Sonne
Ein biographischer Essay. Mit 26 Abbildungen

Paulo Coelho

Auf dem Jakobsweg

Tagebuch einer Pilgerreise nach Santiago de Compostela

Aus dem Brasilianischen von Maralde Meyer-Minnemann

Der 700 km lange Pfad von den Pyrenäen bis nach Santiago de Compostela, der letzte Abschnitt des sogenannten Jakobswegs, galt im Mittelalter neben den Wallfahrten nach Rom und Jerusalem als wichtigster Pilgerweg.
Diesen langen Weg durch die rauhen, leeren Landschaften Nordspaniens ging im Sommer 1986 auch Paulo Coelho. Als Mitglied einer alten katholischen Bruderschaft war ihm soeben aufgrund mangelnder Demut die Meisterweihe verweigert worden. Der einzige Ausweg aus der Krise: den Pilgerpfad nach Compostela zu beschreiten, um »sich selber kennenzulernen« und zu erfahren, daß »der Weg der Erkenntnis allen Menschen offensteht und bei den einfachen Dingen beginnt«.
In diesem sehr persönlichen ›Tagebuch‹ erzählt Paulo Coelho von Abenteuern, Strapazen und spirituellen Prüfungen – Erfahrungen, die in den Roman *Der Alchimist* einflossen, den er nach Vollendung des Pilgerwegs schrieb und mit dem er weltweit über 21 Millionen Leser erreichte.
Heute besinnen sich viele Menschen auf ihre historischen, geistigen und persönlichen Wurzeln, schlagen fern von Schnellstraßen und Flugplätzen eine langsamere Gangart ein, um zu sich selbst zu finden. *Auf dem Jakobsweg*, Coelhos erstes Buch, bietet Gelegenheit und Anleitung dazu.

»Paulo Coelho ist Literatur als Zauber des Wesentlichen.« *Norddeutscher Rundfunk, Hamburg*